国家社科基金项目“天理与人生的贯通

——朱子心性论的内在张力与双向开展研究”（14BZX057）

浙江工商大学马克思主义学院出版资助项目

天理与人生的贯通

朱子心性论的内在结构与双向开展

王绪琴 著

中华书局

图书在版编目(CIP)数据

天理与人生的贯通:朱子心性论的内在结构与双向开展/王绪琴著. —北京:中华书局,2023.7
ISBN 978-7-101-16240-0

Ⅰ.天… Ⅱ.王… Ⅲ.朱熹(1130~1200)-哲学思想-研究 Ⅳ.B244.75

中国国家版本馆 CIP 数据核字(2023)第 098229 号

书　　名	天理与人生的贯通——朱子心性论的内在结构与双向开展
著　　者	王绪琴
责任编辑	高　天
责任印制	陈丽娜
出版发行	中华书局 (北京市丰台区太平桥西里 38 号　100073) http://www.zhbc.com.cn E-mail:zhbc@zhbc.com.cn
印　　刷	三河市中晟雅豪印务有限公司
版　　次	2023 年 7 月第 1 版 2023 年 7 月第 1 次印刷
规　　格	开本/920×1250 毫米　1/32 印张 10¼　插页 4　字数 260 千字
国际书号	ISBN 978-7-101-16240-0
定　　价	66.00 元

明代画家郭诩绘朱子像

白鹿洞书院

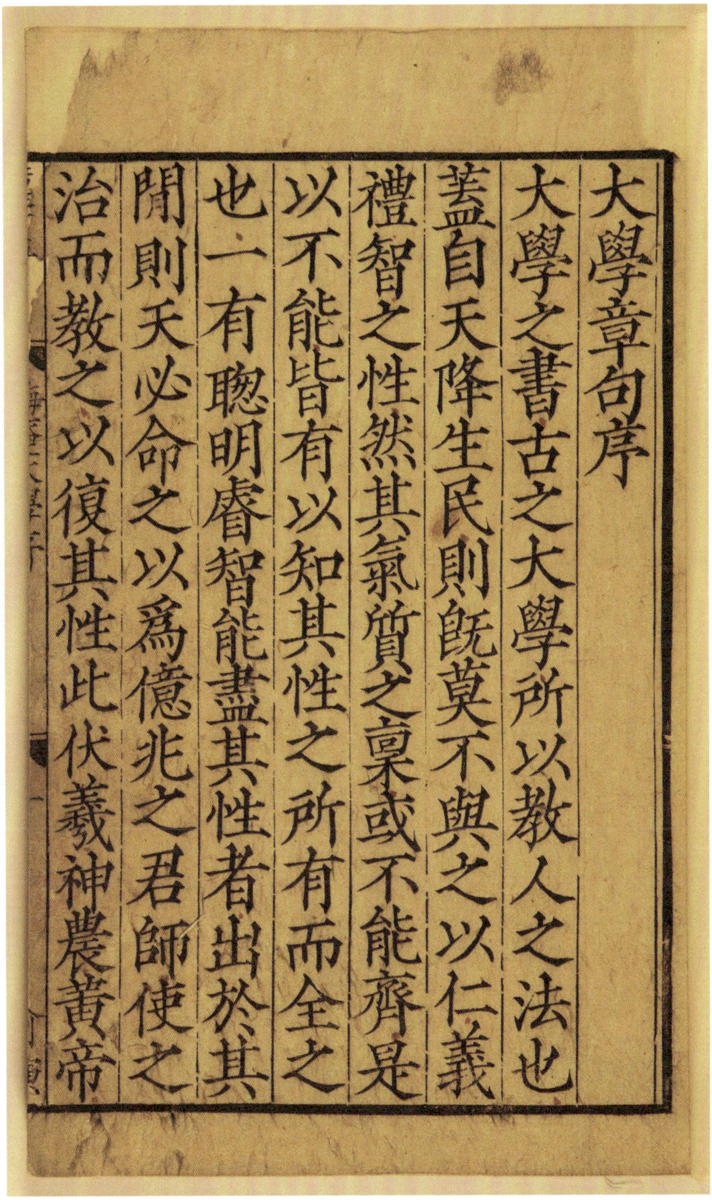

大學章句序
大學之書古之大學所以教人之法也
蓋自天降生民則既莫不與之以仁義
禮智之性然其氣質之稟或不能齊是
以不能皆有以知其性之所有而全之
也一有聰明睿智能盡其性者出於其
閒則天必命之以爲億兆之君師使之
治而教之以復其性此伏羲神農黄帝

《大学章句》南宋淳祐十二年壬子(1252)当涂郡斋重刊本

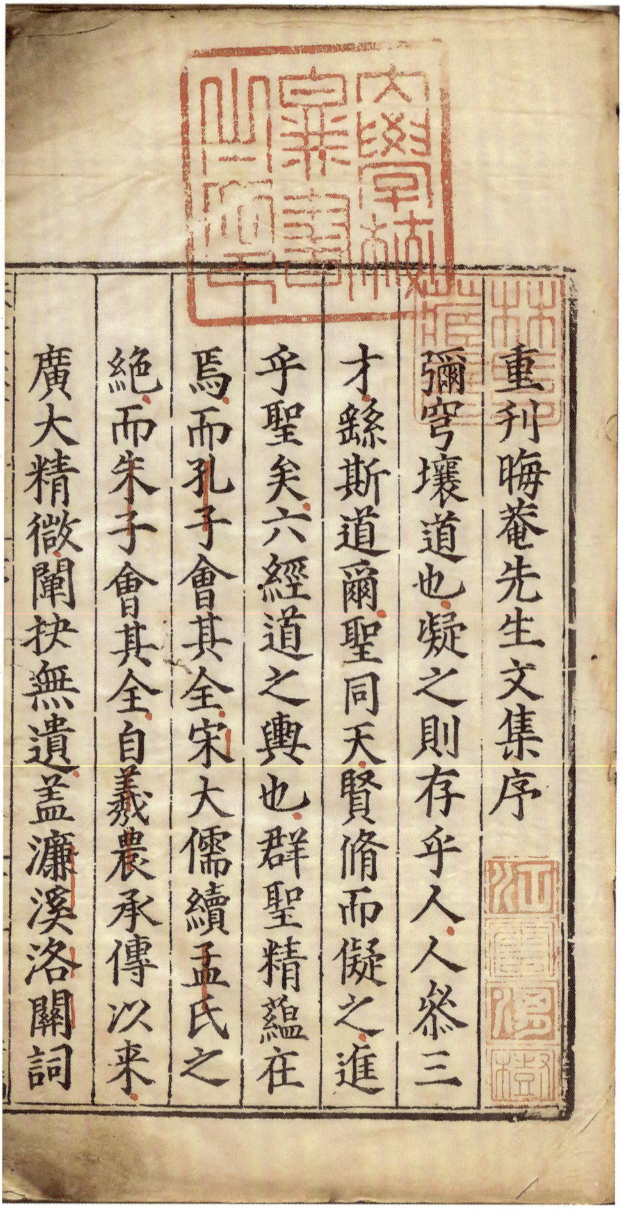

重刊晦菴先生文集序

彌穹壤道也凝之則存乎人人參三才緜斯道爾聖同天賢脩而凝之進乎聖矣六經道之輿也群聖精藴在焉而孔子會其全宋大儒續孟氏之絶而朱子會其全自羲農承傳以來廣大精微闡抉無遺盖濂溪洛關詞

《晦庵先生朱文公文集》明嘉靖十一年壬辰(1532)刻本

目　录

序 …………………………………………………………… 束景南 1

绪　论 ……………………………………………………………… 1
　第一节　对朱熹心性论的误解 …………………………………… 1
　第二节　学界的研究状况 ………………………………………… 8
　　一、儒家心性论 ……………………………………………… 8
　　二、朱熹心性论 ……………………………………………… 12

第一章　心性论问题的历史考察 ………………………………… 25
　第一节　孔子与《易传》 ………………………………………… 26
　第二节　《大学》与《中庸》 ……………………………………… 31
　第三节　孟子与荀子 …………………………………………… 38
　第四节　出土文献 ……………………………………………… 44
　第五节　汉唐与佛老 …………………………………………… 47
　　一、汉唐儒家心性论 ………………………………………… 47
　　二、道教心性论 ……………………………………………… 54
　　三、佛教心性论 ……………………………………………… 60

第二章　宋代儒家心性论的发展与朱熹所面对的问题和使命 … 73
　第一节　周敦颐与张载 ………………………………………… 74

第三节 程颢与程颐 …… 83
第三节 朱熹所面对的问题和使命 …… 91
一、学脉传承与融合重构 …… 91
二、时代使命与道德重建 …… 94

第三章 朱熹“理一分殊”的本体论诠释面向及其展开 …… 103
第一节 “分殊体用”的本体论诠释面向 …… 105
一、“自各全具一太极”与“分殊体用” …… 105
二、“体用无定”与“体用兼备” …… 110
第二节 朱熹哲学之本体论诠释的展开 …… 114
一、“性即理” …… 114
二、“心即理,理即心” …… 117

第四章 朱熹论心与性 …… 121
第一节 论“心” …… 121
一、多义性 …… 122
二、统一性 …… 129
第二节 心本与性本 …… 132
一、心性本体化 …… 132
二、质疑与辩护 …… 135
第三节 形下的开展:心与性的双向实现 …… 140

第五章 朱熹论心与理 …… 147
第一节 心具众理与理不在心外 …… 148
第二节 心本与理本:执与不执 …… 153
一、心的“救赎”:主体性高扬的极致 …… 154
二、天理本体的主体化与心性主体的本体化 …… 158

第六章　朱熹论心与气 …… 163
第一节　心之形上与形下 …… 163
第二节　心之超越性与现实性 …… 167
第三节　单一向度与双向关照 …… 170
一、性的隐略 …… 171
二、性的“救赎” …… 177

第七章　已发未发与心统性情 …… 183
第一节　已发未发与心为体用 …… 183
一、“中和旧说”:性体心用 …… 184
二、“中和新说”:心为体用 …… 187
第二节　心统性情与天人贯通 …… 192

第八章　心理合一与格物致知 …… 199
第一节　心理合一与本来贯通 …… 199
第二节　体用一源与格物致知 …… 201
一、理一分殊与体用一源 …… 201
二、格物致知与穷理尽心 …… 205
第三节　析心与理为二:陆王等的指责及其问题 …… 209

第九章　传承与批判 …… 217
第一节　列为官学与后学的传承 …… 217
第二节　心性学的反动:浙东事功学派 …… 227
一、永嘉学派的学理转向与经制之学的建构 …… 227
二、金华学派兼具朱陆与现实关怀 …… 239
三、永康学派“专言事功”与“嗤咄性命” …… 246
四、明朝走向内在与历史的反转 …… 249

第三节　反理学思潮及对朱熹的批判 …… 255

第十章　意义与局限 …… 261
第一节　意义与贡献 …… 261
一、人性觉解与内在超越 …… 261
二、心性学与“超稳定结构” …… 268
第二节　双向开展与二极对立 …… 271
第三节　心性之学的“高蹈”与制度之学的缺失 …… 278

结　语:展望与希望:儒家心性论的现代转换 …… 287

参考文献 …… 297
后　记 …… 315

序

王绪琴先生多年潜心研究宋明理学,其中对朱熹的心性论尤有精辟独到的探讨,他在精心写成了《气本与理本》《周易重读新解》两本书的基础上,切入对朱熹的心性论思想的研究,又写出了《天理与人生的贯通——朱熹心性论的内在结构与双向开展》一书,境界别开,令人眼睛一亮。程朱陆王的心性论思想及其异同,这向来是一个高难的纠缠不清的理学文化研究课题,其中充满了太多的疑点与难点,也留有很多积久难返的错案与误判,有的甚至因有"权威"的认定而成了不敢碰、不可解的死结。王绪琴先生敢于见难而上,从一个全新独特的视角展开探讨,一一梳理,一一化解,一一突破。其实自宋元以来关于朱陆的心性论思想异同的争论,早已成为宋明理学研究中的一桩"公案",长期得不到圆满解决。在该著中,王绪琴先生以强烈的问题意识与批判理念来剖析这桩历史公案,引人注目。我以为这本著作超越前人的最大特色,正在于对朱熹的心性论思想进行了全方位、多维度的创新切入突破,真正揭明了朱熹理学体系中"心"与"性"的哲学内涵,从而破解了理学文化史上的这一桩"公案"。

众所周知,国内外学界一向以心学派与理学派的二元对立模式来认识一部宋明理学史。溯其原始,大约从元儒开始,理学家便已以"心即理"与"性即理"来划判心学与理学、陆王心学派与程朱理学派的不同与对立,这已成为一种共识。这种说法一直延续到近代、现代,由现代新儒家又加以了进一步发展,走得更远。最早是冯友兰先生提倡朱子一派之学为理学,象山一派之学为心学,认为朱子言“性即理”、象山言“心即理”。学者遂多有以唯理论与唯心论来界判程朱理学与陆王心学的对立。牟宗三先生进一步将宋明理学划分为三系:胡、刘一系,陆、王一系,小程、朱子一系;又进一步将前二系合为一大系,定为儒家思想的“正宗”,而将程朱一系定为“别宗”,指责朱熹“析心与理为二”,朱熹的心性之学遭到严重遮蔽与贬低。而其中最大的问题,还在于他们割裂了形上形下的统一,贬低朱熹的“心”,认为朱熹说的“心”不是本体论的心(心本体),而只是“经验之心”“形而下底心”“气之灵之心”。朱熹的心性论思想更遭到严重的扭曲,人为地极大拉开了朱熹理学与阳明心学的距离。问题还在于这种说法得到了一些20世纪以来研究朱、王的“权威”专家的认定和承袭,标榜为自己的“新说”,辗转为当下的学者所引用袭取,其流弊甚至延伸到阳明学的研究中,问题表现得更加严重,完全用王阳明的心学遮蔽消解了朱熹的心学。王绪琴先生已经看出了这些问题的根本症结,所以他着重从研究朱熹的“心”及其心学切入突破,依据大量确凿的资料,揭明在本体论上,朱、陆的心性论实际处在同一的形上本体论的高度,朱熹也讲“心具众理”“心包众理”“心与理一”“心即理,理即心”,这是不争的事实。朱熹统一了心体与性体,陆九渊只立心为本体,把宇宙论、本体论与主体论统合为一,虽然更加易简直捷,但在工夫次第的开展方面较朱熹多有欠缺,故朱、陆理学之异主要在工夫论上而不是在本体论上。朱熹肯定了心与性在理上的统一关系,“理之在心,即所谓性”,心、性、理是天然统合的。因此“心”与“性”是“似一而二,似二而一”的本体,在形上意义上,心与性为一;在形下意义上,心与性为二。尤值得注意的是,王绪琴先生重点突出地剖析了朱熹说的“心”,明确指出朱熹说的“心”是心本体,心是包含了形而上与形而下的整体,是形而上之体与形而下之用的整体。正如朱熹自己所说:“心者体用周流,无不贯彻。”王绪琴先生的说法十分精辟严谨,富有说服力地否定了广为流行的认为朱熹的“心”是“经验之心”“形而下底心”“气之心”的说法。

关于这一重要问题,我在 1987 年写的文章中就已提出来予以质疑,从体用一源的本体论的高度提出了朱熹的“心一分殊”,并把它同朱熹的“性一分殊”统一起来。我把我的说法引录如下:

> 从天地之心与人物之心的体用关系层次说,“理一分殊”即“心一分殊”,理在心中。朱熹也认为心含万理,“心与理一”“理与心为一”。于是从心论的层次上说,本体论的“理一分殊”又自然转化为“心一分殊”。天地一心,即天地生物之心,这是“心一”;万物得天地之心而为心,即成物之心,这是“分殊”。

这一思想当时我还思考不成熟,尚在探索当中,未能展开论述。现在,王绪琴先生经过多年的研究,在该书中对朱熹的心学作了全面细致的辨析与阐释,以翔实的资料廓清了这一历史公案的迷雾,可谓石破天惊。它最终打破了传统的以心学派(心即理)与理学派(性即理)的二元对立来认识一部宋明理学史的思维模式,释放了朱熹久被埋没遮蔽的心性之学的内在张力,使人们可以在同一的本体论高度上来研究朱子学与阳明学,正确辨明程朱陆王之学的异同。

王绪琴的这部书,就是围绕这一心性论根本问题为轴心展开多维度、多层面的正本清源的论析,这又使他在朱熹的心性论思想的方方面面都能提出独到的见解。如在探讨朱熹论心与理的问题上,他提出了朱熹心本与理本的统一,天理本体的主体化与心性主体的本体化。在探讨朱熹论心与气的问题上,他提出了心的形而上与形而下的统一,体与用的统一,心之超越性与现实性的统一。在探讨朱熹论已发未发与心统情性的问题上,他辨析了中和旧说是“性体心用”与中和新说是“心为体用”的差异,提出了“心统体用”的观点。在探讨朱熹论心理合一与格物致知的问题上,他认为朱熹是在心理合一、体用一源、本末贯通的本体论基础上讲格物致知、穷理尽性,朱熹提出了“理一分殊”的本体论与认识论,否定了朱熹是“析心与理为二”的错误说法等。值得肯定的是,王绪琴先生把握到了朱熹心性论思想体系的实践品格,充分认识到朱熹工夫论的内在修行与外在实行彻上彻下一本贯通的实践精神,他对朱熹心性论思想各方面的研究,最终落实到天理与人生的贯通、心性本体与格物践履的贯通实行上,尤发人深思。王绪琴先生的这些考论都是有理有据,虽然有些地方还论述得不够深透、不够圆满,但思路新开,发覆抉误,他的各方面的新探索都有助于开启人们的新思路,拓展了研究朱熹心性论思想体系的新空间,为21世纪人们从一个新的时代高度创新研究朱熹直至王阳明的心性论思想先行做了良好的奠基工作,相信会推动更多的学者来认真研究这些理学文化中的重要问题。

我以前读过王绪琴先生的《气本与理本》《周易重读新解》等作,已感受到他在学术研究上注重资料、善于思考、不囿旧说、实事求是的学风。读了王绪琴先生的这部新作后,我更感觉到了这种学风的可贵。其实要弄清朱熹的心性论思想本来并不是件难事,朱熹自己论“心”论“性”的资料太多了,只要把朱熹的著作拿来全部审读一过,这个问题便迎刃而解。为什么八百年来人们都一直在为这一简单的问题争论不休,误说层出不穷呢?我以为问题就在于他们没有能把朱熹的全部著作资料通读一过,而只抓住了几条资料就轻易立论。历来不乏有人就靠只看一部《朱子语类》研究朱熹,靠只看一部《传习录》研究王阳明。当前朱子学、阳明学又成了传统文化研究的热点,新说层出不穷,朱子学与阳明学研究领域又弥漫起一股好说大话、说空话、说胡话、说不着边际玄谈的风气。对此我们何妨不读一读王绪琴先生的这一部书来作一点理性的思考呢？

束景南

2022 年 3 月 10 日于杭州启真名苑

绪　论

在儒家那里，心性论主要关注的是先天道德（天道或天理）何以通过人心贯通于人生的问题，这是儒学的核心问题。自孔子以来，儒家给我们展示了众多路向和理论形态。而自孟子重视心性修养以来形成的理论进路，至宋代得到了更加全面和精微的发挥，到朱熹集众家之所思，继承、融合并发展之。宋儒以天理作为阐发心性论的基础，故有“理学”之说。由于学界一向以心学派与理学派二元对峙的分类法来看待理学，强调陆九渊的心性学说为“心学”，以为朱熹并无心学理论，或处于次要的位置上，使得朱熹的心性之学被严重地遮蔽。我们试图对朱熹心性论思想进行梳理与考察，把朱熹心性论的内在结构及其开展逻辑呈现出来，在与众儒对照的比较研究中（尤以陆九渊），重新来认识朱熹在此领域的继承与开拓。

第一节　对朱熹心性论的误解

在学界，一般认为，程朱属于理学派，陆王属于心学派；在理学中，以理为最高本体；而在心学中，心即理，心为最高本体。此判分盖自冯友兰先生起，冯先生早在1932年就曾说道：“若以一二语以表示此种差异之所在，则可谓朱子一派之学为理学，而象山一派之学，则心学也……朱子言‘性即理’，象山言‘心即理’。此二言虽只一字之不同,而实代表二人哲学之重要的差异。”①此论一出,影响深远,学界由此确立起了理学与心学分歧的基调和格局。张岱年先生赞同冯友兰之说,并分别以唯理论和唯心论表明理学与心学之对立。由此以往,后来的学者也多会自然而然地产生一种倾向性的认识,认为在理学派中无心性之学,或心性之学是其弱点。另外一个对于理学内部进行分疏和“判教”,并对学界研究形成重大影响的学者就是现代新儒家代表人物之一的牟宗三先生,他对宋明理学用功颇深,其代表作《心体与性体》即是围绕宋明理学心性问题研究的专著。牟宗三先生提出了其著名的宋明理学划分三系说的主张。他在全书中列举了宋明儒者周濂溪、张横渠、程明道、程伊川、胡五峰、朱晦庵、陆象山、王阳明、刘蕺山九人为代表,对其代表文献逐个进行分解梳理。然后论其义理,将其分为三系:胡、刘为一系(其中周、张、大程开风气之先,尚未分组);陆、王为一系;小程、朱子为一系。前两系义理互补相通,可合为一大系,为儒家哲学之正宗,继承孔学道统;而小程、朱子自成一系,另立一别宗,为儒家哲学系统之歧出。他认定只有认心性为“即存有即活动”之实体才是儒家哲学的本真,而小程、朱子实际上只认心性为“只存有不活动”,所以其不合儒家哲学的正宗进路,斥朱子乃是“别子为宗”②。此论一经发布,如石破天惊,对整个学界形成了巨大的冲击,甚至可以说是一种撕裂。有赞同者,有反对者。但是,不论如何,牟先生重陆王一系而贬程朱一系的“宏论”对于两个学派之间的对立、高下等判断和印象进一步加深。冯、牟之后的学者,或同或异,争讼不已,但是整体上来说,对于理学对立二分的判定和对于程朱的“心”学的“忽视”成为主流。

①冯友兰:《宋明道学中理学心学二派之不同》,《清华学报》,1932年第1期,第1页。

②牟宗三:《心体与性体》(上册),上海:上海古籍出版社,1999年,第38—51页。

其实,通过仔细阅读文献,我们会发现,朱熹(1130—1200,字元晦,又字仲晦,号晦庵,晚称晦翁,谥文,世称朱子、朱文公)对于“心”或“心性”也有大量的阐发,甚至也提出过“心具众理”“心包众理”“心与理一”“心即理,理即心”“格其非心”等与陆九渊(1139—1193,字子静,抚州金溪人,世称存斋先生、象山先生)一致或相似度很高的命题及论述。如:

> 一心具万理。能存心,而后可以穷理。(《朱子语类》卷九《学三》)
>
> 心包万理,万理具于一心。不能存得心,不能穷得理。(《朱子语类》卷九《学三》)
>
> 心者,人之神明,所以具众理而应万事者也。(《四书章句集注·孟子集注》)
>
> “今日明日积累既多,则胸中自然贯通。如此,则心即理,理即心,动容周旋,无不中理矣。先生所谓‘众理之精粗无不到’者,诣其极而无余之谓也;‘吾心之光明照察无不周’者,全体大用无不明,随所诣而无不尽之谓。《书》之所谓睿,董子之所谓明,伊川之所谓说虎者之真知,皆是。此谓格物,此谓知之至也。”先生曰:“是如此。”(《朱子语类》卷十八《大学五》)
>
> 问“道之以政”。曰:“圣人之意,只为当时专用政刑治民,不用德礼,所以有此言。谓政刑但使之远罪而已;若是格其非心,非德礼不可。圣人为天下,何曾废刑政来!”(《朱子语类》卷二十三《论语五》)

但是,朱熹这些论述似乎受到的关注和重视远远不够。那么,朱熹的这些理论和陆王心学理论是不是相同的,或者,不同究竟在哪里,则需要深入地进行梳理与探讨。

冯友兰先生对于现代中国哲学的研究无疑具有奠基性的作用和地位,他做出的很多判断都在成为现代中国哲学研究的“定理”。对于理学与心学二分之判定几成为根深柢固的观念。但是,也有一部分学者逐渐质疑这种二分法的决然性。如钱穆先生在1948年发表《周程朱子学脉论》和《朱子心学略》二文,认为周敦颐、二程与朱子四家在心性论上是一脉相承的,“此四家思想,虽有小异,仍属大同”①。并指出:“程朱主性即理,陆王主心即理,学者遂称程朱为理学,陆王为心学,此特大较言之尔。朱子未尝外心言理,亦未尝外心言性,其《文集》《语类》,言心者极多,并极精邃,有极近陆王者,有可以矫陆王之偏失者。不通朱子之心学,则无以明朱学之大全,亦无以见朱陆异同之真际。”②钱先生并不认为程朱与陆王是理学与心学二分,而皆是“心学”。陆王发明心学,程朱在此处的理论建构“并没有忽略过”,程朱与陆王之间大同小异,朱子在工夫践履处还“似转多添了一层”,对于“心学”所涉反倒更为广大深入。唐君毅先生也不同意牟宗三的立场,他说:“对今日之异端而言,程朱陆王,皆大同而小异,其异亦未必皆相矛盾冲突。则昔之为朱子与陆王之学者,其相视如异端之门户之见,不可不破……方可更疏畅八百年来儒学之生命。”③与牟宗三先生强调程朱与陆王之明确分野不同,唐先生显然更多是持调和的立场,亦强调朱陆之间是大同小异,殊途而同归。陈荣捷先生也反对把两派做黑白分明之判分,他说:“所谓心学亦言理(心即理),理学亦言心(尤重道心、圣人之心、天地之心)。今以心、

①钱穆:《周程朱子学脉论》,《中国思想史论丛》(五),北京:生活·读书·新知三联书店,2009年,第197页。此文首发于《学原》,1948年第2期。

②钱穆:《朱子心学略》,《中国思想史论丛》(五),北京:生活·读书·新知三联书店,2009年,第138页。此文首发于《学原》,1948年第6期。

③唐君毅:《中国哲学原论·原教篇》,北京:中国社会科学出版社,2006年,第133页。

理各偏在一边,恐是诐辞,非知言也"①,"以程朱学派为理学,陆王学派为心学。大致而言,固无不可。然程朱亦言心,陆王亦言理,实非黑白之分也"②。张立文先生说:"有一种流行的看法:以为程、朱与陆、王思想的重要差异的标志在于,前者主张'性即理',后者主张'心即理'。惟不知程、朱也曾讲'心即理'。"③金春峰先生说:"因而'格物致知'——向外求理求知被认为是朱熹的'为学之方',是其哲学体系和认识论的基本性格。几百年来,特别是王阳明以来,这一看法如此根深蒂固,人云亦云,以致真正变成天经地义了。"④姜广辉先生在论及朱熹心性论问题时也说:"对理学心性哲学的偏见,由来已久。清代许多儒者直斥之为'心性空谈',这种观点一直影响于许多现代学者。而近40年来我们写中国哲学史,习惯于将其分成本体论、认识论、人性论、伦理学、政治观、历史观等几大块,其中人性论是一个较窄的观念,我们通常冠以'地主阶级的人性论''抽象的人性论'等等予以否定。而历史上所说的心性论是一个涵盖很宽的观念,它涉及本体论、认识论、人性论、伦理学等许多方面,其中有许多有价值的思想。"⑤或许,我们对于朱熹心性论的"成见"也正是由于现代的诠释方式造成的,我们习惯于这种有些泾渭分明的解释和分类的方式,反倒使得一些理论因为这种研究方式而湮没或遮蔽起来了。方克立先生也指出朱子心性论未充分受到重视的问题,他说:"综观20世纪的朱子学研究,虽然不乏精心剖析之作,但也存在着两个较

①[美]陈荣捷:《宋明理学之概念与历史》,台北:"中央研究院"中国文哲研究所,1996年,第27页。
②[美]陈荣捷:《朱子新探索》,上海:华东师范大学出版社,2007年,第224页。
③张立文:《宋明理学研究》,北京:人民出版社,2002年,第483页。
④金春峰:《对朱熹哲学思想的重新认识——兼评冯友兰、牟宗三解释模式之扭曲》,《学术月刊》,2011年第6期,第35页。
⑤姜广辉:《朱熹心性哲学的范畴定位》,《孔子研究》,1993年第4期,第75页。

为普遍的问题:一是受西方哲学研究范式影响,忽视朱熹哲学在本质上并非理性思辨的产物,而是建立在道德修养实践和自身生命体验基础之上的特点,对于作为其思想之核心的心性论并未充分重视,往往重视其理气论、认识论更甚于心性论;二是由于儒学内部存在着不同派别的门户之见,有些研究者实际上是站在心学的立场来解读和研究朱子哲学,因而不是批评它'析心与理为二',就是在'同情理解'的姿态下把它心学化,不能对其做出客观公正的评价。"①自北宋起,心性问题在理学中的核心地位就已经确立,它几乎成为宋明所有儒者共同关注的理论主题,朱熹不可能不重视和不讨论这一问题,只不过他讨论的方式与陆王心学一派有所不同而已。但是,不得不说的是,对于朱子心性论的"同情化研究"在当今学界确实比较明显,这显然无法呈现朱子心性学说的真实面目,并给予其应有的理论地位。

基于此误解,本书尝试从朱子学入手,进行其中一方面的研究,即在朱熹理学当中,其心性之学的内涵是什么,在其理论体系的建构中究竟处于什么样的位置?以及,朱熹的心性论与陆九渊(或陆王)的心性论是否是迥然不同、毫无通约性可言的两个体系?等等。

如果进一步往更加宏观的角度来说,在文化的整体意义上,中国的心性论也处在被"忽略"的地位上。在1958年,牟宗三、徐复观、张君劢、唐君毅合撰,并发表的《为中国文化敬告世界人士宣言——我们对中国学术研究及中国文化与世界文化前途之共同认识》一文特别指出:"此心性之学,是中国古代所谓义理之学之又一方面,即论人之当然的义理之本源所在者。此心性之学,是为世之研究中国之学术文化者所忽略所误解的。而实则此心性之学,正为中国学术思想之核心,亦是中国思想中之所以有天人合德之说之真正理由所在。"

①杨俊峰:《心理之间:朱子心性论研究》序,北京:中国社会科学出版社,2014年,第1页。

文中列举了几个原因：

其一，清代三百年之学术，重考据之学，反对宋明理学，尤其是宋明理学的“心性之学”；其二，清末以来的西学东渐风潮，中国人羡慕西方科学技术和政治法制等，反对宋明理学的治学方法；其三，后来的共产主义者讲存在决定意识的“唯物主义”，不喜欢谈心性；其四，中国心性之学以性善论为主流，而西方传来的宗教的原罪理论与之相反；其五，佛家也重心性之学，但是和儒家不同；其六，传教士向西方介绍宋明儒学时，把宋明理学看作西方的理性主义式的理论，而对于宋明心性之学没有切实的研究和理解。基于这些原因，“由是中国传统的心性之学，遂为数百年之中国思想界所忽视”。另外，后来中国学者向西方传播和翻译时，也缺少相关研究的学者，“后来虽有人翻译《朱子语录》中之人性论及其他零碎的宋明儒之文章，但亦似无人能对宋明心性之学作切实的研究者”①。在唐君毅先生看来，宋明之后，清儒受时代刺激，转向建制立法，以明外王之学，而心性之学渐次沉寂乃至中断，“中国千年来之心性情欲之思想之流亦断”，晚近受西学影响，以西方之心理学、哲学、神学释中国心性之学，彼此相杂，“未能相观而善，其言遂多混淆失实者矣”②，儒学传统之断绝，乃为今日中国文化之痛。

基于此种原因，本书试图以朱熹心性论为切入点，考察朱熹心性

①参考牟宗三、徐复观、张君劢、唐君毅：《为中国文化敬告世界人士宣言》，张君劢：《新儒家思想史》，北京：中国人民大学出版社，2009年，第568页。注：此《宣言》原刊于《民主评论》第9卷第1期(1958年1月5日)及《再生》第1卷第1期(1958年1月)，其后收入张君劢著，程文熙编：《中西印哲学文集》，台北：台湾学生书局，1981年；亦以《中国文化与世界》之名收入《唐君毅全集》卷4，台北：台湾学生书局，1991年。

②唐君毅：《中国哲学原论·原性篇》，北京：中国社会科学出版社，2005年，第331页。

学说的基本理论、内在结构及其和陆王心学等理论之间的关联与异同等。并且,试图进一步考察儒家心性论在中国古代社会的建构中所发挥的作用,以及对于现代社会的建设与发展的借鉴意义等。

第二节　学界的研究状况

一、儒家心性论

首先,我们要关注儒家心性论的研究状况。整体上来说,专门研究儒家心性的著作不算太多。牟宗三先生的《心体与性体》一书毫无疑问是研究儒家心性论的扛鼎之作,并且对于儒家心性论研究的定位、走向等影响巨大。前文已略提及了牟先生的基本立场,整体上就是贬抑程朱(尤其朱子),而褒扬陆王。牟先生所肯定的是陆王的心性理论,认为他们的心学才"纯是孟子学,只是一心之朗现,一心之伸展,一心之遍润",牟先生认为"义理间架至伊川而转向","伊川对于客观言之的'於穆不已'之体以及主观言之的仁体、心体与性体似均未能有相应之体会,既不同于前三家,亦不能与先秦儒家之发展相呼应","此一整套大体是实在论的心态,顺取之路……此一系统为朱子所欣赏,所继承,而且予以充分的完成"①。而朱子"此所不透之一点,说起来亦甚简单,即在:对于形而上的真体只理解为'存有'而不活动者。但在先秦旧义以及濂溪、横渠、明道之所体悟者,此形而上的实体(散开说,天命不已之体、易体、中体、太极、太虚、诚体、神体、心体、性体、仁体)乃是'即存有即活动'者(在朱子,诚体、神体、心体即不能言)。此是差别之所由成,亦是系统之所以分"②。台湾学者

①牟宗三:《心体与性体》(上册),上海:上海古籍出版社,1999年,第38—39页。
②牟宗三:《心体与性体》(上册),上海:上海古籍出版社,1999年,第51页。

蔡仁厚先生的《儒家心性之学论要》一书，是一本承继牟宗三先生关于儒家心性论的专著。该书认为，陆王一系的心学是承接孟子的心性论而来，而朱熹的心性论则是承续荀子一系而来。认为朱熹是继承了荀子的理性精神，因此其心性论体现的理论特质与其理学的理性精神是一致的①。在海外新儒家中，唐君毅先生对于儒家心性论的讨论不太容易引起人们的关注，其实，唐先生在其《中国哲学原论》中分别以"原理""原心""原道""原命"等专题对儒家的这些核心概念进行了讨论，在唐先生看来，"性"是由"心"与"生"两字合成而来，"即象征中国思想之自始把稳一'即心灵与生命之一整体以言性'之一大方向"②，因此，"心"非心理现象之义，"生"亦非只是生理现象义。"中国心性之学，在今日所以又为人所误解之主要原因，则在于人恒只把此心性之学，当作西方传统哲学中之所谓理性的灵魂 Rational Soul 之理论，或认识论形上学之理论，或一种心理学看。"③并且，还有一点是容易被忽视的，就是唐先生恰恰是牟宗三先生"判教说"和"别子为宗"等说的反对者。之所以给我们造成的印象不太深刻，一方面在其公开发表的著作中未见明确反对牟宗三先生，另一方面可能是唐先生文风"温婉"的缘故，显得他对于牟先生的批评并不强烈，但是，如果我们仔细研读唐先生的著作，发现他在言朱熹时几乎处处都是针对着牟先生说的，虽"温婉"却很坚定。相关观点我们在后文将述及。

蒙培元先生《中国心性论》一书应该是国内第一部专门针对心性论进行全面梳理的专著。蒙培元先生说："中国心性论，既是本体论，

①蔡仁厚：《儒家心性之学论要》，台北：文津出版社，1990 年，第 1—5 页。

②唐君毅：《中国哲学原论 · 原性篇》自序，北京：中国社会科学出版社，2005 年，第 7 页。

③牟宗三等：《为中国文化敬告世界人士宣言》，张君劢：《新儒家思想史》，北京：中国人民大学出版社，2009 年，第 568 页。

又是价值论;同时还包括许多认识论和心理学问题。它以探究人的本质、本性、使命、价值、理想和人生的终极意义为根本的内容,以揭示主体精神、主体意识为特征的存在认知、本体认知为基本方法。"①在论及朱子的心性论时,蒙先生指出,按照一般的解释,会认为朱熹的心性论"是以理为性,以气为心,性和心便是形上与形下、体与用的关系",蒙先生说,仅仅这样解释朱熹的心性论,那就未免太简单了。蒙先生认为朱子的心性论是心主宰天地万物的心本体论,心之所以成为主宰,不仅仅是从认知功能而言,主要是从本体论和存在论的意义上说,心既是认知主体. 又是主宰天地万物的本体②。并且认为朱熹的心性论完成了主观与客观、内与外、心与理的合一:"朱熹的心性说,其核心是讨论心与理的关系问题。"而心与理的问题,涉及的其实就是内外或主客问题,蒙先生认为,朱熹提出的是以心为核心的内外合一之学,"这就广泛地涉及到主观同客观的关系这个哲学基本问题。事实上,在朱熹那里,理是客观精神,心是主观精神,他既强调客观精神,又很强调主观精神,为了把二者统一起来,他提出了'心与理一'的命题,从此展开了他的心性说"③。蒙先生认为,朱熹在心与理问题上,"虽有矛盾,但从根本上说,是本体论的心理合一论者,而不是认知型的心理为二者论者"④。

韩强先生《儒家心性论》一书也是关于心性论研究的专著,在书中,韩先生对儒家心性论进行了全面的梳理,从先秦诸子到明清颜元、戴震,跨度很大,问题涉及广泛。韩先生对儒家心性论的基本特征概括为:(1)心性本体论的思维模式。由先秦两汉的先天自然人性

①蒙培元:《中国心性论》,台北:台湾学生书局,1990 年,第 1 页。

②蒙培元:《中国心性论》,台北:台湾学生书局,1990 年,第 364 页。

③蒙培元:《理学的演变——从朱熹到王夫之戴震》,福州:福建人民出版社,1984 年,第 34—35 页。

④蒙培元:《理学范畴系统》,北京:人民出版社,1989 年,第 455 页。

论与道德心理感情相结合的儒家心性论，经过消化玄学、佛教的心性论，演化出宋明理学的心性本体论，形成了对伦理规范的本体性和心的体用动静关系进行抽象思辨的程朱理学和陆王心学。(2)把生理、心理、伦理和认识论有机地结合在心性论的思维模式中。从人与动物的区别，论证人的生理欲望、心理感情与道德意识的关系，并从知行关系中论证控制欲望、感情，体验和实现道德的修身养性过程。(3)内在的自我超越。强调道德感情和伦理意识的主体性和自觉性，主张通过尽心、知性的道德修养过程，实现人的内在价值。(4)"内圣外王"的境界观。儒家要求人们成圣成贤，同时又把这种内圣的人生观进一步推广到社会，实现修齐治平的社会理想①。

向世陵先生在其《理气性心之间——宋明理学的分系与四系》一书中，重新审视了宋明理学的产生、发展和分系，提出了将性学与气学作为独立的理学派别而与程朱、陆王二系相并立的宋明理学四系说。并认为，以性为枢纽各系之间可以相互过渡，四系的并立与一性的通贯有着不可分割的联系，理学的"全体"与理学的分系本来就是相互发明；学者们不论主张以何范畴为本，都在不同层面上接受以性为本的逻辑并维系着儒家学术的"一本"；四系成立的关键在于性学一系的理论建构和以性范畴为中心对整个理学发展史的重新梳理②。向先生认为，既然，性成为理学之"一本"，那么，理学中的"心学"的地位是如何则需要重新考量，尤其，对于陆王心学而言，一向认为其是心为"一本"的立场恐怕也要重新定位。

蔡方鹿先生著有《宋明理学心性论》一书，该书对宋明儒家心性之学进行了全面梳理。在该书中，蔡先生提出，宋明理学心性论以儒

①韩强：《儒家心性论》，北京：经济科学出版社，1998年，第5—6页。

②向世陵：《理气性心之间——宋明理学的分系与四系》，北京：人民出版社，2008年。

家心性伦理为本位,吸取佛教的心性本体论和道家、玄学的自然人性论,并结合时代的要求,加以创造性发展,集心性伦理与心性哲理于一体,使中国哲学及其心性论的发展走上了一条注重道德理性,突出主体思维,重视哲学思辨,强调内省修养,贯彻日用实践,培养理想人格,合本体论、认识论、伦理学、人性论、修养论为一体的发展道路。其中的第二章第二节集中介绍了朱熹的"心统性情说",认为此理论继承、改造和发展了以往的心性学说,提出了一系列的独特的见解和理论,建立了逻辑精密、博大精深的心性学说体系,达到了中国哲学心性理论的高峰①。

二、朱熹心性论

其次,我们再考察一下学界对朱子心性论的研究状况。当然已有一部分学者关注了朱子心性论,甚至有些学者称朱子哲学为"心学",如中国的钱穆先生、蒙培元先生、美国的狄百瑞先生(William Theodore de Bary)、日本的山井涌先生、垣内景子女士等。

钱穆先生是朱子学研究的大家,关于朱子的著述颇多。他可能是冯友兰和牟宗三理学与心学二分法最强烈的"反对派",因为他坚称朱子学是"心学"。钱穆先生后来在其《朱子学提纲》一书第八节中单独谈了朱子的心性论,再次强调:"理学家中善言心者莫过于朱子。"②钱先生认为,"朱子论宇宙界,似说理之重要性更过于气。但论人生界,则似心之重要性尤过于性。因论宇宙界,只在说明此实体而落到人生界。要由人返天,仍使人生界与宇宙界合一,则理更重在工夫,工夫则全在心上用,故说心字尤更重要"③。本体与工夫,必须

①蔡方鹿:《宋明理学心性论》(修订版),成都:巴蜀书社,2009 年。
②钱穆:《朱子学提纲》,北京:生活·读书·新知三联书店,2002 年,第 44 页。
③钱穆:《朱子学提纲》,北京:生活·读书·新知三联书店,2002 年,第 44 页。

依赖心的能动作用。钱穆先生还认为,“最能发挥心与理之异同分合及其相互间之密切关系者盖莫如朱子。故纵谓朱子之学彻头彻尾乃是一项图密宏大之心学,亦无不可”①,又说“只有朱子,把人心分析得最细,认识得最真。一切心学的精彩处,朱子都有。一切心学流弊,朱子都免。识心之深,殆无超朱子之右者”②。在这个意义上,钱穆先生认为心学不是陆九渊的专有,对心的研究只有朱子才达到了完满的程度,甚至朱子的“心学”超越了陆九渊的“心学”。

主张朱子哲学为“心学”的还有蒙培元等人。蒙培元说:“朱熹的心性论,实以心为主而不是以理为主。从这个意义上说,称朱熹哲学为心学亦未为不可(事实上,朱熹后学中,已有称朱熹哲学为心学的)。”③狄百瑞先生把道学称为“心学”(the learning of the mind-and-heart)④。垣内景子女士认为,阳明学是狭义的“心学”,朱子学是广义的心学;称朱子学为心学“是表明心的问题是朱子思想体系的核心”,“心=理学是朱子哲学的核心”⑤。杨少涵教授认为:“朱子和陆王其实都属孔子之‘心学’,朱子之学是孟荀之综合,是‘心学’之认知派,陆王之学是思孟之一支,是‘心学’之良知派。”⑥杨教授并且认为,朱熹和陆王之争是“心学”两派的内部分歧,由其理论推定朱子的心性之学为:“朱子的理论架构是思孟与荀子性情理论的有机综合,

①钱穆:《朱子新学案》,成都:巴蜀书社,1986年,第361页。

②钱穆:《朱子心学略》,《中国思想史论丛》(五),北京:生活·读书·新知三联书店,2009年,第170页。

③蒙培元:《理学的演变——从朱熹到王夫之戴震》,福州:福建人民出版社,1984年,第34页。

④William Theodore de Bary,1981,*Neo-Confucian Orthodoxy and the Learning of the Mind-and-Heart*(《道学与心学》),NewYork:ColumbiaUniversity Press.

⑤[日]垣内景子:《朱熹思想构造的研究》,东京:汲古书院,2006年,第9页。

⑥杨少涵:《中庸原论——儒家情感形上学之创发与潜变》前言,北京:社会科学文献出版社,2015年,第7页。

性是思孟的天命之性，心和情则是荀子的认知之心和感性情感，情的地位相当低，扮演着被治的角色。”①

牟宗三先生对朱子学持否定态度，认为其学乃是“别子为宗”，自然，对于朱子学的心性理论亦是评价不高。牟先生认为陆九渊才是孔孟开出的道德心性论的真正继承者，“吾人觉后来只陆象山首先能综摄相应此规范而有契于心，当下吸之于生命中承当而无疑，直下认定而不摇动”②。认为陆九渊能够提出“先立其大”的为学宗旨，此气象与意味，便是其“因读《孟子》而自得之”的明证。牟先生认为朱子的心性论确是“支离”。他说：“其所以总不免于支离者，以象山观之，乃根本在‘歧出与假借’，而不能归于道德践履上尊德性以先立其大，尽心以知性，而却转而‘去逐外，著一事，印一说’，成为寡头之‘道问学’。此其所以支离也，于心身性命无交涉也（可以成学者专家，于学术文化当然有贡献。然于道德宗教之践履以成圣成贤则无关紧要）。”③牟宗三先生还认为，朱熹的心性论是实在论的，而不是本体论的，心性关系是静涵静摄系统，而不是既存有又活动的纵贯系统④。

在冯友兰先生看来，朱熹心性论的理论意义并不大。他认为“朱子以心乃理与气合而生之具体的物，与抽象之理，完全不在同一世界之内”⑤。即冯先生认为朱熹所说的心是具体的形下之心，与形上的天理不是在同一个层次上。还说朱熹哲学“非普通所谓之唯心论，而

---

①杨少涵：《中庸原论——儒家情感形上学之创发与潜变》，北京：社会科学文献出版社，2015 年，第 45 页。

②牟宗三：《宋明儒学的问题与发展》，上海：华东师范大学出版社，2004 年，第 131 页。

③牟宗三：《宋明儒学的问题与发展》，上海：华东师范大学出版社，2004 年，第 132 页。

④牟宗三：《心体与性体》（上册），上海：上海古籍出版社，1999 年，第 38—45 页。

⑤冯友兰：《宋明道学中理学心学二派之不同》，《清华学报》，1932 年第 1 期，第 1 页。

近于现代之新实在论”，而把朱熹哲学中的理解释为“共相”，把心解释为形而下的认知心①。持这种观点的学者并不在少数，刘述先深受牟宗三先生的影响，其对于朱熹立场与牟先生非常接近，他认为：“就其（朱子）为一经验实然之心而言，心肯定是气，因为在朱子的思想之中，理不能有作为，而心有作为，故心不可能是理。”②吴震先生对朱熹之“心”的基本立场是：“不能承认‘心’为形上本体……由其‘心是做工夫处’之命题来看，‘心’是工夫的对象而非工夫之主脑。总之，在朱熹哲学的系统中，‘心’不是本体论问题而是工夫论问题。”③徐远和先生亦认为：“尽管朱熹认为心是认识和实践的主体，但始终没有把心提升为本体。他用以表示本体的概念是理（太极）、性，而不是心。”④蔡方鹿先生也认为朱熹论心之主宰仅限于认识论及伦理学上，不具有宇宙本体的意义⑤。

但是，在贺麟先生看来，冯友兰先生自谓其学问乃是“接着程朱理学讲”，其“新理学”：“讲程朱而不能发展至陆王，必失之支离；讲陆王而不能回复到程朱，必失之狂禅。冯先生只注重程朱理气之说，而忽视程朱心性之说。”⑥刘述先先生试图为钱穆先生进行辩护，也认为“朱子哲学思想的枢纽点在心”⑦，并且，他对钱穆先生的观点持理解态度，“如此则谓朱子思想的一个中心是对于心的问题的关注，是绝不为过的。如果以上的解析无误的话，那么世称朱子之学为‘理

①冯友兰：《中国哲学史》（下册），上海：华东师范大学，2000年，第273页。

②刘述先：《朱子哲学思想的发展与完成》，台北：台湾学生书局，1982年，第233页。

③吴震：《朱子“心论”试析》，郭齐勇主编：《儒家文化研究》（第四辑：心性论研究专号），北京：生活·读书·新知三联书店，2012年，第21页。

④徐远和：《洛学源流》，济南：齐鲁书社，1987年，第319页。

⑤蔡方鹿：《宋明理学心性论》（修订版），成都：巴蜀书社，1997年，第133页。

⑥贺麟：《五十年来的中国哲学》，上海：上海人民出版社，2019年，第46页。

⑦刘述先：《朱子哲学思想的发展与完成》，台北：台湾学生书局，1982年，第230页。

学’,以对立于陆王所谓‘心学’,就不能说是没有问题了……钱穆先生极不满意这两个名词是有他的理由的”①。

对于牟宗三先生在其《心体与性体》一书中对朱熹“别子为宗”的判定,唐君毅先生并不以为然,但是唐先生为人温和含蓄,在其著作中倒是没有明确批评牟先生,可是在其《日记》中可看出一些端倪来。唐先生在 1969 年 6 月 21 日所记之语:“上午阅宗三《心体与性体》书完,此书为一大创作,有极精新处,但其论宋明儒学与我意尚多有所出入耳。”又在 1972 年 10 月 20 日的日记中说:“阅宗三《心体性体》书,其书乃一家言,与宋明儒者之本者或不相应。”②其实,我们仔细阅读唐先生所论朱熹的文章与著作,还是能够看出他很多时候都是针对着牟先生说的。如在牟先生那里,陆王之“心”为本心为本体,而朱熹那里“心”只能是形而下者,肯定不可能是本心和心体,但是唐先生认为朱熹那里亦是本心和心体,他说:“朱子在宇宙论上,固以心属于气,气依理而动静,并以心为有动有静,有存有亡者;在工夫论上亦谓此合道之心,可由存而亡,亦可由亡而存,其存亡全系在工夫上。然在纯粹之心性论,与直接相应于其心性论之工夫论中,则又初不重依气以言心,亦未尝不言‘超乎一般之动静存亡之概念之上’之本心或心体。”③有学者指出,现代朱熹哲学研究的曲折发展过程中,明显存在着一条从冯友兰到唐君毅、牟宗三、钱穆的脉络④。确实,这几位先生的论著奠定了现代朱熹哲学研究的基础,是我们研究朱熹哲学绕不开的理论高峰。

---

①刘述先:《朱子哲学思想的发展与完成》,台北:台湾学生书局,1982 年,第 233 页。

②唐君毅:《唐君毅全集》(第 33 卷),北京:九州出版社,2016 年,第 144、219 页。

③唐君毅:《中国哲学原论 · 原性篇》,北京:中国社会科学出版社,2005 年,第 404 页。

④乐爱国等:《20 世纪朱子学研究精华集成——从学术思想史的视角》,北京:经济科学出版社,2017 年,第 212 页。

相对于唐君毅和钱穆等，金春峰先生似乎没那么温和，在其所著《朱熹哲学思想》一书中，明确不赞成冯友兰和牟宗三先生对朱熹哲学的定性。他说："在冯(友兰)、牟(宗三)先生等之理解、诠释下，朱熹哲学思想庞杂、矛盾、混乱，不仅不是中古时期中国伟大的思想家，也谈不上是真正的思想家。这当然是完全不符合朱熹哲学思想实际的。实际上，朱熹长于概念的分疏与深密逻辑的思考，其哲学思想十分清楚。"①在其《对朱熹哲学思想的重新认识——兼评冯友兰、牟宗三解释模式之扭曲》一文中，他强烈地批判了冯友兰先生和牟宗三先生的解释模式，认为他们严重曲解了朱熹的哲学思想："冯友兰、牟宗三解释模式之成立，是混淆理论理性与实践理性之区别所导致的，是切削掉朱熹思想体系中与此模式相矛盾的最基本的材料或对之进行曲解所导致的。"②他接着指出，"讲'上帝''天''天命'，以保证'道德之理'的普遍性、绝对性与尊严；而同时强调'理之在心'的能动性，以预设人之'意志自由'。因此，'心性论'成为朱熹哲学体系的实质与中心思想。而'心性论'之概念的分梳与完整周密表达，也确是由朱熹所完成的"③。至于朱熹对于心的强调，为什么在心性论上一定要说"心统性情"，要以"心"为中心，不离心而言天言性言情？金先生认为"讨论人性、张扬道德是宋明理学的主要目标，在南宋朱熹的时代，张扬道德更是时代的需要，是救国救民之希望所在；而道德不管如何神圣、重要，都不能不落实于人的自觉实行；惟有把它讲成发自'内心'，人自己是道德的主体，才能真正使它具有力量，不致

①金春峰：《朱熹哲学思想》绪论，台北：东大图书股份有限公司，1998年，第3—4页。

②金春峰：《对朱熹哲学思想的重新认识——兼评冯友兰、牟宗三解释模式之扭曲》，《学术月刊》，2011年第6期，第31页。

③金春峰：《对朱熹哲学思想的重新认识——兼评冯友兰、牟宗三解释模式之扭曲》，《学术月刊》，2011年第6期，第31页。

成为外加的强制和说教，如此也才能树立人的价值和尊严，并有和佛禅对抗的力量；否则就不可能”①。另外，金先生还关注了朱熹在晚年的思想变化，在其《朱熹晚年思想》一文中，他强调要重视朱熹晚年所注的《中庸章句》和阳明整理的《朱子晚年定论》，认为朱熹在晚年更加强调其心学思想。据其对《朱子晚年定论》全文的进一步研究发现，朱熹在晚年确有调和朱陆心性之争或向陆九渊心学“靠近”的意味。另外，陆九渊在朱熹批评其学不重读书而近禅之后，也逐渐对读书等治学工夫进行一定的调整，这可以视为两派的调和与融通，当然，各自的理论立场和理论特质并没有根本的变化②。金春峰先生后来又先后发表了相关评述文章加强他对牟宗三先生观点的反对和批评③。并指出冯友兰和牟宗三先生所划分的理学与心学理论模式是存在问题的，二者之间并不是两个对立的学派，“在心学基本观点或仁义道德、天理良心的基本观点上，在格物、穷理的基本观点上，陆和朱两人是基本一致的。许多提法虽然不同，但不并存在理学与心学两大对立之派别”④。林安梧先生认为朱陆都属于孟子学，只是朱熹开启了孟子学中的“道德理智主义”的路向，朱熹为“横摄归纵系统”，而陆王则是“纵贯横推系统”⑤。

对于朱熹心性论的研究近年来也开始受到了青年学者的重视，

---

①金春峰：《对朱熹哲学思想的重新认识——兼评冯友兰、牟宗三解释模式之扭曲》，《学术月刊》，2011 年第 6 期，第 35 页。

②金春峰：《朱熹晚年思想》，《山东大学学报》（哲学社会科学版），2005 年第 1 期。

③参考金春峰：《宋明新儒学论纲（一）——牟宗三先生〈心体与性体〉评述》，《社会科学动态》，2018 年第 2 期，第 5—21 页；《宋明新儒学论纲（二）——牟宗三先生〈心体与性体〉评述》，《社会科学动态》，2019 年第 1 期，第 5—12 页。

④金春峰：《朱熹哲学思想》，台北：东大图书股份有限公司，1998 年，第 281 页。

⑤林安梧：《朱子哲学当代诠释方法论之反思——从“继别为宗”到“横摄归纵”》，《河北学刊》，2009 年第 5 期，第 32—38 页。

如学界新锐杨俊峰博士在其《心理之间:朱子心性论研究》中,一方面认为朱熹的心性论受到的关注不够,但是另一方面,也不同意这种基于心学立场对朱熹心性论进行的"同情研究"。杨俊峰博士认为,朱熹以心性论为中心来展开他的整个学说体系,这是建立在朱熹的生命体验与道德实践基础之上的,是历史与逻辑相统一的理论结果。在其书中,他把朱熹之"心"看作是道德修养的现实主体,"理"是道德修养的价值本体。其明确肯定了心性论在朱熹哲学中的核心地位,而心与理的关系则是朱熹心性论的中心问题。并且明确认为朱熹思想中不存在"析心与理为二"的问题①。

再次,关于朱熹心性论的发展过程和时期分疏,我们也需要关注一下。首先是束景南先生的《朱子大传》和《朱熹年谱长编》,其中对朱熹心性论形成与发展的几个时期进行了准确的梳理,并对其发展的内在逻辑给予了分疏。束先生对朱子思想发展历程给予了三个"定点":丁酉年为其生平学问的第一次总结,己酉年为第二次总结,守吾太玄为其第三次总结。与其他学者不同的是,束先生更加重视把朱子学"放在多维的文化视野中加以考察",朱熹的思想变化、心性论的成长,其中不仅有对北宋儒学家乃至先秦儒学家的继承,还有对佛家、道家等其他理论形态的多元借鉴,束先生力争用历史主义还原的方法给我们呈现出一个血肉丰满、活灵活现的朱熹来②。这种研究方法对于本书的研究开展很有启示意义,在后续的研究进程中也将会注意历史与逻辑统一、文化与社会统一的诠释原则,还原与呈现古人思想发展与建构的过程。

①参考杨俊峰:《心理之间:朱子心性论研究》,北京:中国社会科学出版社,2014年,第25—33页。

②参考束景南:《朱子大传:"性"的救赎之路》(增订版),上海:复旦大学出版社,2016年;束景南:《朱熹年谱长编》,上海:华东师范大学出版社,2001年。

陈来在《朱子哲学研究》一书中，对朱熹的心性论也颇为重视，进行了大篇幅的梳理。他在该书的第二部分“本论二”中，细致地展示了朱熹的心性理论。陈来先生主要是按照朱熹思想发展的逻辑进行了梳理，对其“中和旧说”“中和新说”，以及后期和胡宏、张栻等人的论辩中提出的“心主性情说”，进行了辨析与疏解。陈先生认为，第一次中和之悟以心为已发、性为未发的思想，虽然实际上只是性体心用观点给当时处于矛盾的朱熹提供了暂时的出路，但它标示的发展方面仍有其意义。第二次中和之悟的心贯已发未发的思想与主敬穷理的为学方法，互相补充，表明了理性主义宗旨的确立。“其性发为情的思想也终于发展为心统性情说，标志着朱熹心性论的基本完成。”①吴震教授对众学者的讨论分为三类：1. 朱熹之言“心”是认知之心说，“心属气”或“心即气”，如钱穆、牟宗三、刘述先等；2. 朱熹之“心”是知觉之心说，心主要是知觉范畴，但心不就是气，而是意识活动的“功能总体”，如陈来；3. 朱熹之“心”是“心体”说，与心学意义上的“本心”概念有相通之处，如蒙培元、金春峰②。

李景林与田智忠在《朱子心论及其对先秦儒学性情论的创造性重建》一文中指出：“在宋明儒学中，朱子之心论，实最为完备。但现代学者往往既囿于理学心学分系和对峙之前见，又受到西方哲学诠释模式的影响，常倾向以‘认知心’来理解朱子之心说，或以理性主义来诠解其心性哲学的精神。而实际上朱子心论是以‘情’为心的主体内容，以仁为‘心之德’，在‘爱’或情的实存活动上来把握心的整体义涵。心的‘知觉’内在于情，构成人的生命存在之内在的主宰和定

①陈来：《朱子哲学研究》，北京：生活 · 读书 · 新知三联书店，2010 年，第 225 页。
②吴震：《朱子思想再读》，北京：生活 · 读书 · 新知三联书店，2018 年，第 102—103 页。

向作用。”①由此认为，朱熹在形上学上，立足于在以个体实存一系列自我转化的工夫历程中展开和实现性体、道体的超越性意义。进一步的结论是，朱熹心论是创造性地再建了先秦儒学性情论和接续了儒家形上学的精神传统。

乔清举教授认为当前学界对于朱子的心性理论认识还不够，他提出："朱子对于心的认识，不限于对于心的重视和关于心的功夫的阐发。在他那里，心与性理的关系是一个存在张力的分离与重合的过程"，因此，他认为，"心与性在本体上、应然上、先验上（潜在地）统一，在功用上、实然上、经验上分离，而通过功夫可以重新达到现实的统一：这就是朱子心、性关系的基本结构"②。乔清举也已经关注到朱熹心性论内在结构与开展的张力问题，他把心与性理的分合区分为本体与功夫、应然与实然、先验与经验两个层面。

最后是关于朱陆心性论的异同的讨论。牟宗三先生以朱陆对心性认识的不同而来的修养工夫之各异分疏为不同的系统：象山之学是一心之朗现、一心之伸展、一心之遍润，于工夫是"逆觉体证"，是纵贯系统；朱子之学乃心性二分，于工夫是格物致知的"顺取之路"，为横摄系统③。徐复观先生则认为，在心性问题上，朱子把心性分属两层，又把性分为义理之性与气质之性，所以其修养工夫必是"制外以安内之成分更为加重"，对于道德的修养工夫也就更为"艰难"；象山则心性不分，心就是性，性并非在心的上一层，因此对于道德的主体可以当下认取，非常现成，非常简易④。唐君毅先生认

①李景林、田智忠：《朱子心论及其对先秦儒学性情论的创造性重建》，《中国社会科学》，2007 年第 3 期，第 88 页。

②乔清举：《朱子心性论的结构及其内在张力》，《哲学研究》，2011 年第 2 期，第 35 页。

③牟宗三：《心体与性体》（上册），上海：上海古籍出版社，1999 年，第 41—43 页。

④徐复观：《中国思想史论集》，台北：台湾学生书局，1983 年，第 40—42 页。

为:“唯在象山说本心,即连于其中之道之理而说,故此一本心,亦即道心,而为人所本有。此心之沉陷,即无异此整个之心沉陷离道,而此心之起,亦是此整个心之全起。然在朱子,则人心虽可沉陷离道,而道并不随心以俱陷;又心之由陷而起,亦未必即能全上合于道,故重其间次第之工夫。而朱子之教,乃可说为渐教。依象山之教,则人自发明其本心,此道此理即俱时而见,则为一顿教。”①唐先生虽未明确点名反对牟宗三之说,然其说却处处是针对牟说的,“于朱陆之异,不宜只如世之由其一主尊德性、一主道问学,一主心与理为一、一主心与理为二去说……”②并认为,“朱子与陆王之学者,其相视如异端之门户之见,不可不破……方可疏畅八百年来儒学之生命”③。彭永捷先生认为,陆九渊以心为哲学本体,而朱熹是以理而非以心为哲学本体。陆九渊所言之心为义理之心,朱熹所言之心为知觉之心④。等等。

其他方面,张汝伦先生认为关于朱熹的格物致知思想,一直受到一种普遍的误解。张先生认为朱熹秉承的是程子的思路,坚持即物穷理是“因其已知之理而益穷之”,也就是将心中已有之知推广扩充于事事物物,而非于事事物物上求得未知之知。既然如此,格物致知真正的出发点是心,而不是物。“心包万理,万理具于一心。不能存

①唐君毅:《中国哲学原论 · 原性篇》,北京:中国社会科学出版社,2005 年,第 274 页。

②唐君毅:《中国哲学原论 · 原教篇》,北京:中国社会科学出版社,2006 年,第 131 页。

③唐君毅:《中国哲学原论 · 原教篇》,北京:中国社会科学出版社,2006 年,第 133 页。

④彭永捷:《朱陆之辩——朱熹陆九渊哲学比较研究》,北京:人民出版社,2002 年,第 206 页。

得心,不能穷得理”(《朱子语类》卷九《学三》),而存心其实是正心①。张先生的这种辩解有一正视听的意味,不可以单纯把朱熹的格物论理解为向外穷理的过程,从朱熹的心性论角度来看,格物致知正是心性本体向现实世界的开展与落实,是一个内在天理和外在物理相互印证和相互实现的过程,这应该是比较符合朱熹的内在逻辑的。如此看来,朱熹心性论与陆王的心学认识论似乎并无本质性的区别。

综合学界的研究看来,我们认为,主张朱熹的心性学说也是心学的观点,显然有些矫枉过正的嫌疑,为了强调被严重忽视的朱熹心性之学,直接称为朱熹之学即为心学,这有和我们已经称谓习惯的陆王心学产生混淆的可能。既然两种学说体现出的是不同的理论特质,也呈现出了两条不同的发展道路,朱熹的心学和陆王的心学肯定不是完全同质的理论体系。因此,也不必非要用已经约定俗成的“心学”之名去标示朱熹的心性学说。当然,这也显示了朱熹的心性学说的重要意义和亟待更多关注与研究的迫切性。最后,我们基于学界的研究状况可以得出如下三点结论:第一,由于学界一般把朱熹的学说归为理学,相对来说对朱熹的“心学”或心性论关注较少;第二,牟宗三等人对朱熹及其心性论的“偏见”,更使得学界几认为朱熹并无心性论;但是,钱穆等人努力把朱熹心性论与陆王心学相提并论,又有矫枉过正、混淆视听的嫌疑;第三,学界普遍把朱熹之“心”划定为形而下者,否定其具有形上性和本体性,此论恐尚有讨论的空间。另外,把朱熹心性论放置在其整个理学思想体系中考察还不足够充分。

---

①张汝伦:《关于格物致知的若干问题——以朱熹的阐释为中心》,吴震主编:《宋代新儒学的精神世界——以朱子学为中心》,上海:华东师范大学出版社,2009年,第55页。

第一章　心性论问题的历史考察

在开始具体讨论问题之前，有必要先对于本书的话语域加以说明。我们这里所说的儒家心性论有广义与狭义两个层面：广义层面的儒家心性论是指一切对于人的本性以及如何通过人的主体性（心）去把握和改变的学说都可以看作是心性论。这样，本体论、宇宙论、工夫论、价值论、认识论等诸多领域的理论都将涉及其中。在儒家看来，天道或天理等形而上的终极存在，是内在于人的心性之中的，通过人类的“下学上达”，最终必然能够实现人（心）与天道的贯通。狭义层面的儒家心性论则是专指宋明理学的心性论，理学的心性论是基于玄学心性论和佛学心性论重构的儒学心性理论，其特点主要是更加形上化、思辨化和内在化等。我们的讨论将在广义上的儒家心性论基础上梳理其渊源，但主要是在理学的形上学意义上讨论朱熹的心性学说。

儒学本质上或广义上就是一种心性之学，其产生与展开经历了一个历史的发展过程。在中国文化的早期，尤其先秦时期，思想家们就已经涉及了心性问题，其中尤以思孟学派对此问题有深入的讨论，从而奠定了这一问题在中国思想或哲学中的学理地位。在汉唐时期，由于儒学的政治化等原因，使得心性学说被弱化或边缘化。而在同时期，佛道两家却在心性学说方面有深入的开拓。直到北宋初年，周敦颐、张载与二程等儒者“出入佛老”之后，重建儒家学说，以对抗与回应释老之学的进逼与挑战。其中，在心性学说方面，宋儒甚感传统儒学于此领域之薄弱,故借助儒家经典并旁参佛老,于心性论上有深刻而精微的发挥。

第一节　孔子与《易传》

在中国文化史的早期,心性论问题并未得以特别的凸显。因为在殷商时期,是以自然崇拜和巫术通神的方式作为天人沟通的主要乃至唯一的方式。《国语・楚语》载有:"古者民神不杂。民之精爽不携贰者,而又能齐肃衷正,其智能上下比义,其圣能光远宣朗,其明能光照之,其聪能听彻之,如是则明神降之,在男曰觋,在女曰巫。"表明其时民神不杂,巫觋可以借助自己的身体上通神灵。当然,这种"降神"的活动,巫者只是神灵降临的媒介,在此过程中,巫者丧失了自我意识而完成人神合一。这种早期的身心一体之法,乃是后来先秦各家工夫论的原型,而巫者则是最早的"圣人"。《尚书・吕刑》载有:"乃命重黎,绝地天通,罔有降格。"而后来,经历"绝地天通"之后,上通神灵之能进一步被巫觋与君王所垄断①。但是,在西周时期,宗教变革使得原有的巫神信仰逐渐被瓦解,尤以周公制礼作乐对于人文精神的重建与高扬具有典型的变革意义。在此基础上,孔子与老子进一步完成了轴心期的突破,彻底建立起人本主义的文明观。

孔子(前551—前479)主要是通过删定六经进而建立儒家的理论体系。虽然,在六经之中关于"心"和"性"的表述很难界定为孔子的思想。但是,作为孔子语录集成的《论语》对于了解孔子的思想却

①关于巫觋通神与绝地天通问题的讨论可参考杨儒宾教授和赵法生研究员的相关论述,如杨儒宾:《〈绝地天通:人如何出现于历史〉的讲座纪要》,儒家网 2018 年 9 月 17 日,https://www.rujiazg.com/article/14663。赵法生:《殷商巫术与宗教》,载《儒家超越思想的起源》,北京:中国社会科学出版社,2019 年。

有直接意义。

> 子曰:"回也,其心三月不违仁,其余则日月至焉而已矣。"(《论语·雍也》)①
>
> 子曰:"七十而从心所欲,不逾矩。"(《论语·为政》)
>
> 子曰:"性相近也,习相远也。"(《论语·阳货》)
>
> 子贡曰:"夫子之文章,可得而闻也;夫子之言性与天道,不可得而闻也。"(《论语·公冶长》)

整体上来说,在《论语》中直接关于"心"和"性"的表达并不是太多,可以看出,孔子更多是在一般心理活动意义上使用"心"的概念,此处的"心"为心意、心志之义,"性"也只是在本性意义上使用的,还远没有后来心性之学的意义和高度。从"性相近也,习相远"句可以看出,孔子相对更为强调后天的习得与环境的影响对于人性的塑造作用。但是,子贡言孔子之性与天道之言,其实已经在形上学维度上揭橥了心性之学的问题。汤一介先生说:"为什么孔子的'天道'与'性命'的问题不可得而闻呢?这就是因为所谓'天道'的问题是宇宙人生的'超越性'的问题,而所谓'性命'的问题则是一个宇宙人生的'内在性'的问题,这两个问题本来都是形而上的哲学问题……那么超越性的'天道'如何去把握,内在性的'性命'如何去体证,这两者的关系究竟如何,就成了中国哲学的重要课题。"②汤先生所言之"超越性"乃是"存在之所以存在者"的本体论问题,而"内在性"乃是"存在者何以达致存在"的心性工夫问题。可惜的是,由于孔子罕言

①文中所引《论语》《大学》《中庸》《孟子》的原文,皆引用自朱熹:《四书章句集注》,北京:中华书局,1983 年第 1 版第 13 次印刷。

②汤一介:《儒释道与内在超越问题》,桂林:江西人民出版社,1991 年,第 2 页。

天道性命之事,故弟子们“不可得而闻也”,因此,仅从《论语》文本的展现来看,天道性命之形上之学则隐微不彰。当然,在《论语》中,比较显性的体现,孔子有心性论倾向的理论应该是“内省”与“忠恕之道”,其核心即是以己心推及他人之心,有个体道德修养往内省方向的导向。“吾日三省吾身”(《论语·学而》),“见贤思齐焉,见不贤而内自省也”(《论语·里仁》),“身”作为自我的存在,是道德自我审查的起点。而“忠恕之道”成为推行“仁”的基本方式,“仁”匡定了人之为人的类本质,但是其起点却在于对于自身的内省,人与人交往的行为标准就在于以心比心,成己以成人,进而以成人以成物。孔子基于忠恕之道还树立了孝、悌、恭、良、善、宽、信、敏、俭、让、刚、毅、直、勇等众多道德纲目,以保证“仁”在人类的诸多生活场域中得以落实。因此,在《论语》中,孔子更多的是直接告知人们遵守这些道德纲目才是有教养的人。依据《论语》,毋宁说孔子的心性之说是一种道德学说或伦理学说。

然而,被大家所忽视的是,孔子关于道德形上学的思想其实蕴含在《易传》之中。孔子整理《易经》过程中形成的《易传》,从中却可以管窥孔子关于心性论的思想[①]。

在《易传》中,孔子给出了先天道德何以贯通于人生的本体论依据。

> 乾道变化,各正性命。保合大和,乃利贞。首出庶物,万国咸宁。(《易传·乾卦·彖辞》)

---

①关于《易传》是否为孔子所作颇有争议,但是根据对近些年来出土文献的考证,表明《易传》乃是孔子与其弟子在整理《易经》过程中共同形成的文献,其内容完全体现了孔子或早期儒家的道德形上学思想。

万物皆由乾道变化而来，皆因乾道各得性命，各成其是。《易传》曰："形而上者谓之道，形而下者谓之器。"又曰："一阴一阳之谓道，继之者善也，成之者性也……成性存存，道义之门。"（《易传·系辞上》）乾之变化之道，示之以阴阳也，阴阳之动，万物生成。万物承继乾道而得其善，所谓善者，乾道生物亨通无碍也；万物秉承乾道而成其所是，各正性命，此"利贞"是也。因此，在《易传》中，天（乾）是宇宙的本体，也是人的德性本体，形而上之道，是人之成性的根据，道德的形上学自此建立。

那么，人们又如何了解和把握这一本体呢？在《易传》中，也多次提及"心"。如"复，其见天地之心乎"（《易传·复卦·彖辞》），"圣人感人心而天下和平"（《易传·咸卦·彖辞》），"二人同心，其利断金；同心之言，其臭如兰"（《易传·系辞上》），等等。但是，这些表述中，"心"也只是在一般意义上使用的，是器官之心和认识之心。那么，在《易传》中，人是如何认识本体并承诺其价值的呢？

> 易，无思也，无为也，寂然不动，感而遂通天下之故。非天下之至神，其孰能与于此？（《易传·系辞上》）
>
> 神而明之存乎其人。（《易传·系辞上》）
>
> 神也者，妙万物而言者也。（《易传·说卦传》）
>
> 神以知来，知以藏往。（《易传·系辞上》）
>
> 知几，其神乎？（《易传·系辞下》）
>
> 知变化之道者，其知神之所为乎？（《易传·系辞上》）
>
> 穷神知化，德之盛也！（《易传·系辞下》）

人能"感通"到本体在于"神"，此神非鬼神、神灵之神，而人的主体性的精神能力、思维能力等，《周易》判定此种能力只有人具备（"神而明之存乎其人"），故人可"知来藏往""引伸触类""知变化之道”“妙万物而言者也”，人能“穷神知化”，这是人独有的德性！这些判定都表明了“神”是人的主体性方式，即人的主体性是以“神”的方式存在的，因此，人的精神能与天地生命相通，这是人的德性，所谓“天地大德曰生”，不过是人以自己的“神”与生命统一起来并“感通”本体之生命而已，是为“神明”或“神通”也。方东美先生非常推崇人的这种“神”性，他说道：“在中国哲学里，人源于神性，而此神性乃是无穷的创造力，它范围天地，而且是生生不息的……人的生命时时渗透于宇宙的秘奥中而显露它神奇的力量。他认清自己受禀于天道，他的自性中含有神性……所以他对神和人性的了解是直接的，而非推论的；是亲切的，而非隔膜的；是直觉的，而非分析的。”①方东美先生认为人的自性中含有神性，认为“神”的认识方式是直接的、亲切的、直觉的。

可见，《易传》中不太强调“心”，而是强调“神”。因此，在这个意义上，《易传》中的心性论姑且可以称之为“神性论”，这一点是我们在以往的研究中所忽视的。杨儒宾教授认为：“《易传》脉络中‘神’字负担很浓厚的哲学内涵，‘神’是‘妙万物而为言’，‘妙’字在此可谓妙到莫名其妙，不易落实，其词或许意指物之神妙，这样的‘神’已接近于道之属性之谓。《系辞》又说‘神也者，不疾而速，不行而至’，这里的‘神’字却又极接近后世心学的用法，接近本心、良知、般若的妙用之地位。《易》在宋代之后的影响力极大，其影响不是来自占卜，而是来自这种作为道体、心体、工夫论之源的‘神明’‘神’‘洗心’‘感通’诸概念的介入。”②其实朱熹对“神”或“神明”的概念亦有所继承和发挥，却为我们所忽视，我们将在后文述及。

①方东美：《生生之德：哲学论文集》，北京：中华书局，2013 年，第 224—225 页。
②杨儒宾：《恍惚的伦理——先秦儒家工夫论之源》，王正主编：《儒家工夫论》，北京：华文出版社，2018 年，第 39 页。

《易传》中还有不少命题都内涵了心性论的问题,如“穷理尽性以至于命”“天人合德”等命题,这一命题可以看作是性命之学或心性之学的极致表达,后来的宋代儒学家们对此均有精彩的发挥。

综上,《论语》中虽有“性与天道”之语,但是,孔子于形上学贞定其心性理论者,主要是在《易传》之中。蒙培元先生说:“中国心性论真正开始于孔子。孔子作为儒家学说的创始人,为儒家心性论奠定了基础。”①这一判定有其道理,但是,蒙先生只是把孔子的仁学思想作为其心性论的最初形态,显然忽略了孔子在道德形上学领域已经有了深刻的理论建构。可以看出,自孔子开始,心性问题才真正凸显出来,人才开始是“自作主宰”,人通过自己的意识去完成对天道的认识与觉解,而不再只是神灵降示的媒介和工具。

第二节　《大学》与《中庸》

《大学》曰:“大学之道,在明明德,在亲民,在止于至善。”“明明德”一语显然已经肯定了人的先天道德之至善性,而人之后天修养工夫不过就是使先天本来自明的德性重新彰明起来。德何以明之?心明之也。因此,“正心、诚意”是明明德的起点,也即修身的起点,通过正心、诚意,进而修齐治平。《大学》之至高境界为“止于至善”,这不仅是个体心理与人格的自我完成,而且还要“明明德于天下”,即由自我完成进而引领天下人共同人格完成与道德完善。

《大学》曰:“知止而后有定,定而后能静,静而后能安,安而后能虑,虑而后能得。物有本末,事有终始。知所先后,则近道矣。”后儒谓“知”“止”“定”“静”“安”“虑”“得”为“七证”,这正是《大学》心性修养之法门,“证”者,正心也,证道也。“心”经此七个修养步骤,方

①蒙培元:《中国心性论》,台北:台湾学生书局,1990年,第21页。

始入道,心正而意诚,修齐治平方能见其功也。“身有所忿懥,则不得其正,有所恐惧,则不得其正,有所好乐,则不得其正,有所忧患,则不得其正。心不在焉,视而不见,听而不闻,食而不知其味。”(《大学》)心不正则身不得其正,万事皆休也。“正心”在《大学》中居于核心与枢纽的位置,在儒家经典中,应该是《大学》首次把“心”推崇到如此高的程度。这里的“正心”,既是生理之心,又是道德之心。此“内圣”之学,已具有心性论的典型特征了。“《大学》之修身、齐家、治国、平天下,其本只是正心、诚意而已。心得其正,然后知性之善”(《四书章句集注·孟子序说》),心得其正——知性之善,心与性的道德一体化建构自《大学》始。

《大学》所“格物”者,非只是认知天地万物而已,还当知物何以成物,物之何以生生大化,以及物之于人之价值与意义等,即所格之物非与人无关之“客观”之物,故格物亦非只是今日所言之“物理学”之义;而所“致知”者,非只是物理之知,还有德性之知,人之何以成己何以成人,人之何以赞天地之化育等等,即“致知”亦非只是今日所言之“知识论”或“认识论”之义。此“物”此“知”皆关乎人心与人性,旁借古希腊“道德即知识”之说,中国古代所谓的“知”,亦首先是德性之知。

《大学》是对孔子道德人格及其政治思想的进一步发挥,但是,《大学》又不只是儒家的政治学说纲领(外王),同时也开辟了一条儒家“内圣”之学的道路,所谓“内圣”之学,就是典型的心性论范畴。后来为唐代以后儒家所重视,《大学》在儒学中的地位得以大幅提升。至二程,更是把《大学》置于《论》《孟》等儒家经典之上。《大学章句》引程子之言云:“子程子曰:‘《大学》,孔氏之遗书,而初入德之门也。’于今可见古人为学次第者,独赖此篇之存,而《论》《孟》次之。学者必由是而学焉,则庶乎其不差矣。”(《四书章句集注·大学章句》)二程并且把《大学》确立为儒者“初入德之门”,《大学》之地位于此为盛也。而至朱熹,《大学》被进一步推崇,位列四书之首,其地位也达到了无以复加的极盛程度。朱熹继承二程这一观点,曰:“《大学》之书,古之大学所以教人之法也……时则有若孔子之圣,而不得君师之位以行其政教,于是独取先王之法,诵而传之以诏后世……而曾氏之传独得其宗,于是作为传义,以发其意。及孟子没而其传泯焉……于是河南程氏两夫子出,而有以接乎孟氏之传。实始尊信此篇而表章之,既又为之次其简编,发其归趣,然后古者大学教人之法,圣经贤传之指,粲然复明于世。虽以熹之不敏,亦幸私淑而与有闻焉。”(《四书章句集注·大学章句序》)可见,朱熹为推崇《大学》,不惜建构出一个儒家的“道统”次序来,以示《大学》根源之深远和“正宗”。朱熹于《大学》最为用力,六十岁后尚告诫弟子曰:“看《大学》,且逐章理会。须先读本文,念得,次将《章句》来解本文,又将《或问》来参《章句》。须逐一令记得,反覆寻究,待他浃洽。”(《朱子语类》卷十四《大学一》)六十二岁时更具体指出:“此一书之间,要紧只在‘格物’两字。认得这里看,则许多说自是闲了。初看须用这本子,认得要害处,本子自无可用。”(《朱子语类》卷十四《大学一》)六十五岁后,他尚与王过说:“《大学》则一面看,一面疑,未甚惬意,所以改削不已。”(《朱子语类》卷十九《论语一》)因而一直到庆元六年临终前,仍在修改“诚意”章。六十九岁时朱熹还说:“某于《大学》用工甚多,温公作《通鉴》,言:‘臣平生精力,尽在此书。’某于《大学》亦然。《论》《孟》《中庸》,却不费力。”(《朱子语类》卷十四《大学一》)关于《论语或问》和《孟子或问》,四十八岁时他写成后,一直未修改。六十六岁时,他对学生说,“《论语或问》不须看”,因为写得太“支离”①。朱熹对《大学》极力推崇,一方面他明确把《大学》列入四书,

①“先生说《论语或问》不须看。请问,曰:‘支离。’”(《朱子语类》卷一百零五《论自注书》)

且为四书之首,随着朱子学成为之后几百年的官学,彻底奠定了《大学》在儒家经典中的崇高地位;另一方面,甚至可以说,朱子正是用《大学》作为其整个学问的纲领,重新建构了儒学史,尤其是朱子之后的儒学史是何以如此的,朱子的影响最为巨大①。因此,我们初步推定,《大学》是朱熹理论体系的纲领,自然更是其心性学说的纲领。

相对于《大学》"内圣外王"的内外挺立,《中庸》则更注重探寻"内圣"的合法性。即人之何以必然按照《大学》所提供的"七证"的心性修养步骤和成己成人的"八条目"去行事呢?

《中庸》曰:"天命之谓性,率性之谓道,修道之谓教。"此三句为全文之开篇,是全文的纲领。可见,人之本性由天所命赋,当人以一个生命体的方式存在的时候,一方面,他是天在现实中的一种呈现,另一方面,他又是一个具体主体的存在,这个具体主体的存在就必然有其主体性。天本无体可言,亦无具体性可言,而人一旦作为一个具体的形态产生,则必有具体之性可言了,如贤愚吉凶、刚柔好恶等。万物由天所赋,各得其形,各得其性,此形此性使得其成为天地间的唯一而独特的存在者。人与物禀得其性,必各率其性而自行其是,这是其主体性的必然要求。

《中庸》则把人区分为"诚者"和"诚之者",与"率性之谓道"和"修道之谓教"相对应而论。《中庸》曰:

> 诚者,天之道也;诚之者,人之道也。诚者不勉而中,不思而得,从容中道,圣人也。诚之者,择善而固执之者也。

①梁涛教授力主此说,详细论证可参考梁涛:《以〈大学〉理解儒学的意义及其局限——兼论统合孟荀》,《深圳社会科学》,2019 年第 6 期,第 59—70 页;梁涛:《王安石政治哲学发微》,《北京师范大学学报》(社会科学版),2016 年第 3 期,第 96—107 页;等。

可见,"诚者",直接以天道行人道,为真实无妄者,故不勉而中,不思而得,从容中道,直接就是圣人的修为;"诚之者",是未至于圣人境界者,只能择善者而固执守之,由教化而知善恶。对于诚者,只需"率性"而行即可,而对于诚之者,却需要教化以修正之。可以看出,《中庸》已经清楚地为我们区分了人的不同类型和层次。《中庸》又曰:"自诚明,谓之性;自明诚,谓之教。诚则明矣,明则诚矣。""自诚明"者,是由天道之诚到人德性之明,先尽性以至于穷理,率性成道也,是"诚者"的修行路线;而"自明诚"者,是由人之德性修明而至天道之诚,先穷理以至于尽性,修道教化也,是"诚之者"的修行路线。自诚明者,是"先自其性理会来",故"谓之性";自明诚者,"先从学问理会",故"谓之教"。"诚者"似如孔子所言的"生而知之者",生来至诚,便能尽己其性,再尽人与物之性,进而赞天地之化育,与天地参;而"诚之者",似"学而知之者",则只能走"其次致曲"的下学而上达的"下行路线"。对于"诚之者"来说,应当择善弗失,好学力行,慎思明辨,日久则由愚而明,由柔而强。可见,"诚者"多为圣人事,圣人率性而行即从容中道;而"诚之者"多为圣人以下之人事,未能率性于道,必要修道而至中和之境。

由此可见,得道而不可离,性即道也,性皆不脱于道而可离非道也。道隐微而不可见,但是却无处不在,君子所行所为时时处处皆不离道。因此,君子在独处之时更须小心谨慎。在情的层面上讲,喜怒哀乐未发之时为中,人之主体性并未显现,而已发之后则可能成为自以为是,但是,人之主体性,不可能始终不发,故《中庸》要求即便在已发之后也要做到"发而皆中节",因为这是"和"的状态,可以避免自以为是。"中"是天下之大本,道无时无刻都在天下万物之中即谓之中,此"中"可谓是天下万物生生不已的根本,而"和"是万物之达于道的状态,当然,应该说,除了人之外的万物没有自以为是的问题,自然就是"和"的状态,人只有克服自以为是,以道(天道)为是,才是

“和”的状态。因此，只有当人达到“和”的状态时，才能保证天地万物生生大化不已。“中”是不偏，“庸”是常。达于中，即是天下不易之定理。人也要达到不偏不倚之“中”，亦当是人生当有之常态①。

“诚者，天之道也；诚之者，人之道也”，“诚”内在地体现了存在与价值、实然与当然的统一。之前的儒家学说皆以天（道）为本体，《中庸》把“诚”这一感性化的命题提升到了本体的高度，这无疑是儒家心性论的一个里程碑式的突破。《中庸》也由此成为儒家心性论最为重要的经典文献，鲜有出其右者。《中庸》至北宋地位骤然提高，最为宋儒推崇，《中庸》作为与佛老相抗衡建构心性论的最重要的经典之一，也绝非偶然。

颇耐人寻味的是，在《中庸》的全文中，居然无一处提到“心”字，只论性、命、情等，但是，《中庸》却是儒家经典中最典型的“心”学经典，二程谓之为“孔门传授心法”，朱熹谓之儒家“道统”之所根由也。朱熹亦由此推定《尚书》之“人心惟危，道心惟微，惟精惟一，允执厥中”十六字心诀之合法性。朱熹曰：

> 心之虚灵知觉，一而已矣，而以为有人心、道心之异者，则以其或生于形气之私，或原于性命之正，而所以为知觉者不同，是以或危殆而不安，或微妙而难见耳。然人莫不有是形，故虽上智不能无人心，亦莫不有是性，故虽下愚不能无道心。二者杂于方寸之间，而不知所以治之，则危者愈危，微者愈微，而天理之公卒无以胜夫人欲之私矣。精则察夫二者之间而不杂也，一则守其本心之正而不离也。从事于斯，无少间断，必使道心常为一身之主，而人心每听命焉，则危者安、微者著，而动静云为自无过不及

---

①相关论证请参考拙作《〈中庸〉与走出“自以为是”》，《哲学研究》，2016年第3期，第56—58页。

之差矣。(《四书章句集注·中庸章句》)

朱熹心性论之理论根据亦由此出也,尤其《中庸》中“喜怒哀乐之未发,谓之中;发而皆中节,谓之和。中也者,天下之大本也;和也者,天下之达道也。致中和,天地位焉,万物育焉”句,无论是未发还是已发,人处天地之中,心处腔子之中,皆可中而用之,这是心性论的核心问题,理学家阐发最深入,朱熹于《中庸》“沉潜反复”多年,“一旦恍然似有以得其要领者”,终于建立其“中和旧说”与“中和新说”的理论体系,《中庸》对于朱熹心性论的建构可谓是最有力者。

儒学把“允执厥中”具体化为《大学》修齐治平的心法和《中庸》“致中和”之道。不论是《大学》之“正心、诚意”,还是《中庸》之“诚明”,都在强调道德意志(诚)的作用,这是二书的共同之处。可以说,二书在逻辑上以“接力”的方式建构了儒家的心性论,《大学》开始自觉到先天道德的重新彰显自“正心”开始,并且明确给出了由“明明德”到“止于至善”的具体步骤。可以说,自《大学》始,儒学的“内圣外王”之道得以饱满地挺立起来。而《中庸》则给予《大学》要求人必须完成此道德的实践以内在的理由,即这是“天命”所致,人之成为人,得其性命,就必然率性而为,完成人之使命,赞天地之化育,成万民之安康。

唐君毅先生说:“至儒家之《大学》言心,《中庸》言性,则盖为孟学之流,经道家及荀学之激荡,而重本心性之善之旨,以通天道人道内圣外王之道者。是见先秦儒家心学之极致。”①《大学》和《中庸》是早期儒家关于心性论的标志性著作,它们为儒家提供了一个心性学说的经典范型和价值标杆,其基本思想和模式为后世的儒家反复

①唐君毅:《中国哲学原论·导论篇》,北京:中国社会科学出版社,2005年,第46页。

阐发和弘扬。

第三节 孟子与荀子

在战国时期，对于人性的讨论还是相当深入和广泛的，当时有几种主要的人性论：性善论、性恶论、性无善无不善论、性可以为善可以为恶论和有性善有性不善论等。在儒家范围内，孟子的性善论和荀子的性恶论无疑最有代表性。

孟子（约前372—前289）发挥孔子的思想，亦以“仁”为人生第一原则。他从心性方面进行了论证，认为仁即是人先天所固有的恻隐之心的发展：“人皆有不忍人之心……今人乍见孺子将入于井，皆有怵惕恻隐之心非所以内交于孺子之父母也，非所以要誉于乡党朋友也，非恶其声而然也……恻隐之心，仁之端也；羞恶之心，义之端也；辞让之心，礼之端也；是非之心，智之端也。人之有是四端也，犹其有四体也……凡有四端于我者，知皆扩而充之矣。”（《孟子·公孙丑上》）孟子认为人都有“不忍人之心”，此心在特定场合（如孺子入井）表现为“恻隐之心”，而此“恻隐之心”即是仁的萌芽（端），发展扩充“恻隐之心”就可达到仁。孟子又曰：“仁者以其所爱及其所不爱，不仁者以其所不爱及其所爱。”（《孟子·尽心下》）仁即是由近推远，是其“恻隐之心”之发展，亦可说是爱之扩充。“四端”是人所具有的心理情感，人若能扩充这种心理情感，就能完成自己的道德人性。这样，心和性就合一了。

孟子曰：“仁义礼智，非由外铄我也，我固有之也。”（《孟子·告子上》）又曰，“仁义礼智根于心。其生色也，睟然见于面，盎于背，施于四体，四体不言而喻”（《孟子·尽心上》）。可见，与孔子不同的是，孟子第一次把反映人与人关系的伦理道德原则变成了人的内在本性。在孔子那里，还比较强调仁的外在性，而在孟子这里，则把仁义礼智等道德原则完全认定为人的内心的需要，以内在情感为根源，以主体为道德的主宰，这无疑是儒家心性论的一个重大的转向。当然，我们也可以认为这一转向自《大学》就已经开始了，至《中庸》则把这种心性的内在性进一步深入，《大学》重言心，《中庸》重言性，而孟子则心、性并言之，承续了这一转向并把《大学》与《中庸》中内含的心性合一观推到了极致，彻底建构起了早期儒学的心性论体系。因此，孟子甚至被认为是开辟儒家心学一派的宗主。蒙培元先生说："由于孟子把孔子的仁学思想建立在心性论的理论基础上，因此以仁为核心的道德规范就变成了人的内在本性。并且根植于人心，成为超验的主体原则，从而确立了人的道德主体性……把仁、义、礼、智四种道德原则确定为人性的基本内容，产生于人心，变成先验的自律原则，这是孟子在中国心性论的历史上所作的最大贡献，对后来的儒家心性学说发生了极大影响，以致有人把这种思想说成是中国心性论的正统和主流。"①孟子有意识地把先天道德作为人之情感本能的论证，开启了儒家心性论的先河与理论范式。

孟子曰："尽其心者，知其性也，知其性，则知天矣。存其心，养其性，所以事天也。夭寿不贰，修身以俟之，所以立命也。"（《孟子·尽心上》）孟子给我们提供了一个修身立命的路径："知心—知性—知天"，进而，"存心—养性—事天"。这一路径和孔子在《易传》中给出的"乾道变化—各正性命—继善成性"正相呼应，孔子是由外而内，孟子是由内至外，完整地呈现了儒家性与天道相贯通的循环图式：上天赋予人以性命，人继天之善性而成己性，人先天所赋之善端，须经心之扩充，知性之所由，最终知天而事天。

成中英先生说："儒家道德哲学的根源及理据不外于人自我的内

①蒙培元：《中国心性论》，台北：台湾学生书局，1990年，第29页。

省与人对世界(天地)的外观。”①并认为外观的最显典型是《周易》,而内省的最显著典范是孟子。《周易》通过“仰观”“俯察”,“以类万物之情”,确实是“外观”的典型,而孟子“知心、知性、知天”确实是“内省”的典范。而杨少涵先生把孔子之后的儒家分为“内化派”和“外化派”。并指出,儒学内化是由思孟学派逐步完成的,肇始于《中庸》,大成于孟子。《中庸》只完成了道德情感的内化,孟子进而完成了良知之心的内化②。而儒家的“外化派”就是荀子。

荀子(前313—前238)对于先天道德的观念持有审慎态度,侧重性的后天维度。荀子提出“天人之分”,不承认天命之性,自然也就否定了孟子先天道德的判定。

在荀子看来,天本来只是自然实体,它并非伦理道德的根源。而人与生俱来的自然属性其实是原始质朴的。“生之所以然者谓之性”(《荀子·正名》),“凡性者,天之就也,不可学,不可事……不可学、不可事而在人者,谓之性”(《荀子·性恶》),“性者,本始材朴也”(《荀子·礼论》)。既然荀子认为人的本性是原始而质朴的,又为何说人性恶呢?荀子的根据在于,如果让人的自然本性任意发展,不但不可能产生礼义,还可能产生争夺与纷乱。他指出:“今人之性,生而有好利焉,顺是,故争夺生而辞让亡焉;生而有疾恶焉,顺是,故残贼生而忠信亡焉;生而有耳目之欲,有好声色焉,顺是,故淫乱生而礼义文理亡焉。然则从人之性,顺人之情,必出于争夺,合于犯分乱理而归于暴。故必将有师法之化,礼义之道,然后出于辞让,合于文理,而归于治。用此观之,然则人之性恶明矣,其善者伪也。”(《荀子·性

①[美]成中英:《合外内之道——儒家哲学论》,北京:中国社会科学出版社,2001年,第11页。

②杨少涵:《中庸原论——儒家情感形上学之创发与潜变》,北京:社会科学文献出版社,2015年,第39—47页。

恶》）因此，若“从人之性，顺人之情”，必将“归于暴”。救治的办法就是“化性起伪”，注重后天的道德教化，人就可成为善人，“故必将有师化之法，礼义之道，然后出于辞让，合于文理，而归于治”。并且，在教化手段上，荀子是以礼义之道为主，而以法度为辅。故此，荀子从性恶论出发，却仍可以得出与孟子“人皆可以为尧舜”相似的结论：“涂之人可以为禹。”（《荀子·性恶》）这背后依然充满着儒家人本主义的关怀，也体现了荀子作为儒家现实主义方向的代表人物，仍然没有放弃对道德理想的坚守。

当然，从心性的工夫角度看来，荀子的修养路径和孟子是不同的，孟子视心性为一体，即心即性，荀子认为心与性是不可能合一的，只能由心主宰身，进而主宰性，即“由心治性”。

> 人何以知道？曰：心。心何以知？曰：虚壹而静。（《荀子·解蔽》）
>
> 心者，形之君也，而神明之主也；出令而无所受令。自禁也，自使也，自夺也，自取也，自行也，自止也。（《荀子·解蔽》）

心是身体的最高主宰，它只发出指令却不会被指使，可自行，又可自止。

> 人之所欲，生甚矣；人之所恶，死甚矣。然而人有从生成死者，非不欲生而欲死也，不可以生而可以死也。故欲过之而动不及，心止之也。心之所可中理，则欲虽多，奚伤于治！欲不及而动过之，心使之也。心之所可失理，则欲虽寡，奚止于乱！故治乱在于心之所可，亡于情之所欲。（《荀子·正名》）

荀子认为心是身之主宰，有制约情欲的能力。孟荀之不同在于，孟子即心言性,而荀子分心与性为二。荀子以生之所以然为性,与告子之生之谓性说有相似之处,皆是要肯定人作为自然生命之情欲存在的合理性。

显然,《易传》《大学》《中庸》和孟子都已经把人性抽象为先天的本性,而荀子则把人性看作是后天自然属性。杨少涵先生认为,孟子将良知之心与道德情感完全内化于天命之性中,视心性情为一,走的是孔子“心学”的“内化”路线。而荀子走的是“外化”路线,以感性情感论性,以情恶论性恶,心治性情而为善①。

除了《论语》《易传》《大学》《中庸》《孟子》等这些主要的儒家经典,其实还有一些经典的相关表述也在极大地丰富着儒家心性论的内涵。如《礼记》中的《礼运》和《乐记》、《吕氏春秋》、《淮南子》等。

《礼运》提出了“七情”之说:“何谓人情? 喜、怒、哀、惧、爱、恶、欲,七者,弗学而能……故圣人之所以治人七情,修十义,讲信修睦,尚辞让,去争夺,舍礼何以治之? 饮食男女,人之大欲存焉。死亡贫苦,人之大恶存焉。故欲恶者,心之大端也。人藏其心,不可测度也,美恶皆在其心,不见其色也。欲一以穷之,舍礼何以哉!”(《礼记·礼运》)相对于《中庸》中“喜怒哀乐”四种情感,《礼运》中又增加了“爱恶欲”三种情感,形成了“七情”之说,并提出了“欲恶者,心之大端也”。我们注意到,在《礼运》中,只提到了“情”和“心”,没有提到“性”。从文义来看,这里的“情”和“心”都是在形而下的意义上使用的,并没有之前《大学》和《中庸》中的形上维度。《礼运》曰:“故礼义也者,人之大端也。所以讲信修睦……所以达天道,顺人情之大窦也。”由此可知,礼义乃是限制情欲和贪心的方式。在文中有“故人者,其天地之德、阴阳之交、鬼神之会、五行之秀气也”和“故人者,天

①杨少涵:《中庸原论——儒家情感形上学之创发与潜变》前言,北京:社会科学文献出版社,2015年,第7页。

地之心也，五行之端也”之类的表达，我们怀疑《礼运》乃是先秦儒家杂糅了阴阳家一些思想的作品，当然也有学者直接怀疑《礼运》就是汉代儒学家的作品。

《礼记·乐记》提出了“性静情动”的观点：“凡音者，生人心者也。情动于中，故形于声，声成文，谓之音……人生而静，天之性也。感于物而动，性之欲也……夫物之感人无穷，而人之好恶无节，则是物至而人化物也。人化物也者，灭天理而穷人欲者也。”其中还提到“灭天理穷人欲”之说，与后来宋明理学的“存天理灭人欲”说竟有很明显的相似之处。当然，在《乐记》中，是在强调礼乐对于不当的情欲有引导与教化的功能，因此，对于“心”“性”“情”的使用也并无太多形上的意蕴。

《吕氏春秋》和《淮南子》中的心性论明显带有儒道整合的色彩。如《吕氏春秋》的“全性”和“事心”之说，“始生之者，天也，养成之者，人也……物也者，所以养性也，非所以性养也。今世之人，惑者多以性养物，则不知轻重也……是故圣人之于声色滋味也，利于性则取之，害于性则舍之，此全性之道也”（《吕氏春秋·本生》），又有“事心乎自然之涂，若此则无以害其天矣。无以害其天则知精，知精则知神，知神之谓得一……知一则复归于朴”（《吕氏春秋·论人》）。而《淮南子》有“养性”和“养心”之说，“形神气志各居其宜，以随天地之所为”（《淮南子·原道训》），“静漠恬澹，所以养性也；和愉虚无，所以养德也”（《淮南子·淑真训》），以及“圣人养心莫善于诚，至诚而能动化矣”（《淮南子·泰族训》），等等。在这两部著作中，都比较强调“神”的作用，显然是道家理论特点的一种体现。另外，在《吕氏春秋》中对“情”的分类方式很多，最多时竟然把情分为九类：喜、怒、哀、乐、忧、惧、爱、恶、欲，并认为人天生就有情欲，无论贵贱、智愚都是一样的。这些观点对于心性论的范围均有所拓展，但是，整体上来说，显得较为博杂不够纯粹，尤其是道德形上学的取向明显不足。

第四节　出土文献

过去学界一般认为,心性学说、性情关系等是宋儒才深入展开的话题。其实,先秦儒对此已有系统的论述,且已构成了庞大而丰富的思想成果。随着一些简帛文献的出土,我们对于战国时期的心性论研究又增添了很多新的认识,打破了我们原有的一些看法。如《五行》篇的出土,据考证,它应该是《中庸》向《孟子》思想进化的一个中间环节①。在《五行》篇中,指出"五行"是指仁、义、礼、智、圣,其曰:"仁形于内谓之德之行,不形于内谓之行;义形于内谓之德之行,不形于内谓之行;礼形于内谓之德之行,不形于内谓之行;智形于内谓之德之行,不形于内谓之行;圣形于内谓之德之行,不形于内谓之德之行。"②"形于内"者为"德之行",反之,只是普通的"行"而已(在这里,唯有"圣"例外,不论是形而内或形于外皆是德之行,盖圣人已经从容中道,行不论内外)。这又给我们提供了一个儒家注重道德内化的文献依据。《五行》篇又曰:"德之行五和谓之德,四行和谓之善。善,人道也;德,天道也。"这里把"德"提升到天道的高度,则又是一个儒家把道德本体化和形上化的例证,与《中庸》"诚者,天之道也"有相似的意味。《五行》篇认为,欲达到德之行"五和"境界的工夫路径是"志"与"思":"德弗志不成,智弗思不得",儒家心性论的意蕴也颇为浓郁。

还如出土的《性自命出》篇,对"情"非常重视,这对于我们一向

①参阅魏启鹏:《马王堆汉墓〈德行〉校释》,成都:巴蜀书社,1991 年,第 97—112 页;丁为祥:《从〈性自命出〉看儒家性善论的形成理路》,《孔子研究》,2001 年第 3 期,第 28—37 页。

②引自李零:《郭店楚简校读记》,北京:中国人民大学出版社,2007 年,第 100 页。

认为儒家只重视心、性、命等概念而轻视情的观念有一点颠覆的意义。《性自命出》曰:“凡人虽有性,心无定志,待物而后作,待悦而后行,待习而后定。喜怒哀悲之气,性也。及其见于外,则物取之也。性自命出,命自天降。道始于情,情生于性。始者近情,终者近义。知情者能出之,知义之能入之。好恶,性也,所好所恶,物也……凡性为主,物取之也……虽有性心弗取不出。”[①]其中提出了“道始于情”的命题,由此去贯穿“天”“命”“性”“心”“道”“志”等。“性自命出,命自天降”与《中庸》“天命之谓性”有相通之处,而《性自命出》下文“四海之内,其性一也,其用心各异,教使之然也”,和《中庸》“率性之谓道,修道之谓教”又有相通之处,颇值得玩味。因此李景林先生判断《性自命出》深入到性情关系论去阐述的“性与天道”理论,与《中庸》是一致的[②]。但是,与《中庸》内涵式的言心不同,《性自命出》明言重“心术”:“凡道,心术为主。”又有“凡学者求其心为难,从其所为,近得之矣,不如以乐之速也”的表达,“求其心”是人之难事,以乐教之,成之速也。这个观点又和《乐记》重视礼乐教化的观点相近,甚或,与孔子所言之“兴于《诗》,立于礼,成于乐”(《论语·泰伯》)也有遥合之义。另外,有意思的是,《性自命出》中并没有明显性善论的倾向,因此,我们猜测《性自命出》起码是《孟子》之前的作品。如果这类作品也出现在孟子以及其后的儒学家面前,可能整个儒家心性论乃至整个儒学理论体系都不是现在我们看到的如此这般的演进历程和理论面貌。《性自命出》对“情”的重视,使得我们当下关注道德情感论问题有了儒家的文献依据。

在最近陆续释读出来的“清华简”(清华大学藏战国竹书)中,有

①引自李零:《郭店楚简校读记》,北京:中国人民大学出版社,2007年,第136页。
②李景林:《教化的哲学——儒家思想的一种新诠释》,哈尔滨:黑龙江人民出版社,2006年,第208页。

一篇《心是谓中》的文献颇值得关注,其文曰:

> 心,中,处身之中以君之,目、耳、口、踵四者为相,心是谓中。心所为美恶,复诃若影;心所出小大,因命若响。心欲见之,目故视之;心欲闻之,耳故听之;心欲道之,口故言之;心欲用之,踵故举之。心静毋有所至,百体四相莫不恬湛。人之有为,而不知其卒,不唯谋而不度乎?如谋而不度,则无以知短长。短长弗知,妄作衡触,而有成功,名之曰幸。幸,天;知事之卒,心。必心与天两,事焉果成。宁心谋之、稽之、度之、鉴之,闻讯视听,在善之攈,心焉为之。断命在天,苛疾在鬼,取命在人。人有天命,其亦有身命。心厥为死,心厥为生。死生在天,其亦失在心。君、公、侯、王、庶人、平民,其毋独祈保家没身于鬼与天,其亦祈诸心与身。①

从文中可以看出,作者认为心的认知作用是非常强大的,甚至可以和天相比,乃至可以决定生死。心的认知作用,不但能够主宰身体器官的运用,还能够决定人谋事做事是否成功。另外,作者不否认人的命运掌握在鬼与"天命"的手中,但是同时又认为"取命在人",由于人的"心"的主导作用,人可以把握自己的"身命",和鬼与天三足鼎立,或者说天人可以二分,天和人都对命运产生着实质性的影响。社会上不论是什么阶层的人,上至贵族、下至百姓的所有个体,都有可能摆脱传统天命观念的束缚,把握自己的命运。如此高调地宣扬人的主体能动性的"心"论作品,非常难得。曹峰先生说:"《心是谓中》对于促进战国中晚期君权的隆升、对于促进个人身心的解放,都

①释文引自曹峰:《清华简〈心是谓中〉的心论与命论》,《中国哲学史》,2019年第3期,第6页。

起到了积极的作用。命运可以转变的思想更是塑造了后世中国人的理性精神。”①曹峰先生推测此文献由于没有明显的学派倾向，可能成文于诸子时代之前，可能是“前诸子”时期的作品，这可能会把中国传统文化中“心”论的思想进一步向前拓展。

其他被大致认定为战国时期的简帛文献，有心性相关论述的还有《凡物流形》《命训》等，不再一一赘述。

第五节　汉唐与佛老

一、汉唐儒家心性论

在先秦时期，因百家争鸣的自由学术环境，心性学说的阐发也表现出了百花齐放的盛况，到秦汉则是一剧变，由于政治上大一统局面的形成，学术的空间也被严重压缩了。汉朝为了加强其中央集权，在思想上采取了“罢黜百家，独尊儒术”的策略。虽然对于儒家来说，这似乎是一个千载难逢的发展良机，但是，相应的不幸是，儒学也就此由自由的学术下降为为王权提供辩护的政治之术了。

汉代儒学的代表人物无疑是董仲舒（前179—前104），其天人感应的政治哲学内含的必然是天人目的论的心性论。董仲舒不同意孟子的先天性善论，孟子强调善端为先天赋予，每个人无有差异，只是看是否善于扩而充之而已。在自我价值意义上，每个人都是平等的，每个人都是自我道德完成的主宰者，无须旁求。董氏认为“性有三品”，即“圣人之性”“中民之性”和“斗筲之性”。所谓“圣人之性”，乃是先天至善之性，非常人可及。“斗筲之性”，则是天生无“善质”

①曹峰：《清华简〈心是谓中〉的心论与命论》，《中国哲学史》，2019年第3期，第5页。

之性，即便是通过教化也无法改移，只能通过刑罚的手段来管教和处置。而“中民之性”，也是万民之性，是“有善质而未能善”之性，必须通过“圣人”或统治者的教化才能实现其道德人格。显然，这种人性的划分首先就否定了人的自我价值的平等性和自我实现的可能性。董氏曰：“性有善端，童之爱父母，善于禽兽，则谓之善，此孟子之善。循三纲五纪，通八端之理，忠信而博爱，敦厚而好礼，乃可谓善，此圣人之善也。”（《春秋繁露·深察名号》）董氏谓孟子之善，仅起于“四端”，仅限于爱及父母亲人，只是高于禽兽的善性而已；而其所言之善，不仅包含“三纲五纪”伦理纲纪，还包含忠信博爱、敦厚好礼的一切社会秩序价值。言语之间，能够明显感受到董氏贬孟扬己之意。

与荀子相似的是，董氏也强调人性的自然属性。“性之名，非生与！如其生之自然之资，谓之性，性者，质也”（《春秋繁露·深察名号》），又有，“性者，宜知名矣，无所待而起，生而所自有也……性者，天质之朴也”（《春秋繁露·实性》）。但是，不同的是，荀子虽然也强调人性的自然属性，却主张通过礼乐教化以“化性起伪”，而法度的强制教化只是辅助手段。另外，在荀子那里，人性是人人相同的，不分贵贱贤愚，尤其是每个人都可以通过后天的努力，成就圣贤人格，所谓“涂之人皆能为舜禹也”。荀子和孟子虽然立论不同，但是从自我价值的平等性和自我实现的可能性角度来说，二者是一致的，都体现了儒家本有的平等与博爱的特点。而在董仲舒这里，人性的改变仅能依赖于所谓的“圣人”或者“王者”，为王权专制的辩护嫌疑颇为明显。

董仲舒看待心的意义和作用也带有明显的等级性。董氏曰：“凡气从心，心，气之君也……气从神而成，神从意而出，心之所之谓意……精神者，生之内充也。”（《春秋繁露·循天之道》）又，“吾以心之名，得人之诚。人之诚有贪有仁。仁贪之气，两在于身。身之名取诸天。天两有阴阳之施，身亦两有贪仁之性。天有阴阳禁，身有情欲椎,与天道一也”(《春秋繁露·深察名号》)。董氏强调心的自然属性,与荀子“心为天君”的思想是基本一致的,但是他又杂糅了阴阳家的理论在其中,阳代表善与仁,阴代表恶与贪。天有阴阳之禁而为天,身有情欲椎而为人。董氏虽也认为天人当合而为一,但是“人心”知“天意”是不容易的:“天意难见也,其道难理。是故明阳阴入出实虚之处,所以观天之志;辨五行之本末顺逆、大小广狭,所以观天道也。天志人其道也。”(《春秋繁露·如天之为》)显然,能够观天之志、知天之意者,唯有“圣人”或代表上天的“天子”,这样,在人心与天道之间横加上了一个“中介”或“权威”,凡人通过集义养善或化性起伪基本是不可能的了,凡人也只有通过“圣人”或“王者”去获得“天意”,在一定意义上说,凡人的人格与道德价值被绑架了。董氏这种心性理论政治诱导的倾向太过明显,并且杂糅了阴阳家之说使之神秘化,显然有悖于先秦儒学的初衷。先秦诸子的心性学说所做的努力就是要把人从原始的巫神文化迷信中解救出来,使人能够自我主宰进而获得独立人格,而董氏所进行的心性论的建构却又试图把人的地位和价值退回到巫神文化的状态之下,不得不说这是先秦儒学心性论的一种倒退或“歧出”。

其后,扬雄(前53—18)试图否定董仲舒天人感应的心性论,提出了以“玄”为世界根源的宇宙本体论,“夫玄也者,天道也,地道也,人道也,兼三道而天名之,君臣父子夫妇之道”(《太玄·玄图》)。显然,扬雄糅合了儒道二家的思想,把人性看作是自然的属性,又把道德伦常看作是人性的社会属性。但是,我们认为,扬雄的这种理论努力和董仲舒并无本质上的不同,他借道家思想和董仲舒借阴阳家思想杂糅进儒家心性论,都有悖于儒家的初衷,最终导致的是超验的人性论,使心性论玄思化和神秘化。之后的王充(27—97),基于自然主义的立场,继承并改造了董仲舒的“性三品”论,他主张人性有善有恶,皆是自然而成之,人因气禀厚薄而有性命才质的差异,因此在道德获得与养成上也自然有差异。王充的理论改造虽有助于祛魅董仲舒的天人感应的人性论,却无意间也消解了道德主体存在和实践的意义,道德修养变得既无目的也无动力。尤其是,王充完全在形而下的层面上论心性,无疑也是儒家心性论的一种倒退,因为在先秦儒家那里(尤其是思孟学派),早已是在形上学层面上考察人的心性和道德修养问题了。

总体说来,汉代心性论的特点是:倡导“性三品”之说,给人性论中加入了等级的观念,把先秦的形上维度下降为形下维度,把先天道德自律论变成了后天道德的他律论。

在唐代,受佛老兴起、儒学式微的刺激,有个别儒者开始觉悟,并尝试复兴儒学,如韩愈、李翱、柳宗元和刘禹锡等,他们成了理学心性论的先驱者,开启和引领了以儒家为本位、熔儒释道三家为一炉的新儒学心性论。

在汉代,《大学》与《中庸》还只是《礼记》中的一个篇目,并未被单独列出进行研究。在《礼记注》中,郑玄对于这两篇文章也没有特别的重视。《论语》与《孟子》在汉儒那里,也远未及五经的高度。唐初对经学继续推崇,官方组织编写《五经正义》即是一证。逐渐,唐儒开始推崇四书。至中唐,《大学》与《中庸》逐渐受到了一些学者的重视。

韩愈(768—824)有感于佛老的壮大与泛滥,建构了一个儒家道德的传授谱系以与佛老对抗:“尧以是传之舜,舜以是传之禹,禹以是传之汤,汤以是传之文武周公,文武周公传之孔子,孔子传之孟轲,轲之死,不得其传焉。”(《韩愈全集·原道》)在其中,韩愈特别推崇了孟子在儒门中的正宗地位,并说“故求观圣人之道,必自孟子始”(《韩愈全集·送王秀才序》),“推尊孟氏,以为功不在禹下者”(《韩愈全集·与孟尚书书》),表明其决心效仿孟子拒杨墨兴儒学的担当精神,舍身卫道以力辟佛老。在人性论方面,韩愈虽然对董仲舒等人的“性三品”说有所继承，但是，韩愈去除了汉儒为人性赋予的宿命迷信色彩，直接以儒家道德注入其中。韩愈曰：“性也者，与生俱生也；情也者，接于物而生也。性之品有三，而其所以为性者五；情之品有三，而其所以为情者七。曰何也？曰：性之品有上中下三。上焉者，善焉而已矣；中焉者，可导而上下也；下焉者，恶焉而已矣。其所以为性者五：曰仁、曰礼、曰信、曰义、曰智。上焉者之于五也，主于一而行于四；中焉者之于五也，一不少有焉，则少反焉，其于四也混；下焉者之于五也，反于一而悖于四。性之于情视其品。情之品有上中下三，其所以为情者七：曰喜、曰怒、曰哀、曰惧、曰爱、曰恶、曰欲。上焉者之于七也，动而处其中；中焉者之于七也，有所甚，有所亡，然而求合其中者也；下焉者之于七也，亡与甚，直情而行者也。情之于性视其品。”(《韩愈全集·原性》)韩愈直接以儒家的“仁、礼、信、义、智”定义性，不但把性分三品，也把情分为三品，上品之人，其性共具儒家五德，共情也动处于七情之中，中下品之人，则无法共具此五德或无法把控好此七情。相对于《中庸》与《乐记》，韩愈进一步把性与情对立起来，以五德为性之善恶的标准，以是否“动而处其中”(即《中庸》的“发而皆中节”)为情的善恶标准。

韩愈的心性工夫主要是通过对《大学》的阐发得来的，韩愈曰：“然则，古之所谓正心而诚意者，将以有为也。今也欲治其心，而外天下国家，灭其天常；子焉而不父其父，臣焉而不君其君，民焉而不事其事。”(《韩愈全集·原道》)韩愈并以《大学》之义对抗佛教，把“正心诚意”与佛教“治心”观念进行对比诠释。韩愈强调儒家通过正心而修齐治平，而佛教“治心”却要抛弃家国天下等社会生活，以此批判佛家的出世说。

韩愈的理论贡献在于，一方面，韩愈所提倡的这个“道统”论重新树立了儒家理论旗帜；另一方面，韩愈在唐代佛老盛行的年代开启了以四书说理的学风。

韩愈否定了佛性说，重新推崇儒家的道德人性论，但是，韩愈对于心性问题的探讨还不够深入。李翱(772—836)是真正揭开理学心性论开端的第一人。李翱曾从韩愈学古文，并协助韩愈推进古文运动，两人亦师亦友。李翱在学术理念上，也追随韩愈，崇儒排佛，认为孔子是“圣人之大者也”(《李文公集·帝王所尚问》)。尽力维护儒家的伦理纲常，认为“列天地，立君臣，亲父子，别夫妇，明长幼，浃朋友，六经之旨矣”(《李文公集·答朱载言书》)。

李翱对于佛老的心性学有更加深入的了解，并且在学理论证上又比韩愈理性得多。他首先扬弃了汉唐以来的性三品说，提出了“情昏说”和“复性说”。《复性书》共有三篇，上篇总论“性情”及圣人之关系，中篇论修养成圣的方法路径，下篇勉励劝进人们进行道德实践。李翱的《复性书》，以《易传》《中庸》为立论的根据，企图重建儒家的心性论学说。李翱曰：“人之所以为圣人者，性也。人之所以惑其性者，情也。喜怒哀惧爱恶欲七者，皆情之所为也。情既昏，性斯匿矣。非性之过也，七者循环而交来，故性不能充也……性与情不相无也。虽然无性则情无所生矣。是情由性而生，情不自情，因性而情，性不自性，由情以明。”(《李文公集·复性书上》)李翱认为性是至善至上的，人之所以被迷惑了本性，是因为“情昏”。人若被喜怒哀惧爱恶欲等七情所昏蔽，就如同“浑水”和“浓烟”一样，无法获得本性的清明，“水之浑也，其流不清；火之烟也，其光不明”(《李文公集·复性书上》)。因此，人性之不善，皆是情昏所致，若要复性为善，必须祛除情的遮蔽。去其昏而明其性，即是李翱的“复性”之说。

李翱的心性理论，对后来的宋明理学有很大影响，这表现在：其一，他把“性”与“情”分开，认为“性善情恶”，这一点启迪了后来理学家对“天命之性”和“气质之性”、“天理”和“人欲”的分野。其二，相对于韩愈推崇《大学》，李翱更为推崇《中庸》，他把《中庸》看作是孔孟思想之精髓，强调《中庸》乃是对抗佛老心性之学的“性命之书”，开启了后来的理学家重视《中庸》的风气。当然,在李翱那里,已经有了较为明显的融合佛老心性论的痕迹,如其“情昏说”与佛教的“去情说”有相似之处,只是佛教的“去情”是为了永恒的彼岸世界,而李翱则是为了成就人们的道德境界。然而,李翱的性情学说还是存在着明显的理论缺陷的,既然性是天然至善的,那么“情昏”之情又是从何而来的呢?《复性书》曰:“无性则情无所生矣。是情由性而生,情不自情,因性而情,性不自性,由情以明。性者天之命也,圣人得之而不惑者也;情者性之动也,百姓溺之而不能知其本者也。”(《李文公集·复性书上》)李翱也认为情乃是由性而生,性自天命之,无有不善,之所以“情昏”者,乃是人们“溺之而不能知其本者”,所谓的“本”,显然就是指性,故有其“复性”之说。把“情昏”归因于后天之“溺”暗,与孟子把恶的根源归于后天的习染很相似,这可能是主张性善论一脉在理论上无法完美处理的“硬伤”。又“问曰:人之性犹圣人之性,嗜欲爱憎之心何因而生也?曰:情者妄也,邪也,邪与妄则无所因矣。妄情灭息,本性清明,周流六虚,所以谓之能复其性也”(《李文公集·复性书中》)。在这一段表述中,李翱进一步把情归于“妄”和“邪”,就有了进一步撕裂性与情联系之嫌了,这一点被后来的理学家捕捉到并进行了批评,如朱熹等人就批评李翱的性情说是一种“灭情说”,把人的基本情感与情欲都给屏蔽了,这个问题还要留待宋明理学家去解决。

总体说来,以韩愈为首的唐代儒学家对后来的宋明理学的影响至少有这三点:其一是开启了以儒家学说对佛道进行批判的学术道路,启发了理学家“出入佛老而反诸六经”的治学理路;其二是提出了儒家“道统”说,试图重塑儒学在中国思想文化中的主体地位,“道统”说后来成为理学高举的理论旗帜;其三是着重借助四书重建儒家心性理论,这一点在理学心性论中得到了充分的体现。

二、道教心性论

关于心性论的探讨并非只儒家一家,道家和佛家也都在各自的理论体系进行着追寻,或者说,正是因为佛道两家在心性论领域深入的开掘,才导致了儒家决心在这一领域亦做深思以抗衡之。三家之间又不断地互相借鉴与融合,尤其是宋明理学融合佛老最为广泛和深刻,因此,有必要对佛老心性论的理论状况进行梳理。限于篇幅,我们将主要对魏晋至唐代这一段时间佛老两家心性论的演化做大致的梳理与呈现,以为宋明理学,尤其朱子学提供一个更为广阔的理论背景。

当然,道家首先完成轴心期突破的是老子与庄子。老子所言为道之状是"惟恍惟惚",和巫觋通神之状相似,但是,根本的不同在于,老子为道乃是"自为自主"的主体修为,非巫觋通神之被动接受。老子虽言"虚其心,弱其志",但是"心""志"皆为我之心志。庄子"堕肢体,黜聪明,离形去知,同于大通"的"心斋""坐忘"之法,与巫降亦是本质的不同,因其凝神涤虑,"不散其志",亦如老子乃是自我精神与意志之修炼。

自先秦的繁盛之后,其实儒道都进入了一个相对式微的阶段,暴秦对儒家等诸家的疯狂打压自不待言,即便汉代的"独尊儒术"对于自由宽容的儒家学说来说,也未必就是一件好事,因为,一种学说一旦与体制相结合,开始意识形态化,也是它走向僵化的开始。从上述可知,汉代以董仲舒为主的儒家心性论的建构,其开放性、公平性和形上化等程度皆不及先秦儒家。而唐中期以前,儒家主动或被动的"集体无意识"使得儒家学说也没有太大的推进。而从汉初至唐末这近八百年的漫长时期里,道家和佛家反倒悄悄成长起来,两家的理论逐渐走向精深和细腻。

由于西汉初年采取的"休养生息"政策,黄老道家一时间走到了历史的前台，但是，到汉中期时，随着国力的强盛，汉朝加强中央集权的愿望更为强烈了，随着对经学的推崇，道家理论的传承与推进又进入了隐微的发展状态。后来道家发展的一个高峰乃是魏晋时期的玄学，玄学的兴起，一改两汉经学僵化的学风，中国文化进入了一个人性解放的阶段——虽然这种解放乃是对高压的政治迫害的一种无奈逃避。玄学家利用道家有无、本末、体用、自然与名教等概念重建自然本体论和超然心性论。

在玄学发展初期，何晏（195—249）和王弼（226—249）在性情问题上就发生了“圣人无情而有性”和“圣人有情而不累于物”的争论，“何晏以为圣人无喜怒哀乐，其论甚精，钟会等述之。弼与不同，以为圣人茂于人者神明也，同于人者五情也，神明茂故能体冲和以通无，五情同故不能无哀乐以应物，然则圣人之情，应物而无累于物者也。今以其无累，便谓不复应物，失之多矣”（《三国志·钟会传·附王弼传》）。在王弼看来，何晏这种性情论把性与情、体与用对立了起来，圣人其实和普通人一样，也具有喜怒哀乐等各种情感，只是圣人比常人更富有神明之智，能够超越情感的牵绊，在与事物的应对交接之中没有了役累而已。王弼由此提出了“性其情”之说，王弼曰：“不性其情，焉能久行其正，此是情之正也；若心好流荡失真，此是情之邪也。若以情近性，故云性其情。情近性者，何妨有是欲。若逐欲迁，故云远也。若欲而不迁，故曰近。但近性者正，而即性非正。虽即性非正，而能使之正。”（《论语释疑·阳货》）所谓的“性其情”，就是以性来主宰情，性无不正，因此情近性则正，远性则不正。王弼肯定了情感的正当性，但是更加强调情感的自然性，主张“任自然”而反对“造立施化”，即“名教出于自然”，否定儒家的礼法名教，反对极权专制，这对于一向强调道德先天正当性并具有一定强制性的儒家人性论无疑是一次巨大的冲击。

何晏与王弼的自然人性论，为玄学心性论奠定了理论基础，其后，阮籍（210—263）提出了“不拘礼教”说，嵇康（224—263，一作223—262）提出了“超名教而任自然”说，都是对玄学自然人性论的进一步的推进。他们更加强调心性的内在性和超越性，超越功利，超越道德，一切皆以内在的心神不外驰为准，嵇康曰：“夫称君子者，心不措乎是非，而行不违乎道者也。何以言之？夫气静神虚者，心不存于矜尚；体亮心达者，情不系于所欲。矜尚不存乎心，故能越名教而任自然；情不系于所欲，故能审贵贱而通物情。物情顺通，故大道无违；越名任心，故是非无措也。”（《嵇中散集》卷六《养生论》）“气静神虚”则心无执着，“体亮心达”则情无所欲。如此则超越名教而任心自然，是非纷乱则无法进入心中。

王弼等以无为本建构其心性论，而裴頠（267—300）则以有为本建构其宇宙论和心性论。裴頠认为自然不是无而是有，万事万物是实实在在的存在，这种实在的本质就是有，不是无。这一思想似乎与西方“现象即本质”的观点有相似之处。其《崇有论》曰：“是以生而可寻，所谓理也；理之所体，所谓有也；有之所须，所谓资也；资有攸合，所谓宜也；择乎厥宜，所谓情也。识智既授，虽出处异业，默语殊涂，所以宝生存宜，其情一也。”裴頠和王弼一样，肯定了人的自然情欲，但是，却承认有一个生生之本的“理”，这个理一方面是自然世界运行的依据，另一方面是人类社会良性运转所依赖的伦理与纲常。因此，在裴頠这里，并不像王弼、嵇康等人反对或超越名教，否定无为和过分任自然的做法，主张自然兼顾名教。裴頠之后的郭象（252—312）提出了“独化论”，把玄学的心性论提升到了一个新的理论高度。郭象主张万物是自己产生，自己存在，自己发展，即自然之外无它，只是自然本身。这种观点显然与王弼的不同，郭象从根本上否定了高于自然之上还有一个“道”，当然也否定了王弼所认为的“无”，当然这也就否定了道生万物的观念。郭象曰：“无既无矣，则不能生有；有之未生，又不能为生。然则生生者谁哉？块然而自生耳”

(《〈庄子〉郭象注》),又曰,“道无能也……凡得之者,外不资于道,内不由于己,掘然自得而独化也”(《〈庄子〉郭象注》)。如此一来,既然万物皆是“独化”而来,人当然也不例外:“人之所因者天也,天之所生者独化也。”(《〈庄子〉郭象注》)物各得其性,人各得其性,其性自足,不是任何外在的造物主或天道使之然也。按照郭象的逻辑,人的主体性地位达到了无以复加的程度,因为在老子那里还讲“域中有四大,人其居其一”,人之行为需要法地、法天、法道,从而获得自身的自由。而在郭象这里,人因其自性足而不必法地、法天、法道,只是法自己而已。“物无贵贱,得生一也。故善与不善,付之公当耳,一无所求于人也。”(《〈庄子〉郭象注》)人皆应知自贵而无须相贱也无理由相贱,人之为人也再无他人的标准,自己只是自己,价值只是自我设定与自我实现,完全是“我命在我不在天”的自由境界(在价值意义上),可以说在传统学说中,个体人性之高扬于此为极也。在心性工夫上,欲达到“独化”之理想人格,郭象主张“无心而去知”。“用心则背道,助天则伤生,故不为也”(《〈庄子〉郭象注》),无心自无须应物,不用智则可心神内敛,终至于“玄冥之境”,这显然与庄子“坐斋”“心忘”之法相似。郭象理论奇伟玄远,其心性之实现须建立在主体的高度自觉之上,在此境界之下,是非、善恶、人我皆已经超越。

南北朝时期,道教受佛教和儒家心性论的影响,在魏晋玄学心性论基础上加以融合,形成了道性论的思想。“道性”一词据说最早见于《老子河上公注》中,“道法自然,无所法也”一句曾被注释为“道性自然,无所法也”,“道性”一词自此成为道家一个重要的概念,甚至替代了“自然”一词。南北朝道教认为“大千之载,一切众生皆有道性”(《洞玄灵宝本相运度劫期经》),“一切有形,皆含道性”(《道门经法相承次序》),这个观点颇有郭象“独化论”的意蕴。既然众生皆有道性,因此人人皆可修炼成仙。在心性论上,主张“修道即修心”,复归于“清虚自然之道性”,《道教义枢 · 道性义》指出:“夫有识之主,静则为性,动则为情。情者,成也。善成为善,恶成为恶……为善上升清虚自然,反乎一,即反道性也。”修心复性,返性归命,成为“道性”论的终极诉求。而“修心”首先要清除“识神”。《海空经》有:“夫一切六道四生业情始有识神,皆悉淳善,唯一不杂,与道同体。依道而行,行住起卧,语嘿食息,皆合真理。”显然,在性、情关系,善、恶分疏等方面,南北朝的道教借鉴了儒家的心性论思想,而后来李翱提出“复性说”也有可能受到了南北朝道教“修心复性说”的影响。南北朝道教还试图融合佛教思想,“以‘空’释道性”,《道教义枢·道性义》曰:“言道性者,即真实空。非空不空,亦非不空。道性众性,皆与自然同也。”通过这些理论阐发,以期望改变传统道教对形体长生的追求,引导道教将修仙重心由服食丹药转移到追求精神超越的心性修炼上来。

到唐代,道教以道性为中心,建立起全新的心性论。唐代道教从无情是否有道性、道性与众生性的关系、道性在生命修炼中的地位与作用等不同的角度丰富了道性论的内容。其对道性论的阐释,一是强调道性是人得道成仙的根据。二是强调道性的不因不果。道性既是众生得道之因,也是众生成道之果,修行者需依道性以修心养性。三是强调道性有隐显。当修行者通过修道而体悟“诸法本性清净”时,道性就能显现,就能“归根复命”,得以证得真实完满的道果。这就论证了得道成仙的可能性。

司马承祯(639—735)在《坐忘论》中也指出:“夫心者,一身之主,百神之帅”,“若净除心垢,开识神本,名曰修道”。

> 夫得道之人,心有五时,身有七候。心有五时者:一、动多静少;二、动静相半;三、静多动少;四、无事则静,事触还动;五、心与道合,触而不动,心至此地,始得安乐,罪垢灭尽,无复烦恼。身有七候者:一、举动顺时,容色和悦;二、夙疾普消,身心清爽;

三、填补夭伤，还元复命；四、延数千岁，名曰仙人；五、炼形为气，名曰真人；六、炼气成神，名曰神人；七、炼神合道，名曰至人。（《坐忘论·坐忘枢翼》）

可以看出，在魏晋道教心性论的基础上，唐代道教更加注重心性论在修炼层面的具体落实。道教重视实践，它的教义始终是与追求长生成仙的修炼术结合在一起的，以术显道成为道教最显著的特征之一。

到唐末五代时，以钟离权、吕洞宾为代表的钟吕内丹道出现，内丹心性学才真正获得新的发展。钟吕内丹道探究天地造化之理、人的生命之道，开辟了道教心性修道论发展的新阶段，使内丹修行不再局限于一种内修之术，而是建立起一种体系化的内丹道。内丹道的哲学基础是对心性、性命等问题的辩证思考，不过，它将形而上的思考落实到形而下之术上，通过性命双修，使“道”与“术”紧密结合，使之成为引导人获得生命超越的理论与实践的保证。道家的心性修炼方法也引起了朱熹的关注，朱熹甚至曾向道士学习此修炼方法，遗憾的是并没有得到“真传”，不过也必将给朱熹的心性论体系增加丰富性。

宋代理学家与道家多有来往，朱熹尤甚，据《朱文公文集》所载，朱熹交往过的道士凡十数人，生平交游，肯定还不止此数。按照文献记载而论，比周敦颐、张载、二程和陆象山，甚至以后的王阳明都要多①。朱熹于淳熙十年（1183）筑武夷精舍，设有仁智堂、观善斋和寒栖馆，此馆“以居道流，取道书《真诰》中语命之曰寒栖之馆”（《朱文公文集》卷九《武夷精舍杂咏序》）。朱熹曾向道士求教性命之学，学得静坐呼吸吐纳等法，如“人呼气时，腹却胀；吸气时，腹却厌。论来，

①［美］陈荣捷：《朱子新探索》，上海：华东师范大学出版社，2007年，第407页。

呼而腹厌，吸而腹胀，乃是。今若此者，盖呼气时，此一口气虽出，第二口气复生，故其腹胀；及吸气时，其所生之气又从里赶出，故其腹却厌。大凡人生至死，其气只管出，出尽便死。如吸气时，非是吸外气而入，只是住得一霎时，第二口气又出，若无得出时便死”（《朱子语类》卷一《理气上》）。朱熹记录的即是道家的“逆腹式”呼吸法，此法于儒家理论中则未曾见过。

三、佛教心性论

佛教自东汉传入中国以后，与中国的传统思想逐渐融合。先是与汉代的黄老道家相融通，佛学经典也多借助道家的概念进行翻译，以利于进入中国的话语系统，至魏晋时期转而依附于玄学，在两晋时佛教的般若学蔚然大观，竟有取代玄学之势。南北朝时，此势头亦健，出现了以佛性论为主题的探讨思潮。此后，受儒家心性理论的影响，在隋唐时期形成了心性化、人性化佛性理论体系，此理论体系最大的特点就是把传统儒家的心性、人性本体化。这一佛教心性本体理论对于隋唐及以后儒学的发展产生了极为深远的影响。

对于儒家，重点在于人何以成为圣人；对于道家，重点在于人何以成为真人；而对于佛教，重点则在于人何以成佛。因此，佛教首先面对的问题就是：是不是每个人都有佛性？人又如何能够成佛？

东晋的慧远（334—416）为净土宗之始祖，他提出了“法性”或佛性的问题，所谓的佛性，关注的就是成佛的根据问题。慧远虽也承认世界非常住，但他并不同意大乘空宗完全否定世界真实性的观点。慧远曰：

> 有而在有者，有于有者也；无而在无者，无于无者也。有有则非有，无无则非无。何以知其然？无性之性谓之法性，法性无性，因缘以之生。生缘无自相，虽有而常无；常无非绝有，犹火传

而不息。夫然则法无异趣,终未沦虚,毕竟同争,有无交归矣。(《出三藏记集》卷十《大智论抄序第二十一》)

慧远首先驳斥了世俗关于有无的理解,认为在变幻不居的现象世界之外,还有一个真实不虚的世界:"常无"而有的境界。就像薪与火的关系,薪自生灭,而火燃而不息。"法性"就是超越了具体实存的"有"。慧远早年曾研习儒学及老庄之学,后师从道安学佛,在佛教与儒学的结合方面有重要的贡献。其曰:"常以为道法之与名教,如来之与尧孔,发致虽殊,潜相影响,出处诚异,终期则同。"(《集沙门不应拜俗等事》卷二《体极不兼应第四》)可以说,从慧远开始,佛教教义由与道家结合转向了与佛家结合。在佛学中国化的过程中,一个重要的问题就是佛学中的抽象化的佛性如何落实到具体的人性上去。这种结合和转化,慧远是一个重要的先行者,后来则由禅宗最终完成。

到南北朝时,道生(? —434)提出了"一切众生皆有佛性"和"顿悟成佛"的观点,很好地回答了这两个问题。道生认为:"性者,真极无变之义也,即真而无变,岂有灭耶?"(《大般涅槃经集解》卷九《长寿品第二》)佛性是宇宙的本体,也是众生最善的本性,真实无变,不生不灭。众生之所以为众生,就是因为其禀受了佛性。道生认为,一切众生皆有佛性,皆可以成佛,但须有正确法门进行修炼方可成佛。在道生之前,有安世高一脉,主张小乘禅学,其修炼法门为"数息行观"①,认为成佛需要累世修行,渐悟而渐得。因此,道生主张顿悟成佛之说一出,可谓惊世骇俗,在当时的佛教界引起了很大的震动。道生认为,既然佛性无形,不可见闻,又不可思议,渐进的修行又怎么可能接近并达到佛性呢?因此,只有"内观"或"入照",于自身中观得

①"数息行观",即修炼者静心默数呼吸出入的次数,以收敛杂念、澄净心体之法。

佛性。道生这种直觉的修炼方法就破除了主客二分或心性二元的问题,变成了自我观照和印证。道生把性当作人的本体存在,建构了佛教自性说,并强调心性合一的顿悟修行方法,在佛教心性史上具有开创性的意义。他的理论对后来的禅宗影响巨大,禅宗备为推崇顿悟之说。当然,也对后来宋明理学的发展产生了深远的影响。理学的心学派偏重"顿悟"之法,而理学派偏重"渐修"之法。

南北朝僧人真谛(499—569)始译《大乘起信论》,据说此书为印度僧人马鸣所著。此书阐述了万法唯心的思想,对后世佛教和宋明理学影响非常深远。其曰:

> 所言法者,谓众生心。是心则摄一切世间法、出世间法,依于此心显示摩诃衍义。何以故?是心真如相,即示摩诃衍体故。是心生灭因缘相,能示摩诃衍自体相用故。所言义者,则有三种:云何为三?一者、体大,谓一切法真如平等不增减故。二者、相大,谓如来藏具足无量性功德故。三者、用大,能生一切世间、出世间善因果故,一切诸佛本所乘故,一切菩萨皆乘此法到如来地故。(《大乘起信论》)

"心"不但是众生解脱而成佛的主体,又是一切法存在的依据。"摩诃衍"为"大乘"义,"乘"者,如乘车、乘船之义,乘何等法便得何等果。行大乘之法,当依于"摄一切世间法出世间法"之心,而其义涵为三:体、相、用。体者,即真如本体,故不增不减;相者,内蕴真如,又具足万事万物之无穷性分,故有无量性功德;用者,真如入于世间而善恶因果皆现,但于世间却又内蕴出世间法,依出世间法又可返于真如。显然,《起信论》这种三分结构,是对东晋佛教体用二元论的一个全新的开拓。一方面,《起信论》对万法唯心的宣扬对于后来的佛家及儒家心性学说有重大的开创性启示,另一方面,这种"三位一体"的理论结构对后来的宋明理学有内在的影响,如张载的“心统性情”和朱熹的“心主性情”说。在心、性、情的三元结构中,亦是以心为本体,性为先后天之规定性,而情为后天之发用。若情依先天之性而发则为善,依后天之性而发则可能为恶,但情欲之克制与修养,又可“复性”(先天之性),返于心体而心性合一。《起信论》又曰:“显示正义者,依一心法有二种门:云何为二?一者心真如门,二者心生灭门。是二种门,皆各总摄一切法。此义云何?以是二门不相离故。心真如者,即是一法界大总相法门体,所谓心性不生不灭。一切诸法,唯依妄念而有差别,若离心念,则无一切境界之相。是故一切法,从本已来,离言说相,离名字相,离心缘相,毕竟平等,无有变异,不可破坏,唯是一心,故名真如。以一切言说,假名无实,但随妄念,不可得故。言真如者,亦无有相。谓言说之极,因言遣言,此真如体,无有可遣,以一切法悉皆真故。亦无可立,以一切法皆同如故。当知一切法不可说不可念,故名为真如。”“万法”由“一心”所统摄,而且“一心”可开出“真如门”和“生灭门”。“真如门”就本体界而言,“生灭门”就现象界而言。心开“真如门”则纯净澄澈;而开“生灭门”则迷失真心而为物欲所纠缠。这种心的二分法,可能启发了宋明理学。在朱熹心性论体系中,真心、本心、道心、天心等皆类真知之心,为本体之心;人心、分别心、思虑营为之心等对应生灭之心。

《起信论》对中国佛教的发展影响巨大,特别是天台宗、华严宗和禅宗等。《起信论》对熊十力和牟宗三也影响巨大,熊十力先生的“新唯识论”根基即在于此,熊先生不同意分别真如(性)与妄染心识之立场,而要合心与性,以“心”作为本体说明现象世界的造化流行。印度佛学一般的说法,强调心性之对立,故而要“转染成净”,以此“转识成智”。熊先生依据《起信论》调停心与性,认为:“心者即性,是本来故;心所即习,是后起故。……夫本来恒任运,后起是有为;本来纯净无染,后起便通善染;本来是主,后起染法障之,则主反为客,后起是客,染胜而障其本来,则客反为主。”①因“本来任运”之“心”与“后来有为”之“心所”乃性、习之别,故不可以“心所”为“心”,离心体而言用。而牟宗三先生“一心开二门”“良知坎陷”之说皆出于《起信论》,牟先生认为“一心开二门”不论是在佛教内部还是在佛教以外都具有普适性,是一种“公共模型”,不仅适应于佛教,亦可适用于儒学中。

隋朝的天台宗,更是大谈心性问题。天台宗的创始人智顗(538—597)提出了“一心三观”“一念三千”和“三谛圆融”等学说,把佛教心性论推进了一步,值得注意的是,其学说中融合了更多中国文化元素。智顗曰:“因缘所生法,我说即是空。亦为是假名,亦是中道义”,又“信一切法即空即假即中”(《摩诃止观》卷一)。其中的“空”“假”“中”即为三相:一切现象皆是无自性而生故谓之“空”;一切皆空,无可着附,故谓之“假”;但是空非真空,假非真假,居中可得,故谓之“中”。因重“中道”,故此派被称之为中道观。因“系缘法界一念法界。一色一香无非中道”(《摩诃止观》卷一)三相都是一心所现,亦可为一心可观,“一念心起,即空即假即中”,因为三相其实只是一相,“虽有三名而无三体,虽是一体而立三名,是三即一相,其实无有异”(《摩诃止观》卷一)。心可观三相,因心是诸法之本,“心是诸法之本,心即总也”(《法华经玄义》卷一)。“心”乃是诸法之本体,“心”可总摄诸法。以心观之,心相合一,心法合一。“若无心而已,介尔有心,即具三千”(《摩诃止观》卷五),“六根净位,能以一妙音遍满三千界”(《摩诃止观》卷一),此即所谓“一念三千”,一心生一切法,一心可观一切法。而性与相是内外关系:“相以据外,览而可别,名为相;性以据内,自分不改,名为性。”(《法华经玄义》卷二)相分为

①熊十力:《新唯识论》(壬辰删定本),北京:中国人民大学出版社,2006年,第218页。

空、假、中，性分为不动性、种性、实性。性为心之内在根据，决定外在的相。"一心三观"而心相合一，亦是心性相三者合一。智顗还试图用"体用"关系来说明心性问题："法即是体，寻名识体，体非宗不会，会体自行已圆，从体起用，导利含识，利益既多，须分别教相也。"(《法华经玄义》卷一)法即是体，心与法一，心即是体；从体起用，心的认识与觉解作用，则是从心体而来。智顗的"心体""心用"之说，大体是受魏晋玄学的影响，融合在佛教的说理之中，对于后来的宋明理学家的心性体用观也有直接的启发作用。

东晋时期的印度高僧鸠摩罗什(344—413)曾译《心经》，而后唐代著名高僧玄奘(602—664)所译《心经》得到了广泛的传播，影响日隆。全文曰：

> 观自在菩萨，行深般若波罗蜜多时。照见五蕴皆空，度一切苦厄。舍利子，色不异空，空不异色，色即是空，空即是色，受想行识，亦复如是。舍利子，是诸法空相，不生不灭，不垢不净，不增不减。是故，空中无色，无受想行识；无眼耳鼻舌身意；无色声香味触法；无眼界，乃至无意识界；无无明，亦无无明尽，乃至无老死，亦无老死尽；无苦集灭道，无智亦无得。以无所得故，菩提萨埵，依般若波罗蜜多故，心无挂碍，无挂碍故，无有恐怖。远离颠倒梦想，究竟涅槃。三世诸佛，依般若波罗蜜多故，得阿耨多罗三藐三菩提。故知般若波罗蜜多，是大神咒，是大明咒，是无上咒，是无等等咒，能除一切苦，真实不虚。故说般若波罗蜜多咒，即说咒曰：揭谛，揭谛，波罗揭谛，波罗僧揭谛，菩提萨婆诃。(《般若波罗蜜多心经》)

《心经》是佛教中唯一一部直接以"心"命名的经典，文约而意丰，在佛教中有崇高的地位。此"心"有两层含义：其一是"核心"义，是说此经是《大般若经》的心要，浓缩了六百卷《大般若经》的要义；其二是“真心”义，是说此心是万法之始，众义之宗；众生执着于真心，向内寻求，识得五蕴皆空，心无挂碍，终可究竟涅槃，觉悟无上正等正觉。

华严宗直接沿用了《大乘起信论》中的如来藏真心缘起说，但将《大乘起信论》的“体、相、用”的三元结构简化为理事、体用等二元关系，更为抽象和简明。华严宗的创始人法藏(643—712)用一与多、理与事、本与末、体与用等对应的范畴来论证心性本体，提出“一即一切”“理事无碍”“体用一如”等学说，把佛教心性论进一步向思辨化和形上化的层面上推进。法藏认为：“一切事法，全依性显。是故一尘中见一切事。此事是如理智中如量之境界也。”(《华严经义海百门·种智耀门第三》)表明一切现象与佛法，都是由佛性而起。万相与万法，在真如法界中，虽现种种之差别相，而其本体中则无丝毫之差别。华严宗心性论的核心就是“自性清净圆明体”起“二用”，法藏曰：

> 依体起二用者，谓依前净体，起于二用：一者，海印森罗常住用。言海印者，真如本觉也……二者，法界圆明自在用，是华严三昧也。(《大正藏》卷四十五《修华严奥旨妄尽还源观》)

法藏将“海印三昧”定义为真如本觉之现起，而“华严三昧”则是说心体具有一切修行功德。前者为所证得的佛果，后者是能证佛果之因，二者同为心体所起之大用，“这样的依体所起的二用，便可将佛教的本体论与修行解脱论融合为一体”①。当然，“一切事法，全依性显”之说也可以视为是天台宗“一心三观”和“一念三千”观念的另一

①杨维中：《中国佛教心性论的形而上特征》，《哲学分析》，2019年第3期，第40页。

种表达。此说对禅宗启发很大，后来唐代的永嘉禅师云："一性圆通一切性，一法遍舍一切法，一月普现一切水，一切水月一月摄，诸佛法身入我性，我性同共如来合。"（《永嘉大师证道歌》）至朱熹，直接启发了其"月印万川"和"理一分殊"的观念。法藏曰："三观体用者，谓了达尘无生无性一味，是体；智照理时，不碍事相宛然，是用。事虽宛然，恒无所有，是故用即体也，如会百川以归于海。理虽一味，恒自随缘，是故体即用也，如举大海以归百川，由理事互融，故体用自在。若相入，则用开差别；若相即，乃体恒一味。恒一恒二，是为体用也。"（《华严经义海百门·体用开合门第九》）尘相即现象，无生无性即自性，是为佛性，现象即本体，本体即现象，故曰"一味"或"体恒一味"。虽然"体恒一味"却无碍于"事相宛然"，因事相并非独立的存在，它是理本体的呈现，理虽绝对唯一，却不在事相之外，这就是理事无碍，即体即用。就如同百川与大海的关系，自在而又互融。这样，既肯定了佛性或佛理的至上性、超越性和现象界的自在性、差异性，又强调了佛性与现象的统一性和不可分离性。也故此，法不在心外，法只在心中，"终无心外法，而能为心缘。以非外故，即以尘为自心现也。离心之外，更无一法，纵见内外，但是自心所现，无别内外，此无过也"（《华严经义海百门·体用显露门第五》）。这种"心外无法"的观念，对后来理学的心学派影响巨大，陆王"心即理""心外无理"之说的义理结构与此何其相似，包括朱熹之"心理合一"说亦有此论之影子。

法藏之后，又有澄观（738—839）提出了"体用不二""即心即佛"的观点，把佛教心性论进一步向内证的方向推进。澄观曰："以智是理用，体理成智，还照于理，智与理冥，方曰真智，则理智无二。故《经》云：'无有如外智能证于如，亦无智外如为智所入。'又法界寂照名止，寂而常照名观，观穷数极妙符乎寂，即定慧不二。又即体之用曰智，即用之体曰理，即体用无二。"（《三圣圆融观门》）理体智用，体理以成真智，则理智合一；即体之用为智，即用之体为理，理智无二则体用合一。澄观"体用不二"之说对后来程颐"体用一源,显微无间"之说可能有直接的启发①。相对于智顗和法藏等人,澄观在心性修养工夫上更加注重心的主体作用,其曰:"至道本乎其心,心法本乎无住。无住心体,灵知不昧。性相寂默,包含德用,该摄内外,能广能深,非有非空,不生不灭。求之不得,弃之不离。迷现量则惑苦纷然,悟真性则空明廓彻。虽即心即佛。唯证者方知。"(《答顺宗心要法门》)所谓的"证",即是自我体悟与自我印证,显然,更加强调主体内在的自觉,非一般的理性分析可得。

天台宗和华严宗在论述诸法实相时,又经常把它归为一念心。《华严经》曰:"心、佛与众生,是三无差别。"即"己心""众生心"与"佛心"是各自浑沦圆俱,无有差别,如此一来,一方面,使得"佛心"不再是遥不可及的对象,另一方面,肯定了众生皆可成佛的可行性和平等性。天台宗的"止观"派把心性修炼作为成佛之上等法门:"上定者谓佛性,能观心性名为上定。"(《大正藏》卷四十六《止观大意》)当然,天台宗和华严宗所说的"心"已经不是指具体实在的人心,是在抽象意义上而言的精神本体。这一倾向,发展到后来的禅宗那里,更加地抽象化和禅思化,即禅宗所言之"明心见性"。慧能曰:"世人性本清净,万法从自性生……智如日,慧如月,智慧常明。"(《坛经·忏悔品第六》)禅宗主张"不着一字,尽显风流"的禅悟修炼工夫,把心性之学推进到了极致。

禅宗是佛教中国化的产物,是佛教与中国文化融合的结果。禅宗由达摩始传,至六祖慧能(638—713)才真正创立。慧能本不识字,却以其超凡的悟性与妙语使得禅宗开出新境界。慧能因一名偈而得禅宗衣钵,曰:"菩提本无树,明镜亦无台;本来无一物,何处惹尘埃?"

①参考拙作《气本与理本——张载与程颐易学本体论的建构及其问题》,北京:中国社会科学出版社,2017年,第142—145页。

(《坛经·行由品第一》)心中本无一物,没有菩提树(菩提树为佛陀悟道之地),亦无明镜台(喻指反照自身的佛法),佛性本来清净,又怎会有尘埃呢?慧能之意是说,心只是性,本自清净,无须后天的擦拭与修养,直见本心,见性成佛。慧能认为,佛性就在自己心中,就是自己的本性,何须外求?外求则是迷妄:"一切般若智,皆从自性而生,不从外入,莫错用意,名为真性自用"(《坛经·般若品第二》),又有,"心是地,性是王。王居心地上,性在王在,性去王无。性在身心存,性去身心坏。佛向性中作,莫向身外求。自性迷即是众生,自性觉即是佛"(《坛经·疑问品第三》)。慧能此论是佛教心性论的一个重要的推进,他把心性合一观念进行得更加彻底,即心即佛,悟则成佛。这里蕴含了两个问题:一、预设了众生皆有佛性,且是自性清净;二、修行成佛并非苦修渐成之事,而是顿悟成智。这样一来,慧能把心与性、自我和佛身、现实性和超越性都给消解了。自我了悟即自我超越,这是心性论的最高境界,慧能把天台宗肇端的"唯心"倾向推衍到了极致。禅宗作为最为成功的中国化的佛教宗派,对于后来的宋明理学乃至整个中国文化与艺术都产生了深远的影响。理学中的心学派所主张的"心即理""吾心即是宇宙"以及"吾心即是良知"之说,与禅宗有内在的通约之处。当然,这也是朱熹指摘象山心学为禅学的一个重要的理由。其实,朱熹亦受禅宗影响至深,年十五六时便开始学禅,"某旧时亦要无所不学,禅、道、文章、《楚辞》、诗、兵法,事事要学"(《朱子语类》卷一百零四《自论为学工夫》),金春峰先生认为朱熹的心性论就是依据禅宗建立起来的:"朱的心性关系之见解,是通过禅宗而建立的。具体言之,朱熹许多论心性的说法,都是吸收与参照《坛经》的。"①并举出几个例证,如《坛经》曰"万法尽在自心,何不从自心中顿见真如本性?"(《坛经·般若品第二》),而朱熹曰"天

①金春峰:《朱熹哲学思想》,台北:东大图书股份有限公司,1998年,第389页。

命之性……推其本,出于人心”,“天命之性,虽极微妙,然其实只是人心之中许多合当做底道理而已”(《朱文公文集》卷四十五《答廖子晦》书十八)。《坛经》曰“性在身心存,性去身心坏。佛向性中作,莫向身外求”(《坛经·疑问品第三》),朱熹亦曰“舍心则无以见性,舍性又无以见心”(《朱子语类》卷五《性理二》),等等。表述虽略有不同,但其理如出一辙。并认为朱熹思想的逻辑起点——新旧“中和之悟”,亦是吸收佛禅“明心见性”而达致。朱熹曾曰:“佛学其初只说空,后来说动静,支蔓既甚,达摩遂脱然不立文字,只是默然端坐,便心静见理。此说一行,前面许多皆不足道,老氏亦难为抗衡了。今日释氏,其盛极矣。但程先生所谓‘攻之者执理反出其下’。吾儒执理既自卑污,宜乎攻之而不胜也。”(《朱子语类》卷一百二十六《释氏》)可见,禅宗一出,风头无两,连当时也颇兴盛的道家(教)亦无法望其项背了。朱熹明言其把程子“入于其内,出于其外”的“拿来主义”大胆吸收以为我所用,正是要在佛家心性论巅峰的高度建构其学以抗衡之。

承上言之,佛教宣扬人们应该超越现实世界渡入彼岸的世界,认为一切皆是虚妄,只有“明心见性”才是成佛的不二法门,因此,在佛教那里,众多佛教宗派基本都建立起了本原化、本体化的心性论体系,心成为唯一而至上的本体与主宰,关于心性体用之说和心性修炼之说已经非常精微和深入了。方立天先生认为,先秦时期的儒家心性论内容丰富,对人的本性有深入的探索,对中国佛教心性思想产生了深刻的影响,如儒家善恶、动静、诚妄、净染等观念。但是,方先生也指出:“儒家心性论也存在着重大的缺陷:一是缺乏心性论体系结构,论点多、论证少,实例多、分析少,片断论述多、系统阐明少。二是对心性论缺乏深刻严谨的本体论论证。”①韩愈等人对佛老的批判其

①方立天:《儒、佛以心性论为中心的互动互补》,《中国哲学史》,2000 年第 2 期,第 4 页。

实还未能深入其思想内部,更多的是一种基于儒学式微的忧虑而做出一种本能的抵制,但是这种抵制显然情绪化的色彩更浓一些。后来的宋明理学受佛教“万法唯心”“一念三千”“佛性本体”“心是诸法之本”“本心本体本来是佛”“明心见性”等一系列思想的影响,也开始大加谈论“天理本体”“心即理”“心体与性体”等话题,把儒家思想在心性维度上向更为深入的层次上推进。赖永海先生说:“宋明新儒学的‘新’的表现之一,即在于传统儒学的佛学化——吸取了佛教哲学中的本体的思维方法。当然,宋明新儒学的‘新’,还表现在与本体论思维模式相对应的修行方法上。”①宋明新儒学在修行方法上更注重“体证”和“反本”等。受佛老二家心性论的影响,宋儒大大改变了“罕言性与天道”的传统,主动求变,开创了一条以心性为本体的理论建构道路。宋儒大多有“出入释老者几十年”“反而求之《六经》”的经历,黄绾曾言:“宋儒之学,其入门皆由于禅。”(《明道编》卷一)张载、王安石、二程、苏轼、胡宏与朱熹等儒,早年皆是曾涉释老之学,然后才返回求之六经,重建儒学理论体系,并继而对儒佛做判分。朱熹与佛教关系颇为密切,据记载,朱熹一生所过寺庙约有二十个,但是实际上肯定远非如此。朱熹曾跟从大慧宗杲、道谦等几位禅师学习佛法,一度非常沉迷。对此朱熹亦不回避,提及自己“驰心空妙之域者二十余年”(《朱文公文集》卷三十八《答薛士龙》),“熹于释氏之说,盖尝师其人、尊其道,求之亦切至矣”(《朱文公文集》卷三十《答汪尚书》),“熹天资鲁钝,自幼记问言语不能及人。以先君子之余诲,颇知有意于为己之学,而未得其处,盖出入于释老者十余年。近岁以来,获亲有道,始知所向之大方”(《朱文公文集》卷三十八《答江元适》),等等。朱熹阅读过的佛教典籍也颇为丰富,如《四十二章经》《大般若经》《华严经》《法华经》《华严大旨》《圆觉经》《金刚经》

①赖永海:《中国佛教与哲学》,北京:宗教文化出版社,2004年,第201页。

《心经》《楞严经》《维摩经》《景德传灯录》等等，均表明佛老之学说确是其思想的一个重要理论资源。

从工夫论角度来看，三家的心性论各有所偏重，“儒家工夫论探讨的是如何在现实世界中实现个人道德与人格境界，进而将之推扩到他人、社会；道家道教的工夫论则是通过修养修炼以使个体实现心灵逍遥与长生不死；佛教工夫论则是通过工夫禅修使人得到对世界与人生的彻悟而进入涅槃的圆满境界”①。此语切中肯綮。

①王正主编：《儒家工夫论》序言，北京：华文出版社，2018年，第1页。

第二章　宋代儒家心性论的发展与朱熹所面对的问题和使命

整体来说，唐代的儒学家在心性论方面的理论贡献也比较有限，大概因唐代人文之盛主要体现在诗歌等文化艺术领域，对于形上之思的兴致不大。韩愈、李翱可以看作是儒学心性论的一次萌动，虽然他们的论述不太深入，却开启了宋代儒学家言心性的理论路向。

在中国古代思想史中，宋代是儒家心性学最为勃发的时代。经过汉唐相对呆板的经学时代之后，人心人性的觉醒迎来了一场大规模的暴发。这场启蒙运动可谓是彻头彻尾的，上至文人士大夫，下至普罗大众。这一时期的学术思想，当时的儒者多以道学称之。所谓道学者，冯友兰先生说就是“人学”：“概括起来说，道学从人生的各个方面阐述了人生中的各种问题。这些问题归总为两个问题：一个是什么是人，一个是怎样做人。道学是讲人的学问，可以简称为‘人学’。”①冯先生此语可谓抓住了宋代学术的核心精神，依宋儒之语，道学之为道学者，乃是依继承儒家道统为学之大要而言之。在宋儒看来，在孔孟那里，儒学本来就是关于人心人性的活泼泼的学问，这才是道统中的那个“道”。自唐末韩愈、李翱至宋代众儒学家皆谓此道统自孔孟之后失传了，意即汉唐是千年来儒学的断裂与失落的时代，而宋代儒学家是直承孔孟之学而延续传统的。程颐的表述最有

①冯友兰：《中国哲学史新编》（下册），北京：人民出版社，1999年，第17页。

代表性:“周公没,圣人之道不行;孟轲死,圣人之学不传……先生生千四百年之后,得不传之学于遗经,志将以斯道觉斯民。”(《程氏文集》卷十一《明道先生墓表》)宋儒以承续此道统自居之。

道学,又被称之为新儒学,新儒学之“新”,是相对于呆板守旧的汉唐经学而言的,是相对于对原始儒学核心精神的重新发现而言的。应该说,到宋代,儒家的“性命”之学才真正转换为“心性”之学,心性论成了理学的核心话题。牟宗三先生认为宋明之性理之学就是心性之学,他说:“此‘性理之学’亦可直曰‘心性之学’。盖宋、明儒讲学之中点与重点唯是落在道德的本心与道德创造之性能(道德实践所以可能之先天根据)上。”①牟先生还特意指出,此性理之学之意蕴,不限于程朱所说之“性即理”之义,亦包括“本心即性”之义。

第一节　周敦颐与张载

北宋初年,受韩愈、李翱等人复兴儒学的影响,一大批儒学家涌现了出来,如范仲淹、欧阳修、胡瑗、孙复、石介等,开始对儒家经典重新阐发,建构与佛老相抗衡的理论体系。至北宋中期,终于形成了一股强大的理论思潮,即是理学思潮。接下来,我们对主要的几个理学家的心性学说进行简单的梳理,大致呈现他们的主要观点和理论进路。

周敦颐(1017—1073,字茂叔,谥号元公,世称濂溪先生)被誉为理学的开山鼻祖,《宋元学案》认为,虽然有宋初诸先生之开先,但是北宋真正对心性论进行“破题”的还当数周敦颐。曰:

> 孔、孟而后,汉儒止有传经之学,性道微言之绝久矣。元公

①牟宗三:《心体与性体》(上册),上海:上海古籍出版社,1999年,第3—4页。

崛起，二程嗣之，又复横渠诸大儒辈出，圣学大昌。故安定、徂来卓乎有儒者之矩范，然仅可谓有开之必先。若论阐发心性义理之精微，端数元公之破暗也。（《宋元学案》卷十一《濂溪学案》）

周敦颐传世的著述并不太多，奠定其理学开创者地位的著作《太极图说》也仅有二百余字，但是因此文融合儒道思想，意蕴深远，竟成了理学早期的代表性作品。在《太极图说》中，周敦颐首先建构了一个宇宙生成图式，无极生太极，太极生阴阳，阴阳生五行，五行化生男女以及万物。仅就这段宇宙生成论的文字而言，似乎并无太多新奇之处。这种宇宙生成论的方式基本来自《易传》，并且由于周敦颐在“太极”之前还加上了“无极”而饱受争议，因为“无极”并不是儒家本有的概念，而是道家的概念。因其有杂糅之嫌，甚至在其弟子二程那里这一套理论也不太受待见，二程从不提周氏的《太极图说》。周敦颐的宇宙生成论我们至多可以说是儒家和道家杂糅后的理论成果。但是，周敦颐在表述完宇宙生成图式之后，话锋一转，曰：“惟人也得其秀而最灵。形既生矣，神发知矣。五性感动，而善恶分，万事出矣。圣人定之以中正仁义而主静，立人极焉。”（《太极图说》）这是全文的点题之句，对宇宙生成图式的建构不过是为了“立人极”，就是要确立人在宇宙中的地位，并为人的道德建立一个宇宙本体论的基础，这才是儒家理论的“本色”。“定之以中正仁义而主静”是“立人极”的修养方法，“仁义”为儒家的核心道德纲目自不待言，“中正”乃是《易传》所出，在《易经》中，一般二爻和五爻处下卦或上卦之中，行事中正，多为贞吉之言。如“文明以健，中正而应，君子正也。唯君子为能通天下之志”（《易传·同人卦·彖辞》），即是言《同人卦》之九五爻居上卦之中，下应《离卦》之六二爻，中正以行，而有君子通天下之志之风。而“主静”之说，似取道家为多，老子有“守静笃，致虚极”之言。看来，周氏在修养工夫上也有融合儒道两家思想的特色。

在周敦颐另一本著作《通书》中，他主要是借助《中庸》《易传》和孟子等的思想进行了发挥，建构了一个“诚本神用”的心性论体系。“诚者，圣人之本。‘大哉乾元，万物资始’，诚之源也。‘乾道变化，各正性命’，诚斯立焉，纯粹至善者也。故曰：‘一阴一阳之谓道，继之者善也，成之者性也。’元亨，诚之通；利贞，诚之复。大哉《易》也，性命之源乎！”（《通书·诚上第一》）周氏认为，“诚”乃是“圣人之本”和“性命之源”，纯粹至善，万物资始之时诚便产生了，且在万物变化中发挥作用。在人类生活中，“诚”又是“五常之本，百行之源”，“五常”者，仁义礼智信也。我们知道，对“诚”进行本体化的提升自《中庸》始，而周氏在此借助《易传》进一步强化它的本体意蕴。

周氏又曰：“寂然不动者，诚也；感而遂通者，神也；动而未形、有无之间者，几也。诚精故明，神应故妙，几微故幽。诚、神、几，曰圣人。”（《通书·圣第四》）周氏借助《易传》来诠释“诚”，谓“寂然不动”是诚之本体状态；而“感而遂通”为诚之发用状态，诚之发用，籍于“神”，此神非它也，乃是人之精神之“神”，人之主体精神感知到天道生化万物，各正性命，无有欺妄，以此为自己行事之定则也；而诚虽动，却在无形与有形之间，幽微难言，常人不易知之，故谓之“几”；人之诚之精至为明，即《中庸》“明诚”是也，人之“精义入神”，感知诚体，神之妙用也，诚之体用之间，存乎一心，隐微之几也；能够了悟并把握诚、神、几三者，方是圣人也。周氏之意在它处可以佐之：“无思，本也；思通，用也。几动于彼，诚动于此。无思而无不通为圣人，不思则不能通微，不睿则不能无不通。是则无不通生于通微，通微生于思。故思者，圣功之本，而吉凶之机也。《易》曰：‘君子见几而作，不俟终日。’又曰：‘知几，其神乎！’”（《通书·思第九》）诚为本体，故寂然不动，寂然不动者，无可思者，故曰“无思，本也”；人之能思神之用也，思而能通，故曰“思通，用也”；诚思之至，无微不至，未形与有形之间，未动与已动之间，皆可知之，圣睿之至也。需要注意的是，“诚”

的概念为儒家本出,而“神”与“几”的概念虽出自《易传》,然道家对这两个概念发挥尤为深入,可见,周氏有借助《易传》与道家理论深化儒家心性论之意,把儒家心性工夫阐发到如此精微的地步,亦不负理学开山之名。《宋元学案》赞曰:“周子之学,以诚为本。从寂然不动处握诚之本,故曰:主静立极。本立而道生,千变万化皆从此出。化吉凶悔吝之途,而反覆其不善之动,是主静真得力处”(《宋元学案》卷十二《濂溪学案》),又,“静妙于动,动即是静;无动无静,神也,一之至也,天之道也。千载不传之秘,固在是矣”(《宋元学案》卷十二《濂溪学案》)。另外,周氏重“神”而不直言“心”也是其心性论的一个理论特点,可惜后来的理学家对此似乎重视不足,以至今日多为人所忽视。

周氏还提出了“纯心”与“主静”之说:“十室之邑,人人提耳而教,且不及,况天下之广,兆民之众哉! 曰:纯其心而已矣。仁、义、礼、智四者,动静、言貌、视听无违之谓纯。”(《通书·治第十二》)又,“‘圣可学乎?’曰:‘可。’曰:‘有要乎?’曰:‘有。’‘请问焉。’曰:‘一为要。一者无欲也,无欲,则静虚、动直,静虚则明,明则通;动直则公,公则溥。明通公溥,庶矣乎!’”(《通书·圣学第二十》)“心纯”则仁义礼智落实于生活中无违而和,“主静”则无欲,无欲则明通动直。如此,诚体则于道德实践中得以落实也。周氏主静之义,不过还是要人之心思归于“寂然不动”之诚体,但并不是说人不要思虑,而是心不妄动,则神可专一,专一则感而遂通。因此,“纯心”与“主静”之说可视为其“神用”的心性工夫范畴。

周敦颐被奉为理学开山之尊,与朱熹的推崇分不开。周敦颐的“太极”思想并不为二程推崇和继承,因此这一思想在北宋理学那里基本没有受到什么重视。但是,后来的李侗(1093—1163,字愿中,世称延平先生)又重新提到“太极”理论,与“理”并立。胡宏(1106—1161,字仁仲,号五峰,世称五峰先生)亦把“太极”与“理”视为同一进行阐发。朱熹曾师从李侗，不久李侗去世，于是改投胡宏门下，并与胡宏弟子张栻结为好友，可知朱熹理论中“太极”思想的来源。尤其朱熹作了《〈太极图说〉解》，发挥《太极图说》中的微言大义。朱熹与二程对待周敦颐的态度不同，朱熹颇为推崇周敦颐。对于周氏的太极之说却倍为青睐，并试图将其融入他的理学中去。在朱熹看来，太极既是一理，又是万物之中理的总和。太极即理，则每一物皆具一太极。经朱熹之大力推崇，周敦颐始得众学者之尊奉。朱熹学说中的概念丰富博杂，与二程和张载等的理论气质没那么一致，反倒有几分周敦颐的气韵，尤其大谈“太极”“阴阳”“神”等概念，足见朱熹继承与吸纳了不少周敦颐的思想。朱熹赞周敦颐曰：“盖有以阐夫太极、阴阳、五行之奥，而天下之为中正仁义者……上接洙泗千岁之统，下启河洛百世之传者，脉络分明而规模宏远矣。”（《朱文公文集》卷七十九《韶州州学濂溪先生祠记》）可谓是推崇备至、盛誉有加。

周敦颐之学，一方面努力把天道道德化，另一方面又努力把道德天道化。而周敦颐的宇宙生成论还有些过于简约和玄远，真正建构起宏大而精细的宇宙本体论和道德形上学理论体系的是张载。张载的哲学以气为本体，建构了一套雄浑的宇宙本体论体系，但他在其中对心性问题有大量的论述。在早期宋代思想家中，张载对于心性问题的探讨非常全面和深入，关于心性论各个方面的范畴、论题，张载几乎都有涉及。由于现在学界对理学采用了“气学”“理学”和“心学”的分类划界的方式，使得人们对张载误解颇多，只以为张载是气本论理学，心性之学关涉很少。

与周敦颐相似，张载（1020—1077，字子厚，世称横渠先生）重建儒家心性论的方式也是先为人的存在寻找到宇宙本体的基础。而且，张载也是以《易经》与《中庸》为主，所谓“以《易》为宗，以《中庸》为体”，通过重新诠释《易经》推出其气一元论的宇宙本体论，并进一步结合《中庸》，给出其心性修养的工夫学说。张载曰：“不见易则何以知天道？不知天道则何以语性？不见易则不识造化，不识造化则不知性命，既不识造化，则将何谓之性命也？有谓心即是易，造化也，心又焉能尽易之道！易乃是性与天道，其字日月为易，易之义包天道变化。”（《横渠易说·系辞上》）由此可以看出张载的推演逻辑：即识得易才识得生生造化之理，识得造化方可识得天道，识得天道才能言性命。因此说，易乃性与天道。由于易着重讲天地生万物的变化过程，就是所谓的造化之道，万物是天地所生，这就是对万物存在的肯定，从而批判了佛教的万物为空、为假、为幻的观念。而天地生万物的过程就是“天命之谓性”的过程，因而人作为天地生物过程的产物，人的本性自然有其存在的依据，这就是对儒家人性的认定，同样是对佛老以人性为空无的批判。其中特别值得重视的一个命题就是：“心即是易。”把“心”与“易”直接互释，大概是张载的首创。张载此语之义在于，人性之本体论基础虽在天道，但是，识得天地造化，非是心不可，心能尽易之道，进而也可尽性与天道之理，如此，人才能安身立命。因此，可见在张载理论体系中，最终“心”成了一个重要的枢纽。

张载定义“心”曰：“由太虚，有天之名；由气化，有道之名；合虚与气，有性之名；合性与知觉，有心之名。”（《正蒙·太和篇》）表明在张载那里，性无知觉义，先性而后心。“合性与知觉，有心之名”，人不但禀受天性而得物性，还能够“合性与知觉”，而有了“心”。万物之中的动物界虽然也有与人相似的可以搏动的肉质之心，但其心只是物性本能意义上的心，而无知觉之功能。孟子说“人之所以异于禽兽者几希！”（《孟子·离娄下》）就因为人有“四端之心”，“四端之心”不仅是人之性善的起始处，亦是人知觉天地与本性的起始处，此知觉乃是良知良觉，不是我们现在所说的感性发生意义上的知觉。既言张载“以孔孟为法”，他所言知觉之心，即是对孟子“四端之心”的继承与发展。有了此知觉之心，就注定人的“不同凡响”。因为，人具有了知觉之心，便可体察到自己的心从何而来，自己的性从何而来，以及天何以存在，而自己又何以有“参天地之化育”的责任等等——虽然，退回去讲，此心在张载这里是由气化而来，是一个实在的存在。但是，这个实存之心，已经包含了形下与形上两个层次的功能与作用，不可单单以气质之心看待。

故此，按照张载对心的诠释，因为人心首先为气质之心，受闻见之知的限制，人必要“大心体物”方能把“形上之心”给激发与呈现出来。张载曰：

> 大其心则能体天下之物，物有未体，则心为有外。世人之心，止于闻见之狭。圣人尽性，不以见闻梏其心，其视天下无一物非我，孟子谓尽心则知性知天以此。天大无外，故有外之心不足以合天心。见闻之知，乃物交而知，非德性所知；德性所知，不萌于见闻。(《正蒙·大心篇》)

心为什么不能感通万物，是因为“心为有外”。“心为有外”就是指人心受后天感官欲望的引诱而生成了内外、彼此、是非的偏执，不能公正全面地体认事物。世人之心，限于狭隘的闻见之知，已有滞碍，不能通达本体；唯有圣人尽其性，而不以见闻之知桎梏其心，其视天下之物皆与我心相同，“天下无一物非我”，我心自然能体认万物，孟子所说的尽心知性知天也即是这一道理。天大无外，其理则一，所以才能化出宇宙万物。因此，人心有外就不能做到理一，又如何能通贯万物呢？故此，人心的见闻之知乃是与物交接而获得之感性之知也，此知并非天德良知，不能使人体认本体，了悟心性；对本体的认知乃是对宇宙大全的本体的体认，因而德性之知不可能通过闻见之知而获得。盖见闻之知为世俗人之心所得也，德性之知为天之知，圣人去尽其气质之性，不以见闻之知桎梏其心，则可得德性之知也。因此，世人要想让其心去体天下之物，必须如圣人一样去廓大其心，尽心知性而知天也。为何心有外呢？因为此心是由太虚之气一步步聚合气化生生而来，此心自然已经不是原初的“天心”，乃是后天个体的合性与知觉的气质之心了。但是，人的气质之心性并不是与本体之性截然对立相反，而是相通相感的，因此通过大其心，变化气质，则能通达本体。

大其心的工夫就是孟子所言的“尽心”。知“大心体物”，凡人才有入圣贤之道的可能。故圣人要立此“大心”导引民众入此圣贤之道也。那么大其心之后的心、尽性之后的心是什么样的心？是个体的局限之心，还是与本体合一的心？应该说此心即天地之心也。张载在解《复卦》中“复见天地之心乎”时说道：

> 大抵言“天地之心”者，天地之大德曰生，则以生物为本者，乃天地之心也。地雷见天地之心者，天地之心惟是生物，天地之大德曰生也。雷复于地中，却是生物。（《横渠易说·复卦》）

张载在这里提出天地之心一词，认为天德生生乃是天之本质，因而为天地之心。生生之谓易，也就是易道的本质与核心。同时，生生之谓仁爱，因而天道也是一个美德的存在者，由此张载论证和确立了儒家价值观的本体地位。在《周易》的《复卦》中所体现的生生之循环往复，最为精确地体现了天地之心的本质，所以说君子观复以见天地之心。之所以在《复卦》中提及“天地之心”的问题，是因为《复卦》是上为地下为雷的卦爻结构，雷为震动之义，如春天惊蛰之时，大地解冻复苏，万物于泥土中萌芽扭动，欲钻出地面也。此大地与万物俱动之生机盎然之盛状，似天地有心而为之也，故言“天地之心”也。但是，所谓“天地之心”者，并非指天地与人一样确有其心的实体，不过是言天地生物的过程显现出的天地本身所具有的主宰决断的动因的本质属性或功能,从这个意义上说天地也类似于人心主宰人之行为一样,不是无知觉死寂的客观自然,而是活泼泼的生机盎然的宇宙,因而称之为天地之心。

由张载的表述来看,正是:“天无心,心都在人之心。”(《经学理窟·诗书》)但是,天虽无心,人心依旧要为天地“立心”,此处所提的立心,并不是说由人来为天地安立个主宰之心,而是人要通过其一生的修养,努力奋斗,以自己一生的实践来证明天地之心的存在。从这个意义上讲,天地之心是不可见的,需通过君子圣贤的修养追求来呈现证明天地之心的存在,所以君子圣贤的一生使命就是为天地立心。有此理想就是“大其心”,就是存心养性,由此人心才能不囿限于形器世界,牵绊于“攻取”之欲,知天地只是以生物为心,完成对自己充满“攻取”之欲的私心或成心的超越。

张载是宋代第一个建构了严格的本体论哲学体系的儒学家,他也是首先用“体”和“用”的理论架构去阐发人性理论的开创者。并且,张载几乎创设了理学所有的概念范畴,以及主要的命题,开创了理学的话语方式和理论范式。张载提出德性之知和闻见之知,德性之知由心之良知良能的觉知能力获得,而闻见之知则是由经验认知的能力获得,这应该是理学对心的功能的最早区分,这是张载在心性论方面的一大贡献。

周敦颐和张载的思想代表了理学兴起的第一个阶段,这一阶段主要体现在二人以宇宙本体论的方式重建道德形上学。与唐代儒学家相比,一方面,二人对于儒道释三家理论的融合更加圆熟,他们更多是在理论高度和佛老进行内在的抗衡,而不是更多在情感和价值判断上;另一方面,二人在心性论方面的建构基本涉及了理学心性论的主要范畴,并奠定了未来话题的方向,当然,在心性论的建构方面,张载要胜于周敦颐,然而,张载的心性论思想被学界重视的程度还不足够①。

第三节　程颢与程颐

虽然之前经宋初诸先生及周、张二人的理论努力，理学思潮已经有蔚然成风之势，但是，一般还是公认理学的真正创立者是二程。一个重要的标志就是程颢那一句话："吾学虽有所受，天理二字却是自家体贴出来。"（《程氏外书》卷十二《传闻杂记》）此句话之所以成为一个里程碑式的标志，就在于二程对理学本体的高度抽象与形上化，这一点是儒家自古以来未曾有过的理论维度。孔孟以仁为本体，较倾向生活伦理维度或道德价值维度；荀子以"自然之天"为本体，侧重客观实在性维度；《易传》以"生生"为本体（"生生之谓易"），较倾向生成论或过程论的表述；《中庸》以"天命"为本体则较倾向于客观性维度，或以"诚"为本体则较倾向于主体性维度；董仲舒以"天意之天"为本体，有宿命论和意识形态化的倾向；周敦颐以"太极"为本体，有杂糅不纯之嫌；张载以"太虚"或"气"为本体，亦有旁借道家理论的嫌疑。而二程用"天理"二字来表达本体，其一，无佛老理论杂糅之嫌；其二，天理既表达了宇宙论的客观维度，又表达了主观性的维度（"理"乃是人主体认知的投射）；其三，同时，也内涵了天理与人生相贯通的价值论的维度，因理之为理，必然是可以遵循的。

二程兄弟的理学思想一般都被作为一个整体去研究的，大致说来，二者之间，理论保持了较高的一致性，但是，仔细比较看来，二程兄弟的理论旨趣和精神气质还有一定的分别。

①关注张载心性论思想的学者有董平教授和林乐昌教授等人，可参考：董平：《张载心学结构发微》，《宝鸡文理学院学报》（社会科学版），2007 年第 6 期；林乐昌：《张载心学论纲》，《哲学研究》，2020 年第 6 期。

程颢(1032—1085,字伯淳,号明道,世称明道先生)虽以理为本体,但是比较突出主体的认知作用,强调内与外、主与客的同一性,提出“心是理,理是心”“只心便是天”等观点,为理学中“心学派”的先声。程颢曰:“天者理也,神者妙万物而为言者也。帝者以主宰事而名。”(《程氏遗书》卷十一《明道先生语一》)首先,在本体论层面上,天即是理,理是对天生化万物之能的一种表达,是对天主宰万事万物之能的一种命名。对于天的认识,程颢强调“以心知天”,其曰:“只心便是天,尽之便知性,知性便知天,当处便认取,更不可外求。”(《程氏遗书》卷二上《二先生语二上》)程颢认为“人心莫不有知”,认识世界万物,人们需要以静心内省的“内求”方式达到。人心被提高到宇宙本体的高度,心便是性,性便是理,心、性、理达到了合一。

人性和万物一样,其性皆来自宇宙本体,亦尽得天理。如此,性便是理,便是道,无理外之性,无道外之性。“道即性也。若道外寻性,性外寻道,便不是”(《程氏遗书》卷一《二先生语一》),性即道,性就是道的充分表达,性在道中,外求必不可得之,这一点程颢曾专门作《定性书》来阐明之。程颢曰:“所谓定者,动亦定,静亦定,无将迎,无内外。苟以外物为外,牵己而从之,是以己性为有内外也。”(《程氏文集》卷二《答横渠张子厚先生书》)这是程颢与张载讨论性之内外与动静时的论述,程颢认为,性无有内外之分,无须刻意将迎,动静之中,皆有定性,性不随物迁,则均可定得着己性。如此一来,心体即性体,无有内外,无有隔绝。程颢此说与孟子“尽心”说遥相呼应,与荀子的天人相分之说相对峙。刘宗周赞曰:“合而观之,主静之学,性学也。‘人生而静,天之性也。感于物而动,性之欲也。’圣人常寂而常感,故有欲而实归于无欲,所以能尽其性也。常人离寂而事感,离感而求寂,故去欲而还以从欲,所以自汩其天也。主静之说,本千古秘密藏,即横渠得之,不能无疑。向微程伯子发明至此,几令千古长夜矣。”(《宋元学案》卷十三《明道学案》)显然,《定性书》是一篇典型的心性学论述。在朱熹看来,其实其中讨论的已经不是性的问题了,而是心的问题,按朱熹意,《定性书》应该是《定心书》,他说:"'定性'字说得也诧异。此性字是个'心'字意。"(《朱子语类》卷九十五《程子之书一》)其实,张载、程颢二人讨论的"定性"问题,即是孟子"不动心"的话题,只是在程颢那里,心与性是不分的——当然,这也是程颢作为心学先驱,其理论的基本特点——而在张载那里,可能这个讨论发生在早期,其对于心、性、情的区分还不足够明晰。

在天理本体的建构方面,二程之间并无本质的不同,只是程颐(1033—1107,字正叔,世称伊川先生)更注重主与客、体与用、形上与形下的分疏。程颐直接地提出"性即理"的命题:"性即是理,理则自尧、舜至于涂人,一也。才禀于气,气有清浊。禀其清者为贤,禀其浊者为愚。"(《程氏遗书》卷十八《伊川先生语四》)在程颢那里,性即道,无须道外寻性,故是否"知性",全在于"只心"的了悟;而在程颐这里,则注意到外在因素对人性的影响,气有清浊,人禀受不同而有贤愚之分,自然在"尽性"的工夫也将会不同,程颐要在"内求"和"外寻"两方面兼顾。

程颐的思想比较集中地借助《易经》思想而发,他一生只著了一本书,即《伊川易传》。因此,他的天理思想和心性学说主要是围绕对《易经》的注解而展开。"易道广大,推远则无穷,近言则安静而正。天地之间,万物之理,无有不同"(《程氏经说》卷一《易说·系辞》),易道广大,并非在此处即是易,推远至无穷处便不是易了;天地之间,万物皆有其理,但不是各物有各物之理,其实只是一个理而已,无有不同也。之所以如此,乃是因为道生天地万物之时,是"一时生"的,故"皆完此理",本无差别:

> 所以谓万物一体者,皆有此理,只为从那里来。"生生之谓易",生则一时生,皆完此理。(《程氏遗书》卷二上《二先生语二

上》)

之所以说万物皆是一个本体,皆具这一个理,只因为万物是从一处来。易所谓“生生之谓易”者,乃是言万物俱是由一个本体生来,且是同时生来,万物之中的每个个体都是完具此理,都是本体之理的完全表达,故无有差别也。故曰:“一人之心即天地之心,一物之理即万物之理。”(《程氏遗书》卷二上《二先生语二上》)之所以说“一人之心即天地之心”者,因为每个人的心都是天地的完全表达,故其心与天地之心无有差别;同理,之所以说“一物之理即万物之理”者,亦是因为每一物都是万物之理的完全表达,故每一物之理与万物之理自然也是无有差别。

程颐把《系辞》中“一阴一阳之谓道,继之者善也,成之者性也”释为:“道者,一阴一阳也。动静无端,阴阳无始。非知道者,孰能识之?动静相因而成变化,顺继此道,则为善也;成之在人,则谓之性也。”(《程氏经说》卷一《易说·系辞》)道是通过阴阳生成万物,运动变化的,但是,在道的原初状态中,无所谓动静与阴阳。当动静相因,阴阳有始时,变化才开始发生,万物才得以生。以人而言,人因阴阳有始亦得其生,人禀受道体,承继其生生之善而为己性,方为人之完成也。因此,不能把道等同于阴阳。又曰:“离了阴阳更无道,所以阴阳者是道也。阴阳,气也。气是形而下者,道是形而上者。形而上者则是密也。”(《程氏遗书》卷十五《伊川先生语一》)一阴一阳谓之道,但不可将道直接认作阴阳,道并不等同于阴阳。但是,支配阴阳者道也,故曰“所以阴阳者道也”,如同阖与辟共同构成变一样,离开阴阳无从言道也。另外,由程颐看来,阴阳乃是气,为显,是形而下的范畴,只有道是形而上者,为本体,为隐,道与阴阳属于不同的理论层次。程颐之所以强调道器、阴阳的区分,着意强调天理本体在逻辑上或生成关系上的优先性。

在处理“理”何以能够贯穿万物时,程颐发挥了“理一分殊”的思想。程颐曰:“天下之理一也,涂虽殊而其归则同,虑虽百而其致则一。虽物有万殊,事有万变,统之以一,则无能违也。”(《周易程氏传》卷三《咸卦》)本来此处是解说《系辞》中“天下同归而殊途,一致而百虑”之义,程颐却引申出“天下之理一也”,物虽有万殊之别,事虽有万变之异,但是,以一理统之,无有差违。至朱熹时,他对“理一分殊”概念又做了更精致的发挥:“本只是一太极,而万物各有禀受,又自各全具一太极尔。如月在天,只一而已,及散在江湖,则随处而见,不可谓月已分也。”(《朱子语类》卷九十四《周子之书》)朱熹也认为程颐把“理一分殊”思想阐发得很精彩,只是,在朱熹那里,他引入了“太极”的概念代替程颐的理,并且借用佛家“月印万川”来解释“理一分殊”,使得这一命题更加生动鲜活和内涵丰富一些。

实践天理本体首先要做到体认本体,前文已有所提及,程颐认为道、性、命、心、情在本体层面讲,是同一的,都是天理而已。其曰:“在天为命,在义为理,在人为性,主于身为心,其实一也。”(《程氏遗书》卷十八《伊川先生语四》)心不只是在本体意义上与命、理、性同一,它还有身之主宰。无疑,也就表明程颐认为“心”是体认本体的首要选择。心与理的关系,既是认识论和心性论的问题,又是本体论问题,是二者的统一和结合。只有当二程建立理本论哲学之后,心与理合一才成为理学家们讨论的问题。在张载那里,人通过穷神知化才达到与天为一的境界,而在程颐的理学体系中,天人合一问题转变成了心理合一问题。因为在程颐的易学与哲学体系中,理是宇宙的本体,也是人之为人的本体,而心作为人的主体精神,是否能够达到与宇宙本体合一,则成了其哲学的基本问题。从本体论意义上讲,心与理本来就是合一的。但是,在后天现实中,人往往又缺乏自我觉悟,难以达到心理合一,即“理与心一,而人不能会之为一”(《程氏遗书》卷五《二先生语五》),所谓的“会”,即是人的自觉与反思的思维能力。程颐所说的“心即性”与“性即理”,都是在本体意义上立论的,心与性、性与理本就合一。后人通常将性即理、心即理作为分判理学与心学的标准,因而主张程朱理学只认定性即理,不承认心即理。这种理解显然有些偏颇,程颐理、性、心在同一本体高度言说,性即理,也言心即理。从本体论与存在论统一的角度来看,未发之中与已发之和相互融会,自是心理合一,所以不仅人性善,而且人人能成圣了。这才是程颐提出心理合一的目的所在。

在看待心、性、情三者关系上,张载认为心统性情,即心与性情有别,心在层次上高于性情。而程颐则认为三者为一:

> 称性之善谓之道,道与性一也。以性之善如此,故谓之性善。性之本谓之命,性之自然者谓之天,性之有形者谓之心,自性之有动者谓之情,凡此数者皆一也。(《程氏遗书》卷二十五《伊川先生语十一》)
>
> 自理言之谓之天,自禀受言之谓之性,自存诸人言之谓之心。(《程氏遗书》卷二十二上《伊川先生语八上》)

二程将“心”分为人心和道心:“人心,私欲,故危殆;道心,天理,故精微。灭私欲,则天理明矣。”(《程氏遗书》卷二十四《伊川先生语十》)进而得出了“存天理,去人欲”的主张。这一理论被朱熹所继承,并进一步强化。

与程颢相比,程颐在理论内部的分疏也是相对的,但是有学者会把二者做泾渭分明的对立性比较。如把程颢看作是心性一元论者,而程颐则是心性二元论者。其实这是一种误解,天、理、心、性、情等概念在分疏的状态下,各自有其相对的独立性,而在本体论层面上,又本是合一的。如程颐多处强调说,“在天为命,在义为理,在人为性,主于身为心,其实一也”(《程氏遗书》卷十八《伊川先生语四》),

“心也,性也,天也,非有异也”(《程氏遗书》卷二十五《伊川先生语十一》)。程颐并非不知人心为一个整体,但须分为内外两面的工夫,若无一心统之,命、理、性等如何贯通,故二元似对立而实非对立。牟宗三先生在其《心体与性体》中,把程颢划归为“圆教模型”,应与陆王一系同属“纵贯系统”,而程颐与朱子则是“横摄系统”,有过分强调二程之间区别之嫌。

相对于周敦颐和张载等学者,二程的理学更加纯熟,更加形上化和逻辑化,二程虽对宇宙论有所兼顾,但那不是他们关注的重点,另外,相对于周敦颐和张载的宏阔,二程显得更加细腻。尤其,在心性工夫论方面,二程的体系化和条理化程度更高。可以说,理学及其心性论的真正创立者当是二程,且宋代心性论于此为盛。当然,大程子气象洒脱,注重内在了悟(有似于禅宗顿悟一脉),小程子气象严谨,注重内外兼治(有似于渐修一脉)。大程子开出了“心学派”的路向,而小程子则开出了“理学派”的路向。大程子的心学路向,经由谢良佐、张九成的继承与发展,至陆九渊集大成,又经王阳明光大而蔚然大观。在程门弟子中,杨时主要继承了程颐的思想,经罗从彦传至李侗,再至朱熹而集大成,形成了程朱理学的理论体系。黄百家曰:“二程得孟子不传之秘于遗经,以倡天下。而升堂睹奥,号称高第者,游、杨、尹、谢、吕其最也。顾诸子各有所传,而独龟山之后,三传而有朱子,使此道大光,衣被天下。”(《宋元学案》卷二十五《龟山学案》)朱熹是二程理论的主要继承者与光大者,这一点为学界所共识。当然,朱熹在理论内核与学说气质上还是继承程颐的为多。尤其是程颐“性即理”之说,朱熹亦主张“性只是理”,在心性的本源性角度强化程颐的性理学说,与程颐一样注重气禀对于人性的影响,同时吸纳张载对天地之性和气质之性的分疏方式来进一步建构此学说,使之更加完备与饱满。

整体看来,北宋时期是古代社会中心性学说的又一次巅峰时期,儒学的理论重心逐渐转移到了心性理论方面。儒家学者为了建立起能够与佛老相抗衡的心性理论,一方面注重对佛老理论的吸纳与融会,另一方面注重对儒家传统资源进行发掘和阐发。而在这些儒家传统资源中,宋初是以《易经》的阐发为主,中期之后逐渐以四书为主。这是因为"通过对《五经》的阐释来建构心性义理之学是存在相当难度的……在阐释中很难以之为基础吸收、融摄佛道之学有关心性的学说,从而凸显心性的主题……与传统的《五经》相比,这几部著作(《四书》)更为直接地反映了孔子及其弟子、后学的思想,文字明白晓畅,提纲挈领,对心性问题进行阐述的内容较多且相对集中"①。当然,也正是在这一过程中,宋代四书学得以形成。相对而言,在四书之中,宋儒在心性论方面又以继承孟子为多,程颐曰:"孟子所以独出诸儒者,以能明性也。性无不善,而有不善者才也。"(《程氏遗书》卷十八《伊川先生语四》)当然,宋儒对孟子所言之"性善"或"良知"进行了改造和升级,将它们扩充到形而上学的层面上去,由此打通天道与性命或天理与人生。

从中国古代哲学的整体进程看来,理学心性论的理论气质与原始儒家已经大不相同,当然也不同于道家和佛家,它是儒道释三家对抗与融合之后的产物。就其理论本质而言,无疑它仍然属于儒家的道德人性论的范畴。蒙培元认为:"理学心性论融合了儒、佛、道三家(以儒家为主),建立了自我超越的道德形上论。从某种意义上说,理学真正完成了中国古代心性论。"②理学家提出了"天地之性"作为人的形而上的本体存在,它既是道德人性,又是宇宙法则、宇宙本体。仁作为人之所以为人的根本属性,既是"心之全德",又是天地"生生

①朱汉民、肖永民:《宋代〈四书〉学与理学》,北京:中华书局,2009年,第90—91页。

②蒙培元:《中国心性论》,台北:台湾学生书局,1990年,第2页。

之理”;既是人心,又是天心。而天地之心靠人心来实现,天地之道靠人性来实现。这就从心性论上确立了人的价值以及在宇宙中的地位。

第三节　朱熹所面对的问题和使命

一、学脉传承与融合重构

两宋面对的最大理论敌手应该就是佛老了,虽经唐末始启其端,至北宋一朝群儒竞起,重建儒学本体论以力抗佛老。然而北宋理学之努力,也并未如想象中出现“理学既出,佛教便衰”的状况,至南宋时佛老之势仍盛,朱熹感慨曰:“释氏之教,其盛如此,其势如何拗得他转? 吾人家守得一世再世,不崇尚他者,已自难得。三世之后,亦必被他转了。”(《朱子语类》卷一百二十六《释氏》)朱熹乃承北宋儒者之遗志,继续在儒家立场上抗击佛老。朱熹指出当时佛学流行的危害性依旧很大:“杨墨为我、兼爱,做出来也淡而不能惑人。只为释氏最能惑人。初见他说出来自有道理,从他说愈深,愈是害人。”(《朱子语类》卷二十四《论语六》)又,“杨墨只是硬恁地做,佛氏最有精微动得人处,本朝许多极好人无不陷焉”(《朱子语类》卷二十四《论语六》)。在朱熹看来,佛学对儒学的威胁甚于杨墨,我们知道,在战国时,孟子“辟杨墨”决心之大,视之为儒家的“头号敌人”,朱熹此喻显然亦视佛学为当时儒学之最大的对手。因为,佛学对于当时的儒者与士大夫依旧非常有吸引力,许多士人以近佛为荣。朱熹描述当时士大夫们的状况:“以其有空寂之说而不累于物欲也,则世之所谓贤者好之矣。以其有玄妙之说而不滞于形器也,则世之所谓智者悦之矣。以其有生死轮回之说而自谓可以不沦于罪苦也,则天下之庸奴爨婢黥髡盗贼亦匍匐而归之矣……幸而一有间世之杰乃能不为之屈，而有声罪致讨之心焉，然又不能究其实见之差而诋以幻见空说，不能正之以天理全体之大而偏引交通生育之一说以为主。则既不得其要领矣……”（《朱文公文集》卷七十《读大纪》）朱熹一方面指责当时的士人被佛家空寂玄妙之说所“诱惑”，另一方面，也指出对佛学的反击不得要领。朱熹虽然也曾“出入于释老者十余年”，于佛老之学有其心得，但是，其入于其中，出于其外，在学术立场上却是旗帜鲜明的。朱熹认为过去儒家辟佛者只不过是从文化的观点反对佛教，未能击中要害，他则试图从理论的源头来辟佛。朱熹认为佛学的心性之学“空豁豁地，更无一物”，必须发明天理之说，挺立儒家“湛然虚明”的心性学说以对抗之。

另外，自北宋中期以来，张载与二程等儒学家对心性问题进行了深入的探讨与开拓，形成了诸多富有价值和内涵的思想与概念。一方面，需要有后来的儒学家继续这一路向进一步进行开掘；另一方面，也需要有后来者能够把以前诸学者提出的心性学说进行整合、梳理、精细和体系化。

首先，唐代儒学的问题是比较清楚的，前文已略述之，概而言之，有觉醒，有开拓，有立场，但是缺少精细和深入的建构。周敦颐对心性论问题虽有“破暗”之功，然有杂糅与太简之嫌。张载理论体系宏大，于理学诸领域皆有所拓及，然而，在其气本论的思想体系下，心之隶属于气，虽力求由形下返形上，但把心明确提升到本体的高度尚显不够。并且，张载之学相对晦涩难懂，其理论的通俗化程度还不足。如清代王植曾在《正蒙初义》中说：“镰、洛、关、闽并垂百世，而《正蒙》之传未若程、朱之书之盛者，义蕴宏深复声句聱牙故也。”（《正蒙初义·臆说十有七条》）程颢之为人“胸怀洒落，如光风霁月”（黄庭坚语），其学亦自是高明，然“说的太广，学者难入”（《朱子语类》卷六十《孟子十》），“说得太深，无捉摸处”（《朱子语类》卷九十五《程子之书一》），学者才不逮，求之难得其道。可见，程颢观天地生物之气象,玩心神明,无将迎无内外,超越而洒脱,为人之气象非常人可及,其说多上达之言,而罕下学之工夫。程门后学谢良佐、杨时等人亦有重本体与境界之偏向。故朱熹曰:“程门高弟如谢上蔡游定夫杨龟山辈,下梢皆入禅学去。必是程先生当初说得高了,他们只睥见一截,少下面着实工夫,故流弊至此。”(《朱子语类》卷一百零一《程子门人》)至于当时陆九渊等人之学,朱熹显然更觉其工夫之不足。朱熹曰:“道学不明,元来不是上面欠却工夫,乃是下面元无根脚。若信得及,脚踏实地,如此做去,良心自然不放,践履自然纯熟。”(《朱子语类》卷十四《大学一》)“上面工夫”就是指形上之心性工夫,“下面根脚”则指的是格物等具体形下的工夫。唐君毅先生说:“今考朱子之所以对其前诸贤之说之所以致疑,与对象山之学之所以反对,虽似有各方面之理由,然通此各方面之理由而观,则不外依朱子之意,此诸贤之言工夫,皆唯在吾人心之发用上,从事察识等工夫,而忽吾人之心之发用,恒不能无气禀物欲之杂之一方面;乃未知于如何对治此杂处,建立一由下学以自然上达之工夫。人之沿此用功者,乃不免与气禀物欲夹杂俱流,泥沙并下,终成狂肆,流弊无穷矣。”①即朱熹对前贤之说有所质疑之处,在于诸贤的关注重点为心之发用,然后用察识的工夫以验证之。朱熹认为这样处理忽视了气禀物欲对于心之发用的影响,盲目强调心之发用,仅以察识处之,最终必将是“夹杂俱流”“泥沙并下”,成为狂肆之学而流弊无穷。

从朱熹的求学历程来看,其于心性学之工夫论处渐为关注,在对待气禀物欲的问题上极为重视,最后笃定乃至严格。朱熹早年醉心于学禅,“驰心空妙”,流连忘返,我们知道,禅学最重“心上”了悟,而轻“手下”工夫。后入二程之学,规模渐备。朱熹的心性论基本上可

①唐君毅:《中国哲学原论·原性篇》,北京:中国社会科学出版社,2005年,第361页。

说是沿着程颐的思想发展而来的，在心性论方面，朱熹为集大成者，熔前儒思想于一炉。远承孟荀，近接张载、二程等人，旁兼张栻、胡宏等人，形成了自家的心性之说。

二、时代使命与道德重建

自秦汉以来，儒学虽然因意识形态的“加持”而被定于一尊，但是其建立在“天人感应”基础之上神秘主义的宇宙论不断地受到玄学和佛学的冲击，儒学自魏晋至唐，日渐式微，已逐渐失去了约束道德人心的主流学说的地位。北宋王朝的建立，群儒辈出，依“因经明道”之旨，一改汉儒注疏之固执，重新阐发儒家经典，融合佛老之说，重建儒学本体论。朱熹在评价周敦颐的历史贡献时曾说过：“秦汉以来，道不明于天下，而士不知所以为学。言天者遗人而无用。语人者不及天而无本。专下学者，不知上达而滞于形器。必上达者不务下学而溺于空虚。优于治己者或不足以及人，而随世以就功名者，又未必自其本而推之也。夫如是，是以天理不明而人欲炽，道学不传而异端起，人挟其私智以驰骛于一世者，不至于老死则不止，而终亦莫悟其非也。宋兴，九嶷之下，舂陵之墟，有濂溪先生者作，然后天理明而道学之传复续。”(《朱文公文集》卷七十九《韶州州学濂溪先生祠记》)应该说，作为儒学发展新形态的理学在北宋时期取得了巨大的成功，在挽救道德人心、重建中华民族精神信仰方面，功莫大焉。

但是，传统王朝政治总是在这样一治一乱中沉浮与循环。在南宋初年，由于金人不断的入侵和曾经盛极一时的北宋悲剧式的灭亡，引发了前所未有的震荡和屈辱，一向坚信受命于天的华夏天朝怎么可能被蛮族欺凌乃至亡国？这无疑对士人阶层的精神世界造成了近乎毁灭性的打击。南宋士人在建国初期的心态正如他们的都城“临安”之名一样，偏安、苟且、投机乃至玩世不恭。在出仕方面，士大夫们都站在“救图存亡”的道德高地上，但是大多数士大夫却害怕被派到地方去任县官或通判，更不用说边远、贫困地区的地方官了。因此，即便京城官僚机构人满为患，员多缺少，却有大量的士大夫等待着肥缺。而在日常生活方面，“临安府风俗，自十数年服饰乱常，习为胡装，声音乱雅，好为胡乐。臣窃伤悼中原士民沦为左衽，延首企踵，欲自致于衣冠之化者，三四十年却不可得。而东南礼仪之民，乃反堕于胡虏之习而不自知，甚可痛也！”（《宋史全文》卷二十五《宋孝宗三》）士人阶层一边对北方民族恨之入骨，一边却又好其服饰与音乐，个中心态颇值得玩味。士人阶层礼教的坍塌，民间道德风俗状况自然也不会让人乐观，如“……自旧相承，无婚姻之礼，里巷之民贫不能聘，或至奔诱，则谓之引伴为妻，习以成风。其流及于士子富室，亦或为之，无复忌惮”（《朱文公文集》卷二十《申严婚礼状》）等，士人和民间两个阶层双双“沦陷”。南宋的民众一部分是从北方因战乱迁徙而来，一部分是南方本有，在这种混合无序又随时可能亡国的巨大精神压力下，企求苟安而不守伦常的倾向也就成了必然。朱熹描绘这个社会，“盖臣窃观今日之天下之势，如人之有重病，内自腹心，外达四肢，盖无一毛一发不受病者”（《朱文公文集》卷十一《戊申封事》），犹如一个病入膏肓的垂死的病人，须用重药来治疗。因此，亟须拯救的世道人心又成了南宋初年必须面对的课题，“从唐末五代到宋代，是一个儒学式微、动荡不宁的乱世，也是一个人性堕落、道德沦丧的衰世。内忧外患交织，积贫积弱却又人欲横流，士子们经受了漫长的信仰断裂、心理失范的迷惘和痛苦，早就企盼着和呼唤着人性救赎的文化伟人的出现，重铸业已失掉精神维系力和亲和力的传统儒家文化的价值观念和民族心理结构”①。在某种意义上，南宋面对的这个挑战可能比北宋初年还要大，因为南宋儒家除了要继续面对佛老的进

①束景南：《朱子大传：“性”的救赎之路》（增订版），上海：复旦大学出版社，2016年，第20页。

逼，还有着面对“夷狄”的欺凌产生的抵抗无力感和文化幻灭感，重塑中原文明的自信亦成了当务之急。

如果历史能够接续北宋所建立的社会政治经济模式和学术理论范式，儒家文化之盛及中华文化之盛不可预期也。当然，历史无法假设，靖康之难这一大变局，宋室仓皇南迁而偏安东南。而偏安之后的第一件事就是要为北宋的灭亡寻找原因，徽、钦二宗的治理之失是没有人敢于说起的，“国事失图”的最终原因就由蔡京上溯归责为王安石实施新政。这样一来，就连神宗至徽宗也都脱干净了罪责。绍兴四年五月由左朝奉大夫范冲为宗正少卿兼直史馆主持重撰《神宗实录》，主导思想就是否定王安石变法。范冲等人有些犹豫不定，但是宋高宗曰：“以吏事召卿，两朝大典皆为奸臣所坏，若此时不更修定，异时何以得本末。”范冲曰：“因论熙宁创制，元祐复古，绍圣以降张弛不一，本末先后各有所因，不可不深究而详论……王安石自任己见，非毁前人，尽变祖宗法度，上误神宗皇帝，天下之乱实兆于安石，此皆非神祖之意。”宋高宗曰：“极是，朕最爱元祐”，“惟是直书安石之罪，则神宗成功盛德，焕然明白”（《建炎以来系年要录》卷七十九）。在归罪于王安石这件事上君臣达成了“共识”，王安石及其变法运动遂成了北宋灭亡的替罪羊了。

王安石新学与二程理学是产生于北宋神宗、哲宗之际的两个对立学派。新学在北宋后期六十余年间均是官学，宋人陈渊曰：“自王氏之学达于天下，其徒尊之与孔子等，动之以卓诡之行，而矜之以华丽之文，如以锦绣蒙覆陷阱，悦而从之，鲜不坠者，行之以六十余年。”（《默堂集》卷十二《十二月上殿札子》）相比之下，二程理学为民间学派，其势显然无法与新学争锋。然而，两派理论主旨相左，故不相得。新学主张自然人性论，甚至肯定杨朱“为己”之学的合理性，“杨子之所执者为己，学者之本也”。新学主张由人之自然物质欲望再推出普遍人性论，进而建立礼乐法度，这才使得道德人性有保障①。新学重视“中人”及以下之人，“圣人经世立法，以中人为制也”，显然，新学的理论主张多承荀子一系而来。

然而，对于主要承孟子一脉下来的理学来说，新学主张是难以接受的，其治学理路是“由礼而仁”，与理学“由仁而礼”的理路是正相反的。理学着眼于“中人以上”者，重心性修养，认为不得“治人”何得“治制”，视制度建构为末节。故理学多批判新学之主张与做法，自程颢、杨时再到朱熹不绝如缕。如神宗尝问明道云：“王安石是圣人否？”明道曰：“‘公孙硕肤，赤舄几几’，圣人气象如此。王安石一身尚不能治，何圣人为？”（《朱子语类》一百三十《本朝四》）杨时则更决绝，他甚至以新学误人误国为名建议褫夺追赠王安石的官爵和礼仪上的荣耀。南宋理学家斥王安石新学为异端邪说“于学不正”“杂揉佛道”或“学本出于刑名度数”等②。朱熹虽然肯定王安石的德行，却对于其学问无情地贬抑，“荆公德行，学则非”，“看来荆公亦有邪心夹杂，他却将《周礼》来卖弄，有利底事便行之。意欲富国强兵，然后行礼义；不知未富强，人才风俗已先坏了！”（《朱子语类》卷七十一《易七》）指责王安石欲先富国强兵再行礼义的施政路线是错误的，还未曾富强就已经败坏了风俗与人心。还说：“今世有二弊：法弊，时弊。法弊但一切更改之，却甚易；时弊则皆在人，人皆以私心为之，如何变得！嘉祐间法可谓弊矣，王荆公未几尽变之，又别起得许多弊，以人难变故也。”（《朱子语类》卷一百零八《论治道》）朱熹认为“法弊”易改，而“时弊”难改，改变“时弊”之要，在于改变人心。因此，朱

①参阅梁涛：《王安石政治哲学发微》，《北京师范大学学报》（社会科学版），2016年第3期，第65页。

②李华瑞、水潞：《南宋理学家对王安石新学的批判》，《河北大学学报》（哲学社会科学版），2002年第1期，第18—22页。

熹认为当下改变的根本不在于制度变革,而在于“正人心”,重拾民众信心。朱熹还批评王安石新法对《仪礼》的变动等等,曰:“自荆公废了学究科,后来人都不知有《仪礼》”,又云,“荆公废《仪礼》而取《礼记》,舍本而取末也”(《朱子语类》卷八十七《礼四》)。因当时新学为官学,有权力兴废学科,朱熹认为这些做法都是在舍本逐末。新学失势、理学家的不断批判,再加之南宋变局,南宋朝廷急需替罪之人,王安石及其新学被南宋彻底遗弃。当然,对王安石及其变法的彻底否定,也意味着通向变革的大门也就此关闭。后来宋理宗在淳祐元年下诏,以周濂溪、二程、张载、朱熹五人从祀孔庙的同时,撤销了王安石的从祀地位,并指责“王安石谓天变不足畏、祖宗不足法、人言不足信,此三语为万世之罪人,岂宜从祀孔子庙庭,合与削去,于正人心、息邪说关系不小,令国子监日下施行”(《咸淳临安志》卷十一《太学》)。对革新派的否定,也就意味着“保守派”获得了良机,南宋的“一些知识分子怀着对变法及其恶果的强烈反感,不仅支持保守主义,而且身体力行,在对儒家遗产的解读中极力强调道德,坚信道德的方法是惟一出路,主张国家和社会都必须遵守道德”①。朱熹强烈地认为,实现社会的自救唯一的出路就是道德重建。

从南宋朝野来看,朱熹及其理学正在成为时代的需要。经历巨大变局侥幸续宋一脉的高宗对女真极度地畏惧,并无真正的光复之志,甚至不惜残害忠武之士以求得苟安。王夫之曰:“三代以下,人君之能享寿考者,莫高宗若也。其志逸,其气柔,其嗜欲浅,而富贵之戕生者无所耽溺,此抑其恬淡知足之自贻也。然而积渐以糜天下之生气,举皇帝王霸憗留之宇宙而授之异族,自此始矣。”(《宋论》卷十《高宗》)在戕害岳飞等主战的忠良之士以后,高宗这种“志逸恬淡”

①[美]刘子健著,赵冬梅译:《中国转向内在——两宋之际的文化内向》,南京:江苏人民出版社,2012 年,第 17 页。

的性格更加漫延开来,“积渐以糜天下之生气”,至高宗末年,南宋一朝,生气与锐气几乎消亡殆尽。绍兴三十二年(1162),高宗把帝位“禅让”给孝宗,提前结束了这种担惊受怕的日子。孝宗即位,年轻气盛,意气风发,“孝宗初立,锐志以图光复,怨不可旦夕忘,时不可迁延失,诚哉其不容缓已”,又,“故孝宗立,奋志有为,而四顾以求人,远邪佞,隆恩礼,慎选而笃信之”(《宋论》卷十一《孝宗》),足见其锐意进取之心切。在这种情况下,重建世人之信心,条顺天下,更是当务之急。

孝宗求贤若渴,朱熹等人得到了高度的重视,“推而上之,朱元晦、张敬夫(张栻)、刘共父(刘珙)三君子者,岂非旷代不易见之大贤哉?”(《宋论》卷十一《孝宗》)孝宗以“三熏三沐”之礼“进三君子于百僚之上”,可见孝宗试图任用圣贤之士以拯救危局的迫切之心。《宋史》载有:

> 孝宗即位,诏求直言,熹上封事言:“……帝王之学,必先格物致知,以极夫事物之变,使义理所存,纤悉毕照,则自然意诚心正,而可以应天下之务。”(《宋史》卷四百二十九《道学三·朱熹传》)

朱熹承孝宗之信任,积极上书,规劝皇帝以格物致知、意诚心正为先,心正而可应天下之事务,孝宗“天颜温粹,酬酢如响”。孝宗开始励精图治,勤于政事,听从朱熹等贤臣之言,似有明君之象。然而,后来贸然北伐而致失利之后,锐气不复如前,对朱熹等人的信任与重用也不如从前。而朱熹之后不断上书,皆坚持以“正心”为主旨劝谏皇帝。

《宋史》载有:

五年，史浩再相，除知南康军，降旨便道之官，熹再辞，不许。至郡，兴利除害，值岁不雨，讲求荒政，多所全活。讫事，奏乞依格推赏纳粟人。间诣郡学，引进士子与之讲论。访白鹿洞书院遗址，奏复其旧，为《学规》俾守之。明年夏，大旱，诏监司、郡守条其民间利病，遂上疏言：

天下之务莫大于恤民，而恤民之本，在人君正心术以立纪纲。盖天下之纪纲不能以自立，必人主之心术公平正大，无偏党反侧之私，然后有所系而立。君心不能以自正，必亲贤臣，远小人，讲明义理之归，闭塞私邪之路，然后乃可得而正。(《宋史》卷四百二十九《道学三·朱熹传》)

此是乾道五年和六年(1169、1170)事，朱熹除南康军，在任上兴利除害，知民间利病，上疏明言其政治主张。在此疏中，朱熹强调“人主之心术公平正大”，则天下纲纪自立。《宋史》载有：

十五年，淮罢相，遂入奏，首言近年刑狱失当，狱官当择其人。次言经总制钱之病民，及江西诸州科罚之弊。而其末言：“陛下即位二十七年，因循荏苒，无尺寸之效可以仰酬圣志。尝反覆思之，无乃燕闲蠖濩之中，虚明应物之地，天理有所未纯，人欲有所未尽，是以为善不能充其量，除恶不能去其根，一念之顷，公私邪正、是非得失之机，交战于其中……愿陛下自今以往，一念之顷必谨而察之：此为天理耶，人欲耶？果天理也，则敬以充之，而不使其少有壅阏；果人欲也，则敬以克之，而不使其少有凝滞。推而至于言语动作之间，用人处事之际，无不以是裁之，则圣心洞然，中外融澈，无一毫之私俗得以介乎其间，而天下之事将惟陛下所欲为，无不如志矣。”是行也，有要之于路，以为“正心诚意”之论上所厌闻，戒勿以为言，熹曰：“吾平生所学，惟此四

字，岂可隐默以欺吾君乎？”（《宋史》卷四百二十九《道学三·朱熹传》）

朱熹上疏直言孝宗皇帝“天理有所未纯，人欲有所未尽”，劝诫孝宗当于一念之间勘定天理与人欲之别，并自谓“正心诚意”四字乃是其平生所学，愿与君王共勉之。由此可以看出，朱熹在“欲得君以行其道”（《建炎以来朝野杂记》乙集卷八《晦庵先生非素隐》）方面可谓不遗余力。在《大学》“正心”之学，不过有三：正己心，正人心，正天下之心。朱熹看来，在“正人心”中，最重要的莫过于“正君之心”，朱熹曰：“天下事有大根本，有小根本。正君心是大本”，“天下事，须是人主晓得通透了，自要去做，方得”（《朱子语类》卷一百零八《论治道》）。朱熹不厌其烦地规劝南宋皇帝“正其心”，就是希望君王能够起到一人正则举国皆正、一人仁则举国兴仁的“示范”作用，能够达到《大学》中所谓“一人定国”的最终效果。

淳熙十六年（1189）二月，宋孝宗下诏传位给皇太子，宋光宗即位。朱熹即书《己酉拟上封事》，上疏劝政。疏曰：“臣闻天下之事，其本在于一人，而一人之身，其主在于一心。故人主之心一正，则天下之事无有不正；人主之心一邪，则天下之事无有不邪……是以古先哲王欲明其德于天下者，莫不一以正心为本……”（《朱文公文集》卷十二《己酉拟上封事》）向新君力荐“正心”之学。后来，宋光宗绍熙四年（1193），朱熹为焕章阁待制兼侍讲，受诏进讲，这无疑是再一次获得了借君行道的机会。儒家经典众多，朱熹他经不选，还是独选《大学》。经筵是封建时代为皇帝或太子特设的经学讲座，朱熹为皇帝讲解了《大学》第一至第六章的内容。朱熹剀切敷陈了“穷理、修身、齐家、治国、平天下”的道理，退而编成讲义进呈，劝光宗熟读《大学》。“清闲之燕，从容讽味，常存于心，不使忘失”，认为“帝王之学不可以不熟讲”，“学与不学，所学之正与不正，关系天下治乱”。后朱熹又把此讲义编成《经筵讲义》,进呈宋宁宗。力图以《大学》的“三纲领”“八条目”为框架,建构以“道德性命”为特征的帝王之学,以儒家的价值理念影响君主,感格君心,致君尧舜,成就君德帝业,重构政治社会生活秩序,实现天下有道的王道理想。明理体道(知)之后,则要做择善固执、惟精惟一的功夫(行),才会“圣德日新,圣治日起”而有“得”(德与业)。“推吾之所自明以及之,始于齐家,中于治国,而终及于平天下”(《朱文公文集》卷十五《经筵讲义》),朱熹认为这正是儒者义不容辞的责任与使命。如果君主能够“有以自新而推以及民,使民之德亦无不新,则天命之新将不旋日而至矣”,反之,如果“君之德昏蔽秽浊而无以自新,则民德随之,亦为昏蔽秽浊而日入于乱。民俗既坏,则天命去之,而国势衰弊,无复光华”,最终导致“灭亡之将至”,国破家亡(《朱文公文集》卷十五《经筵讲义》)①。在朱熹劝谏君王“正心”的过程中,尽管不断有人劝告他“正心、诚意论,上所厌闻,戒勿为言”,而朱熹依然不折不挠地坚持此论,可以看出,朱熹是多么希望用理学尤其心性之学来重塑整个南宋王朝的精神风貌。

①详细内容可参阅王琦、朱汉民:《论朱熹〈经筵讲义〉中的帝学主体意识》,载陈明、朱汉民编:《原道》,长沙:湖南大学出版社,2017年第2期,第50—59页。

第三章　朱熹“理一分殊”的本体论诠释面向及其展开

自原始儒家起，天理与人生的贯通便成了儒学的核心问题。经唐宋儒家之开拓，围绕这一问题形成的理论体系愈加丰富和精致，其中又尤以北宋理学蔚为大观。如何对前贤的思想遗产传承、融合与开新，无疑是朱熹面临的一个重大的课题，其中，首当其冲的是对理学本体论的诠释与建构。学界一般把朱熹的“理一分殊”解读为理与万物、一与多、体与用、一般与特殊的关系，但是，其实这只是其中的一个本体论诠释面向，这里还有一个重要的面向——“分殊体用”。朱熹极力论“一物又各具一太极”之理，故“分殊”处依旧是理气合一和体用兼备的，此即“分殊体用”之义。进而，在这一本体论诠释面向之下，朱熹的思想在各个分殊体系中各具体用地展开。

“理一分殊”是宋明理学的核心命题，经朱熹综合众家之长进一步发挥之后，更是上升到本体论的高度，朱熹借之建立其本体论体系。但是，学界对“理一分殊”阐发多局限于其中的第一个本体论诠释面向，而立足于第二个本体论诠释面向才能理解朱熹的学说乃是理气合一、体用不二的理论体系。

正式提出“理一分殊”理论的是程颐，程颐高度评价了张载的《西铭》，认为《西铭》体现的正是“理一分殊”的道理，这是“扩前圣所未发”(《伊川文集》卷五《答杨时论〈西铭〉书》)。朱熹除了继承张载、二程和李侗的思想之外，还吸纳了佛家的一些思想，进一步丰富和深化了“理一分殊”的思想。朱熹曰:“天地之间,理一而已。然乾道成男,坤道成女,二气交感,化生万物,则其大小之分,亲疏之等,至于十百千万不能齐也……《西铭》之作,意盖如此,程子以为‘明理一而分殊’,可谓一言以蔽之矣。”(《西铭解》)《西铭》本张载赞易之说,太极生两仪而有阴阳、有乾坤,二气交感而化生万物。显然,这里的“理一”对应的是太极,分殊是万物。朱熹曰:“未有天地之先,毕竟也只是理。有此理,便有此天地;若无此理,便亦无天地,无人无物,都无该载了！有理,便有气流行,发育万物。”(《朱子语类》卷一《理气上》)理相对于气有逻辑的先在性,有理便有气,有气则流行发育万物。又有,“天地之间,有理有气。理也者,形而上之道也,生物之本也。气也者,形而下之器也,生物之具也”(《朱文公文集》卷五十八《答黄道夫》第一书),朱熹认为理是形而上之道,是“生物之本”,气是形而下之器,是“生物之具”,理与气是一种形上与形下的关系。又有,“盖至诚无息者,道之体也,万殊之所以一本也;万物各得其所者,道之用也,一本之所以万殊也。以此观之,一以贯之之实可见矣(《四书章句集注·论语集注》)”,理为道之体,气为道之用,理与气是体用关系,是一本与万殊的关系,等等。

目前学界对于朱熹“理一分殊”的解读大多是在上述这个面向上,即把“理一”和“分殊”理解为理与气或理与万物的关系,得出一理统驭万事万物、理散之则为万物、合则为一理的结论。如冯友兰先生把“理一分殊”认定为一般与特殊的关系①,侯外庐等看作是“总体与分支的关联”②,蒙培元认为是“整体与部分、统一性与多样性”的

①冯友兰:《中国哲学史新编》(下卷),北京:人民出版社,1999年,第179—181页。

②侯外庐等:《宋明理学史》(上卷),北京:人民出版社,1997年第2版,第387页。

关系①,等等。在这种本体论诠释面向下,朱熹的本体理论往往被判定为理气二分,此论为学界大多数学者所接受。

第一节 "分殊体用"的本体论诠释面向

一、"自各全具一太极"与"分殊体用"

上述之说只是朱熹"理一分殊"本体论诠释的第一个面向。其实,朱熹"理一分殊"的理论所讲的不只是"理—气"的分殊关系,还包括"理—理"的分殊关系,前一个是"一理之理",后一个是"万理之理"。如:

> 或问"理一分殊"。曰:"圣人未尝言理一,多只言分殊。盖能于分殊中事事物物,头头项项,理会得其当然,然后方知理本一贯。不知万殊各有一理,而徒言理一,不知理一在何处……"(《朱子语类》卷二十七《论语九》)

朱熹指出有人"不知万殊各有一理",又"未知万理本乎一理",表明万理之理者,并非一理之分有,而是理之全体,是"理本一贯"的结果,即一理之理与万理之理俱是同一个理,圆满自足。朱熹同类的表述很多,如:"问:《理性命》章注云:'自其本而之末,则一理之实,而万物分之以为体,故万物各有一太极。'如此,则是太极有分裂乎?曰:本只是一太极,而万物各有禀受,又自各全具一太极尔。如月在天,只一而已;及散在江湖,则随处而见,不可谓月已分也"(《朱子语类》卷九十四《周子之书》),朱熹说得很清楚,万物所禀受者是"自各

①蒙培元:《理学范畴系统》,北京:人民出版社,1989年,第77页。

全具一太极”,万物虽为一理之分殊,而所禀受之理是理的全体,非分有之理。朱熹所作《〈太极图说〉解》核心要说明的就是这个道理:“天下岂有性外之物哉!然五行之生,随其气质而所禀不同,所谓‘各一其性’也。各一其性,则浑然太极之全体,无不各具于一物之中。”(《〈太极图说〉解》)在解周敦颐的《易通》时亦秉持此理:“周子谓‘五殊二实,二本则一,一实万分,万一各正,大小有定’。自下推而上去,五行只是二气,二气又只是一理。自上推而下来,只是此一个理,万物分之以为体。万物之中又各具一理,所谓‘乾道变化,各正性命’。然总又只是一个理。此理处处皆浑沦。如一粒粟,生为苗,苗便生花,花便结实,又成粟,还复本形。一穗有百粒,每粒各各完全。又将这百粒去种,又各成百粒。生生只管不已,初间只是这一粒分去。物物各有理,总只是一个理。”(《〈通书〉解》)其中,“一实万分”即“理一分殊”,“万一各正”即“各正性命”“物物各具一太极”。朱熹还借粟的生长来形象地说明,其中“只是此一个理,万物分之以为体”,这个“体”第一含义为万物之形体,理之分殊处必落入形体;第二含义其实是本体之体,就是“万物之中各具一理”的那个“理”,这个理是“浑沦”之理。“浑沦”二字显然是旁借了佛家的说法,为“浑沦圆俱”之义,浑沦者佛性俱足,用金岳霖先生的话就是“每一个体都反映整个的本然世界”①。可用现代科技中的“全息”理论做类比解释,以前一向认为系统和局部是一种总分的关系,后来发现,局部却携带了系统的全部信息。

朱熹此说在当时就曾受到质疑,在《〈太极图说〉解》流传之后,饱受诘难:“愚既为此说,读者病其分裂已甚,辩诘纷然,苦于酬应之不给也,故总而论之。大抵难者,或谓不当以继善成性分阴阳,或谓不当以太极阴阳分道器,或谓不当以仁义中正分体用,或谓不当言一

①金岳霖:《论道》,北京:中国人民大学出版社,2005年,第66—67页。

物各具一太极。”(《〈太极图说〉解·附辩》)显然,其中主要的诘难都是针对太极分阴阳之后,在阴阳层面,甚至在万物的层面,怎么可能还会“各具一太极”?因此这里列举的四类诘难其实是一个问题,就是时人无法理解为何太极之下还可以再分体用。朱熹不得不进行辩解:“万物之生,同一太极者也。而谓其各具,则亦有可疑者。然一物之中,天理完具,不相假借,不相陵夺,此统之所以有宗,会之所以有元也。是则安得不曰各具一太极哉?”(《〈太极图说〉解·附辩》)朱熹再次强调在一物之中是“天理完具”,不是“假借”和“陵夺”而来,这才是“统之有宗”“会之有元”的秩序井然的严密体系,何疑之有!

显然,朱熹“物物各具一太极”之理深得程颐“体用一源,显微无间”的精妙,他继续说道:“若夫所谓体用一源者,程子之言盖已密矣。其曰‘体用一源’者,以至微之理言之,则冲漠无朕,而万象昭然已具也。其曰‘显微无间’者,以至著之象言之,则即事即物,而此理无乎不在也。言理则先体而后用,盖举体而用之理已具,是所以为一源也。言事则先显而后微,盖即事而理之体可见,是所以为无间也。然则所谓一源者,是岂漫无精粗先后之可言哉?况既曰体立而后用行,则亦不嫌于先有此而后有彼矣。”(《〈太极图说〉解·附辩》)朱熹指出,“言理则先体而后用”只是表达之便,并非体先而用后,“即事而理之体可见”,体在用中,体用不二,理气相即,即体以发用,即用以显体。这样,每一个单独存在的事物,均有体用两面,即本体与属性或实体与功能的统一,我们可以把这种分殊中亦有体用的道理称之为“分殊体用”,这正是朱熹“理一分殊”本体论诠释的第二个面向。朱熹曰:“太极非是别为一物……即万物而在万物,只是一个理而已。”(《朱子语类》卷九十四《周子之书》)“即万物而在万物”之语最切,体用合一,隐显一体,即现象即本质是也,借金岳霖先生语即“共相底关联潜寓于个体界”①。朱熹仍怕众人不明此理,还借用了佛家“月印万川”之喻,镜中月、水中月皆是天上月的全体,无有缺损。前文已略有提及,“月印万川”源自佛家“一即一切,一切即一”的理论,华严宗的创始人法藏用一与多、理与事、本与末、体与用等对应的范畴来论证心性本体,提出“一即一切”“理事无碍”“体用一如”等学说,把佛教心性论进一步向思辨化和形上化的层面上推进。法藏认为:“一切事法,全依性显。是故一尘中见一切事。此事是如理智中如量之境界也。”(《华严经义海百门·种智耀门第三》)表明一切现象与佛法,都是由佛性而起。万相与万法,在真如法界中,虽现种种之差别相,而其本体中则无丝毫之差别。朱熹“万个是一个,一个是万个”(《朱子语类》卷九十四《周子之书》)等语,显然正是华严诸义的形象表达。

然而,朱熹虽曾做过辩解,朱熹“理一分殊”的第二个本体论诠释面依旧被后世所误解,冯友兰先生面对朱子“物物一太极”语时,认为太极总包天地万物之理,物中怎会再有太极?直言感到比较困惑和难解:“我们只能说,一某事物依照某理,而不能说一事物依照一切理。用如此看法,则所谓‘人人有一太极,物物有一太极’者,是一种神秘主义底说法,我们现在不能持之。”②显然,由于冯先生未能把握朱熹“分殊体用”之义,只能以神秘主义的立场悬置之或否定之。抑或大多学者无法理解“分有之体”亦是本体本身,因为这样一来,似乎就会有了“多元本体”或“多层本体”的问题了。对于本体的认识,我们向来都认为本体是唯一的和至上的,无法想象本体是“多元”的和

①金岳霖:“共相底关联有时非常之‘显明’,有时非常之‘隐晦’,但无论如何,它总是潜寓于个体界。”见金岳霖:《论道》,北京:中国人民大学出版社,2005年,第68页。

②冯友兰:《新理学》,《贞元六书》,北京:中华书局,2014年,第52页。

“多层”的，其实在朱熹“理一分殊”的思想体系之下，本体在分殊处称名虽不同，却实则为一，不过都是一理之贯通而已。所谓的“多元”或“多层”，不过是为了方便人们把握的诠释方式而已。确实，其中理解的难点在于，“全体”和“分体”既然是全与殊的关系和体与用的关系，“分体”又如何也是本体呢？朱熹曰：“至诚无息者，道之体也，万殊之所以一本也。万物各得其所者，道之用也，一本之所以万殊也。”(《四书章句集注·论语集注》)其实，在“理一”处，是体用的关系，理气关系不是如母生子那样具有时间上先后的派生关系，而是一种体用关系，即理是气之本体，气是理之发用；而在“分殊”(气)处，亦是体用的关系，分殊者并非被理“抛出”之物，气自理出而理在气中，是即体即用的存在，“天下未有无理之气，亦未有无气之理”(《朱子语类》卷一《理气上》)，这正是“物物一太极”的道理。因此，“理一分殊”之“分”不是“割成片去”，不可做“分割”或“分有”解，而当“禀受”解①。“万殊即一本”，“一本即万殊”，体用是浑然一体的，体在用中，用即是体。“天下之理万殊，然其归则一而已矣，不容有二、三也”(《朱文公文集》卷六十三《答余正甫》)，万殊之理仍是一理，理无二、三之论也。如明代理学家薛瑄(1389—1464)认为，“分殊”是不能够分割的“理一”之理，不能设想有一个不包含“分殊”的理，曰：“统天地万物为一理，所谓‘理一’也；在天有天之理，在地有地之理，在万物有万物之理，所谓‘分殊’也。‘理一’所以统乎‘分殊’，‘分殊’所以行乎‘理一’，非有二也。”(《读书录》卷七)“分殊”即是理的呈现，没有离开“理一”之普遍性的“分殊”，“理一”与“分殊”不是被分裂的两个部分，而是一体两面的整体。因此，要理解“分殊体用”的本体论思想，必须要把握“理一分殊”和“体用一源”之间的理论

①陈来先生训“理一分殊”之“分”为“禀受”之义，见陈来：《朱子哲学研究》，上海：华东师范大学出版社，2000年，第115页。

张力。

朱熹主张的“物物各具一太极”的“分殊体用”思想，在当时就遭受了各方的质疑与诘难，之后又备受历代学者的误解，表明此处乃理解朱熹“理一分殊”思想甚至整个思想体系的一个关键点。其实，朱熹对于“理一分殊”的理解也有一个沉潜蜕变的过程。朱熹自谓其始学多“为儱侗宏阔之言”，李侗诫之曰：“吾儒之学，所以异于异端者，理一分殊也。理不患其不一，所难者分殊耳，此其要也。”闻李侗教导之言，朱熹“心疑而不服”，后“以延平之言反覆思之，始知其不我欺矣”（《闽中理学渊源考》卷五《文靖李延平先生侗学派》）。故此，我们尚须深思明辨之。

二、“体用无定”与“体用兼备”

故此，这正是朱熹为何说“理一分殊”而不说“理一气殊”的原因，恰恰是因为“分殊”者非止气也，理也在“分殊”，而分殊之理却又不是“分理”，依旧是理的全体。这个道理一些学者颇难理解，体即是体，用即是用，怎么可能用中还有体用呢？朱熹提出的“体用无定”说法似能圆满地解决这个疑问。其曰：“自心而言，则心为体，敬和为用；以敬对和而言，则敬为体，和为用。大抵体用无尽时，只管恁地移将去。如自南而视北，则北为北，南为南；移向北立，则北中又自有南北。体用无定，这处体用在这里，那处体用在那里。这道理尽无穷，四方八面无不是，千头万绪相贯串。”（《朱子语类》卷二十二《论语四》）可见，体用有很大的相对性，在不同的体系下，层层处处皆可以体用来论之。朱熹曰：“自男女而观之，则男女各一其性，而男女一太极也；自万物而观之，则万物各一其性，而万物一太极也。盖合而言之，万物统体一太极也；分而言之，一物各具一太极也。所谓天下无性外之物，而性无不在者，于此尤可以见其全矣。”（《〈太极图说〉解》）自阴阳观之，阴阳各一太极；自男女观之，男女各一太极；自万物观之，万物各一太极。“统体太极”和“分体太极”均是一太极，有太极就有阴阳，有本体就有体用。“道一而已，随事著见，故有三才之别，而于其中又各有体用之分焉，其实则一太极也”(《〈太极图说〉解》)，“道一”为“统体太极”，自有体用；“三才”则为“分体太极”，亦各有体用。“如以两仪言，则太极是太极，两仪是用；以四象言，则两仪是太极，四象是用；以八卦言，则四象又是太极，八卦又是用”(《朱子语类》卷二十二《论语四》)，朱熹生动地表达了“体”非止在“统体太极”处，在“两仪”和“四象”的层级结构中，“两仪”自为体而为太极，而“四象”为用，以此类推，“四象”为体而八卦为用，八卦为体，万物为用，就形成了易学所建构的庞大的层层分殊“体用兼备”的体系。束景南先生对“理一分殊”沉潜反思之后，认为其用“体用”观破解了“体一分殊”的问题，他说：“从整个宇宙说是一大体用：万物为一道之用，万理为一道之显；从事事物物说，又物物各是一小体用，一物中有一太极(理)。”①束先生“大体用”“小体用”之说，正是他注意到了“理一分殊”的第二个本体论诠释面向，于“理一”处为“大体用”，于“分殊”处为“小体用”。最终束先生指出，“‘理一’与‘分殊’的关系也是这样，‘理一’之‘体’是大本，但‘分殊’之‘用’是多层次的，正是从这里出发，朱熹建构‘理一分殊’的本体论，规定了多重体用逻辑层次的关系”②。“大体用”和“小体用”构成的“多重体用逻辑层次的关系”的说法颇为创新，生动形象易于理解。“大体用”和“小体用”其实都是一个体用，体用不二，显微无间，大小之分不过是言说的方便法门而已。显然，束先生此说，正是朱熹“体用无定”说的一种

①束景南、杨志飞：《理一分殊：中国文化本体论与方法论的体用模式——中国传统文化思想的普世价值问题》，《浙江社会科学》，2013年第3期，第120页。

②束景南、杨志飞：《理一分殊：中国文化本体论与方法论的体用模式——中国传统文化思想的普世价值问题》，《浙江社会科学》，2013年第3期，第120页。

演绎。

其实,对于本体的形上特性而言,若本体因分殊而有"全体"和"分体"或者"大体"和"小体"之分,哪里还是本体呢?只有在形而下的器的层面才有全与分、大与小之分。之所以我们对分殊之理有"分理"之感,则是为分殊之用所惑,分殊之用的形象或物象只是理之全体的部分呈现而已,但不能因此而否定理的全体性和一致性。理在各个层级那里都是"即体即用"的一体关系,朱熹曰:"才说太极,便带着阴阳;才说性,便带着气。不带着阴阳与气,太极与性那里收附?然要得分明,又不可不拆开说。"(《朱子语类》卷九十四《周子之书》)说太极时须带着阴阳,说性时便带着气,理不离气,气不离理,理气相即,这正是"理气一体浑成"(钱穆语)之理。后来,罗钦顺(1465—1547)也记录了他对朱熹"理一分殊"的体悟过程:"愚尝藉寐以求之,沉潜以体之,积以岁年,一旦恍然,似有以洞见其本末者,窃以性命之妙,无出'理一分殊'四字,简而尽,约而无所不通,初不假于牵合安排,自确乎其不可易也。盖人物之生,受气之初,其理惟一,成形之后,其分则殊。其分之殊,莫非自然之理,其理之一,常在分殊之中,所以为性命之妙也。语其一,故人皆可以为尧舜,语其殊,故上智与下愚不移。圣人复起,其必有取于吾言矣。"(《因知记》卷上)显然,罗钦顺多年以来对"理一分殊"的理解也只是停留在第一个面向上,但是他不断潜心体会,终于体悟出朱熹所言之"理一分殊"乃是"理气不相离""理存在于气之中""理气为一物"等义,非理气二分,而是"理气为一",在分殊处亦是体用俱备,即用即体,体用不二。钱穆谓此理为"理气混合一元论"或是"理性一元论","朱子言理气,乃谓其一体浑成而可两分言之,非谓是两体对立而合一言之也。此层最当明辨,而后可以无失朱子立言之宗旨"①。郭齐勇、汪学群曾赞赏钱

①钱穆:《朱子新学案》(一),成都:巴蜀书社,1986 年,第 163 页。

穆先生此说之功，“钱穆用理气一体浑成的道理解决了学者对理气二元或一元的争论，也用心性一体两分的道理，打破了思想界关于程朱与陆王的门户之见”①，钱穆先生正本清源、一正视听之意义非凡，但是，遗憾的是，这种误解和争论仍旧在继续。

另外需要辨析的一个问题是，现代学者赖尚清先生把分殊之理称作“类理”或“类极”，“太极在生成演化过程中进一步分殊为‘类理’”②，认为某一特殊的类所具有的类理和此类所包括的所有具体事物之间是“理一分殊”的关系，应该说，赖先生也已经敏锐地意识到了这个问题，即只把“分殊”部分当作“理一”的发用、现象等，无法解决朱熹“物物一太极”的问题，于是他试图确立“类理”或“类极”为分殊处的“理一”，因之再开展下一层级的“理一分殊”。但是，他对“类理”或“类极”与“统体太极”的关系问题语焉不详，给人一种“类理”是天理的“分理”之感。而在文末他给出的结论为：“我们还必须指出的是，虽然朱子说物物都有‘太极’之理之全体，但是，由于事物气禀的差异的拘蔽，所以此‘太极’全体之理又只能分殊呈现为‘类理’，即只是气质之性。”③如果赖先生最终把“类理”认作是气质之性的话，表明他还未能真正领会朱熹“体用无定”之义，基本可以判定他之前的探索又回到了起点，显然，气质之性属于气的层面，是无法成为下一级体用关系中的本体的。

①郭齐勇、汪学群：《钱穆学术思想探讨》，《学术月刊》，1997年第2期，第20—26页。

②赖尚清：《朱子哲学中的“太极”与“理一分殊”》，《中国哲学史》，2016年第4期，第49页。

③赖尚清：《朱子哲学中的“太极”与“理一分殊”》，《中国哲学史》，2016年第4期，第51页。

第二节　朱熹哲学之本体论诠释的展开

由上述可知，朱熹哲学体系实际是以“分殊体用”的本体论诠释模式在各个领域各具体系地展开。朱熹曰：“程子曰：心也、性也、天也，一理也。自理而言谓之天，自禀受而言谓之性，自存诸人而言谓之心。”（《四书章句集注·孟子集注》）显然，朱熹从程颐之说，心、性、天皆是一理，均可为本体，而三者乃是循分殊之因成其为本体，可谓理一而名殊。后来，朱熹与其门人曾详论此事：

> 问：“天与命，性与理，四者之别：天则就其自然者言之，命则就其流行而赋于物者言之，性则就其全体而万物所得以为生者言之，理则就其事事物物各有其则者言之。到得合而言之，则天即理也，命即性也，性即理也，是如此否？”曰：“然。……”（《朱子语类》卷五《性理二》）

天、命、性、理四者就从其名而求其异来看，四者皆由所因而成其所是；在“得合而言之”的立场上来看，四者皆是同一个理，名殊而理一，因此就有“天即理”“命即性”“性即理”的等量齐观的结果。朱熹在他处还有“心即理”“太极即理”“太极为心”“太极便是性”等诸多类似的判定，其实是同一个本体论诠释的逻辑所致。故此，朱熹的思想体系中乃是理本、性本、心本、命本、太极本体等等“多元”并举，此“多本论”的局面正是“分殊体用”本体论诠释面向的必然结果。我们试图对其中“分殊体用”体系的展开进行呈现。

一、“性即理”

我们可以按照“分殊体用”的本体论诠释面向解读朱熹的“性

理"领域的理论体系。首先,理与性的"理一分殊"的体用关系为理本而性用。

朱熹曰:"性即理也。在心唤做性,在事唤做理。"(《朱子语类》卷五《性理二》)又,"天下无无性之物。盖有此物,则有此性;无此物,则无此性"(《朱子语类》卷五《性理一》),"性是许多理散在处为性"(《朱子语类》卷五《性理二》),理之在物则为性,这正是"理一分殊"的体用关系,理为体,性为殊,万物因其获得是其所是的规定性方可成其所是。

《朱子语类》载:

> 问:"性固是理。然性之得名,是就人生禀得言之否?"曰:"'继之者善,成之者性。'这个理在天地间时,只是善,无有不善者。生物得来,方始名曰'性'。只是这理,在天则曰'命',在人则曰'性'。"(《朱子语类》卷五《性理二》)

从逻辑关系上来看,理在先,物生之后才有"性"之名,故理先性后,理为体性为用。或从"分殊体用"的角度来看,性是理之"分体"。同时可以看出,朱熹在规定"性"理时,不只是强调创造万物时的"自然和谐"与"预定和谐",而是已把道德的因素糅合了进去:从天理的角度来说,人之受命于天,所赋得的是无有不善的性;反过来,在人的角度上来说,人也"理所应当"地展现出此无有不善之性来,否则将会是"不善"的。杨儒宾先生说:"实际上,朱子是把'性即理'与'性善'这两个概念等同了,他扩大了孟子仅使用'性善'于人伦世界的范围,将它运用到一切可能存在的世界中去",又说,"朱子设计这种世界观,其结果实际上是完成了一种主体性的改造。如果说汉唐儒者所看到的道德是人伦日用中实践的道德,人伦日用是主导性的价值世界之理念;朱子则把人性定位在一种超越的层次上,这样的设想在以往的儒学传统中是非常陌生的”①。朱熹这种主体性的改造,把人性定位在超越的层次上,其实就是把人性本体化了。

其次,在“分殊体用”的本体论诠释面向之下,“性即理”的“理一分殊”下一层级的体用关系自然就转化为“性一气殊”或“性本情用”。在朱熹看来,人性即天理,人性皆善(理一),但因气禀不同(分殊),故性同而情异。“才说性时,便有些气质在里。若无气质,则这性亦无安顿处”(《朱子语类》卷四《性理一》),说性时,必带着气,否则性(理)无“挂搭处”。“未有此气,已有此性。气有不存,而性却常在”(《朱子语类》卷四《性理一》),就逻辑关系来说,性先气后,性本而气殊。然而,性一为何气殊,万物“各一其性”处可是“全性”(全理)?《朱子语类》有:

> 问:“人物皆禀天地之理以为性,皆受天地之气以为形。若人品之不同,固是气有昏明厚薄之异。若在物言之,不知是所禀之理便有不全耶,亦是缘气禀之昏蔽故如此耶?”曰:“惟其所受之气只有许多,故其理亦只有许多……”又问:“物物具一太极,则是理无不全也。”曰:“谓之全亦可,谓之偏亦可。以理言之,则无不全;以气言之,则不能无偏。”(《朱子语类》卷四《性理一》)

人与物禀天地之理以为性,所禀受者皆是“全性”(全理),然气有昏明厚薄之异,故气质之性有全有偏。人之气质之全与偏,则体现在情上各异。“性者,心之理;情者,性之动”,“四端,情也,性则理也。发者,情也,其本则性也”(《朱子语类》卷五《性理二》),性之所动,或所发者,气也,于人则为情也。朱熹借程子之语曰:“其中具生

①杨儒宾:《异议的意义——近世东亚的反理学思潮》,台北:台湾大学出版中心,2012年,第18—19页。

之理是性,阳气发生处是情。”(《朱子语类》卷五《性理二》)气之所发是情,气有清浊,则情有长短,故有恻隐、羞恶、辞逊、是非。进一步,情发出者为欲,“欲是情发出来底。心如水,性犹水之静,情则水之流,欲则水之波澜,但波澜有好底,有不好底”(《朱子语类》卷五《性理二》),进而有“明天理,灭人欲”之说,“自非圣人全体太极有以定之,则欲动情胜,利害相攻,人极不立,而违禽兽不远矣”(《太极图说解》)。与情相联系的,还有意、志、才等范畴,“情又是意的骨子,志与意都属情”(《孟子或问》卷十一)。由此下来,即是朱熹性、情、欲、意、志等情感意志与人生修养之系列的展开。

二、“心即理,理即心”

同理,在朱熹哲学体系中,还会有心本与理本并立的问题。心与理的关系问题是整个理学的基本范畴。理学的出现,在本质上就是为儒家道德心性学说提供一种更具必然性的说明,并不能由此把心性学说作为第二位的理论范畴看待。

首先,理与心的体用关系为理本心用。理于万物有逻辑的先在性,理先气后,有气则有人之形体,而有感官之心在。“心者,气之精爽”(《朱子语类》卷五《性理二》),朱熹把心作为一个具体的身体器官的表述是非常明确的,心与身体其他部位一样都是气之凝结而来,“理无心,则无着处”(《朱子语类》卷五《性理二》),感官之心是理之承载处。心之为“至灵”之器官,有知觉之功能,“人心是知觉”(《朱子语类》七十八《尚书一》),不是说人心等于知觉,乃是说人心具有知觉之能。朱熹曰:“所觉者,心之理也;能觉者,气之灵也。”(《朱子语类》卷五《性理二》)心虽是理之承载处,然心的知觉功能在于心中之理,故理为体,心为用。

其次,心本论的体用关系为心本性用。朱熹又曰:“惟心无对。”(《朱子语类》卷五《性理二》)无对者,为形而上者,仅本体也;有对者，为形而下者，分殊也。这显然是在本体意义上言心，心一有动静则有阴阳，则为发用。“心之全体湛然虚明，万理具足”（《朱子语类》卷五《性理二》），“心包万理，万理具于一心”（《朱子语类》卷九《学三》），能够“湛然虚明”“万理具足”“心包万理”，又能够“流行该遍”“贯乎动静”，非本体不能为此也。朱熹“心具万理”之说，是指万理已经先天地内具于心中。显然，这与陆九渊所言“心即理”之说具有很大的相似性，这一点被忽视或误解了。朱熹曰：“今日明日积累既多，则胸中自然贯通。如此，则心即理，理即心，动容周旋，无不中理矣。”（《朱子语类》卷十八《大学五或问下》）可见“心即理”或“理即心”的表述也并非陆九渊的“专利”。问：“人心形而上下如何？”曰：“如肺肝五脏之心，却是实有一物……”朱熹已经明言，人心分形上与形下，形下之心即气质之心、形器之心，为人体一器官，而形上之心则为形下之心的本体与主宰。“虚灵自是心之本体，非我所能虚也。耳目之视听，所以视听者即其心也，岂有形象。然有耳目以视听之，则犹有形象也。若心之虚灵，何尝有物！”（《朱子语类》卷五《性理二》）气质之心则有形体，可助耳目而有视听，然虚灵之心则无形无象，无物可言，是为本体之心。

因心之“流行该遍”，故不只是人有此心，万物亦皆有此心。朱熹曰：“天下之物，至微至细者，亦皆有心，只是有无知觉处尔。且如一草一木，向阳处便生，向阴处便憔悴，他有个好恶在里。”（《朱子语类》卷四《性理一》）心之能够“流行该遍”于万物，也恰证明了心之本体之性。心具有的自觉之所以存在为其自身的能力，所形成的“体”即为本体，此处的心是即本体即主体的。甚至，由于有此“心”，而有此“性”，此心较之此性还有其逻辑在先性。金春峰先生说：“朱熹提出本心、仁义之本心或本体之心，与陆象山一样，亦是为了区别于思虑营为之心或私欲、意见之心、习俗之心的。此种心或本心、本体，在朱熹体系中，亦是人人所同具，万世一揆，是形而上的超时空的绝对，和陆象山所讲一样。”①从本体论的层面来看，朱陆对心的界定其实并无本质的差别。只是朱熹处不同的是，理于形上处只是一，而一旦落入形下处，则因气禀之不同而有分殊。心具众理，天理先天而自然地内具于人心之中；而物有万殊，心必以众理与万物相印合而使心物合一。显然，把主体本体化并非象山之独创，朱熹亦置心于本体高度。显然，受佛家的影响，宋儒亦多有此理论自觉，只是象山推之至极而已。

在这一理论体系下，朱熹因袭张载之说，最具代表性的就是“心主性情”说。“问‘心统性情’。曰：‘性者，理也。性是体，情是用。性情皆出于心，故心能统之。统，如统兵之‘统’，言有以主之也……”（《朱子语类》卷九十八《张子之书一》）在性与情的分殊体用的体系下，性本而情用，而在心本论的分殊体用的体系下，性情皆出于心，心对性情具有先在和主宰的地位与作用，故心为本性情为用。

言心本者，是从人之主体性可以把握天理的角度而言；朱熹兼顾了人的主观性和客观性两个维度。所谓心体，既有主体之义，又有本体之义，既不离个体的知觉之心，又是超越的普遍的“绝对精神”，这个“绝对精神”是“建构”世界与给予价值的根本。在谢林哲学那里，把这一问题进行得更加彻底，他提出了“存在的绝对同一性”和“主体的绝对同一性”的“同一哲学”，可以作为“他山之玉”帮助我们理解心体兼主体与本体的问题②。

---

①金春峰：《朱熹哲学思想》，台北：东大图书股份有限公司，1998年，第273页。

②对于这种“分殊体用”的诠释模式的理解可以旁参德国哲学家谢林（Friedrich Wilhelm Joseph Schelling）“同一哲学”的立场，他说：“既不存在单纯的主观也不存在单纯的客观，我们认为，绝对者只有作为那些对立的否定才是主观和客观的绝对同一性。”（[德]谢林著，先刚译：《哲学与宗教》，北京：北京大学出版社，2017年，第29页）在朱熹学说中，心倾向主观，性或理倾向客观，它们其实谁都不是“绝对者”，而只是在对立的否定中获得相对的“绝对者”的地位。或者，可以把心、性、理等看作是对“绝对者”的同一表达。

综上,朱熹"理一分殊"理论有两个本体论诠释面向,第一个面向一般理解为理本气殊,理与气(万物)是总体与分支、一般与特殊、统一与多样的关系。而在第二面向下,朱熹认为万物"自各全具一太极",故"理一分殊"还有"分殊体用"之义,在"理一"处自有体用,而在"分殊"(气)处,亦各有体用,是即体即用的存在。在"分殊体用"的本体论诠释面向下,朱熹哲学体系在各个领域各具体系地展开。在性与理领域,理与性的体用关系首先为理本而性用;在"分殊体用"的诠释面向之下,"性即理"的下一层级的体用关系就转化为"性一气殊"或"性本情用"。在心与理领域,理与心的体用关系首先为理本心用;在"分殊体用"的诠释面向下,心本论的体用关系为心本性用和心主性情。

在这里,我们只是对朱熹"性即理"与"心即理"的两个理论领域略做梳理,以为示例。当然,在朱熹的理论体系中,非止这二例,还有心与性、心与气、性与命、太极与阴阳等等,皆是如此这般依照"分殊体用"的本体论诠释方式各自展开和下贯,形成相对独立的理论体系,后文将一一详述。然而这些众多的理论体系之间又是内在关联的,在关联和融通之中形成一个庞大的理论体系。成中英先生说:"相应于康德,朱熹的重大贡献在他的超融的理的思考活动中进行了一场'无声的革命',即是分别主体与客体而又合两者为一的思想格局的提出,这既是知识论的,又是形而上学的,既是价值哲学的,又是道德哲学的。他开辟了一个超融本体论的思考",成先生所谓的"超融""指的是提升概念以超越地融合众异与众端,透显秩序与层次,以见一体中之多元与多元中之一体"①。成先生的"超融本体论"与我们所说的"分殊体用"理论有内在的相似和相通之处。但是,必须注意"理一"与"分殊"、"一体"与"多元"之间的内在张力。

①[美]成中英:《论重新诠释、理解与评价朱子——朱熹与中西哲学比较》,《中华文化论坛》,2006 年第 1 期,第 141—142 页。

第四章　朱熹论心与性

在朱熹“分殊体用”的本体论诠释模式之下，我们首先详细梳理其心与性的关系。

心性问题成为宋明理学的主题，在北宋时期就已经进行了深入的讨论，到南宋时，整个学术的态势似乎演化成了朱熹理学与陆九渊心学的二元对峙。也故此，谈心性问题似乎成了陆氏心学一脉的“专利”，朱熹似乎从不涉足此领域。但是，我们通过梳理会发现，朱熹不仅不是“罕言”心性之学，而是大谈特谈，甚至在理论的基本面貌上来看，和陆氏之说有很大的一致性与相似性。

第一节　论“心”

朱熹的性理之学历来是学界关注的重点，近年来，关于朱熹心性论的讨论也逐渐多了起来，这是令人欣喜的现象，但是关于如何看待和定位朱熹“心”的问题，争议也颇多。主要的学者有钱穆、牟宗三、冯友兰、蒙培元、张立文、陈荣捷、刘述先、陈来、金春峰、蔡方鹿、吴震等。各位学者均对朱熹之“心”进行了分类式的诠释，最终通过论证为之定性。如蒙培元先生认为，“心”有三种主要含义：一是道德之心，二是理智之心，三是虚灵明觉之心。吴震先生则列举了几乎所有可能的含义，认为可以分为：“知觉义、主宰义、本然义、体用义、虚灵义、管摄义、贯通义、功能义、活动义、动静义、无穷义、生道义、善恶义等等。”①其他各家不一而足。蒙培元说:“一般认为,朱熹继承程颐,主张理具于心,故心性为二,反对心性合一。其实,这只是问题的一方面,事实上,朱熹的心性论决不如此简单。”②我们认同蒙培元先生的观点,朱熹的心性论不可以如此简单地给予判定。我们仅以“心”的概念为例,试图从“心”的多义性和统一性的角度进行重新梳理和认识。

在朱熹这里,“心”的概念集合了前儒的各种义涵,因此会显得多义和繁杂。首先,我们需要厘清朱熹“心”之本义,通过梳理会发现,朱熹几乎在各个意义上都去定义和“使用”了“心”,“心”的义涵在朱熹处达到了极盛。总体说来,朱熹之“心”可分为形上与形下两大类。为了使这两大类的分疏更为明晰,形上类又可以分为本体义和主宰义;形下类可分为器官义与知觉义。

一、多义性

钱穆先生曾说,自隋唐至明末,“只有朱子,把人心分析得最细,认识得最真。一切心学的精彩处,朱子都有。一切心学流弊,朱子都免。识心之深,殆无超朱子之右者”③。钱穆先生对朱熹“心学”之盛赞似有过誉之嫌,但是,朱熹论“心”之丰富可能确实超出我们以前的想象与成见。

1. 本体义

朱熹曰:

> 心之全体湛然虚明,万理具足,无一毫私欲之间;其流行该

①吴震:《朱子思想再读》,北京:生活·读书·新知三联书店,2018年,第103页。
②蒙培元:《理学范畴系统》,北京:人民出版社,1989年,第207页。
③钱穆:《中国学术思想史论丛》(五),北京:九州出版社,2011年,第260页。

> 遍，贯乎动静，而妙用又无不在焉。（《朱子语类》卷五《性理二》）

能够“湛然虚明”“万理具足”，又能够“流行该遍”“贯乎动静”，非本体不能为此也。《朱子语类》曰：“致道谓‘心为太极’，林正卿谓‘心具太极’，致道举以为问。先生曰：‘这般处极细，难说。看来心有动静：其体，则谓之易；其理，则谓之道；其用，则谓之神。’”（《朱子语类》卷五《性理二》）朱熹门人问“心为太极”还是“心具太极”，朱熹以“其体，则谓之易；其理，则谓之道；其用，则谓之神”之语答复之，此语何意？“心”是如何和“太极”发生关联的？且与“心”之理又有何关联呢？在《朱子语类》的另一处，朱熹点明了此语乃是程颢言易之语。

> 问：“情与才何别？”曰：“情只是所发之路陌，才是会恁地去做底。且如恻隐，有恳切者，有不恳切者，是则才之有不同。”又问：“如此，则才与心之用相类？”曰：“才是心之力，是有气力去做底。心是管摄主宰者，此心之所以为大也。心譬水也；性，水之理也。性所以立乎水之静，情所以行乎水之动，欲则水之流而至于滥也。才者，水之气力所以能流者，然其流有急有缓，则是才之不同。伊川谓‘性禀于天，才禀于气’，是也。只有性是一定。情与心与才，便合着气了。心本未尝不同，随人生得来便别了。情则可以善，可以恶。”又曰：“要见得分晓，但看明道云：‘其体则谓之易，其理则谓之道，其用则谓之神。’易，心也；道，性也；神，情也。此天地之心、性、情也。”（《朱子语类》卷五《性理二》）

朱熹引明道言易之语乃是为了给其门人说明情与才的关系（并

涉及心、性、情、欲、理、气等概念),依明道语,易为本体,道为易之理,神为易之用。顺此,朱熹以心比易,即心为本体,性为道行之理,情为心之发用①。朱熹立本体为太极,从主体对于万事万理之纵贯统摄意义上来说,心即是太极,即心亦为本体。

因心之"流行该遍",故不只是人有此心,万物亦皆有此心。朱熹曰:"天下之物,至微至细者,亦皆有心,只是有无知觉处尔。且如一草一木,向阳处便生,向阴处便憔悴,他有个好恶在里。"(《朱子语类》卷四《性理一》)心之能够"流行该遍"于万物,也恰证明了心之本体之性。明乎此理,才能明白朱熹所说"发明心字,曰,一言以蔽之,曰,生而已","心是个没思量底,只会生"(《朱子语类》卷五《性理二》),能生万物者,心者,无它,此心即本体也。成中英先生说:"作为一个主体,'心'固然是源于'性'的,但若以我所常用的'本体'概念观之,则能清楚地厘清两者的关系。'性'是一个'体',可谓之性体。此性体是一个整体的存在,内里涵有一些表达与行为的活动能力。而这种能力有一定的方式、方向,具备目的性。具有这样内涵的'性',引起了一种自觉,即成为'心',产生了一种'心'的主体性。所谓'心'的自觉,即是'心'能自己了解其自身,觉知其之所以存在为其自身,形成了自己的'体'。"②心具有的自觉之所以存在为其自身的能力,所形成的"体"为主体,亦为本体,此处的心是即本体即主体的。甚至,由于有此"心",而有此"性",此心较之此性还有其逻辑在

①朱熹还有类似的阐述:"元亨利贞,性也;生长收藏,情也;以元生,以利收,以贞藏者,心也。仁义礼智,性也;恻隐、羞恶、辞让、是非,情也;以仁爱,以义恶,以礼让,以智知者,心也。性者,心之理也;情者,心之用也;心者,性情之主也。程子曰:'其体则谓之易,其理则谓之道,其用则谓之神。'正谓此也。"(《朱文公文集》卷六十七《元亨利贞说》)

②[美]成中英:《朱熹论"人心"与"道心"——从心的主体化与主宰性到道德心的实践》,《陕西师范大学学报》(哲学社会科学版),2017年第6期,第69页。

先性。

2. 主宰义

主宰之义只有当心之被确定为本体之后才可能产生，本体之为本体，因它是一切存在的根源。在朱熹的理论中，心的主宰义有两个维度，其一是心对于身体与外物的主宰，其二是心对于性、理等的主宰。如：

> 心是神明之舍，为一身之主宰。(《朱子语类》九十八《张子之书一》)
>
> 所谓心者，固主乎内，而凡视听言动、出处默之见于外者，亦即此心之用而未尝离也。(《朱文公文集》卷四十五《答杨子直一》)

这些是讲心对于身体和外物的主宰之义，心主宰与支配着身体，人之可以视听言动，皆是心在内的支配所致。并且，心之为主，而非为客，命于外物而不为外物所命。

> 问："天地之心，天地之理。理是道理，心是主宰底意否?"曰："心固是主宰底意，然所谓主宰者，即是理也，不是心外别有个理，理外别有个心。"又问："此'心'字与'帝'字相似否?"曰："'人'字似'天'字，'心'字似'帝'字。"(《朱子语类》卷一《理气上》)
>
> 道夫窃谓："……亦如今人以性命言太极也。不知是否?"曰："太极便是一，到得生两仪时，这太极便在两仪中；生四象时，这太极便在四象中；生八卦时，这太极便在八卦中。"(《朱子语类》卷二十七《论语九》)
>
> 心，譬如官人一般，差去做官；性，譬如职事一般。(《朱子语

类》卷四《性理一》)

景绍问心性之别。曰:"性是心之道理,心是主宰于身者。四端便是情,是心之发见处。四者之萌皆出于心,而其所以然者,则是此性之理所在也。"(《朱子语类》卷五《性理二》)

以"天命之谓性"观之,则命是性,天是心,心有主宰之义。然不可无分别,亦不可太说开成两个,当熟玩而默识其主宰之意可也。(《朱子语类》卷五《性理二》)

上述则皆是表达心主宰性、命、理等。太极贯彻于八卦万物之中,皆有主宰贯穿之义,故以性命言太极,朱熹以心比之为太极,而心亦如太极之主宰于性、情、理、气之中。蒙培元说:"所谓心体,既有主体之义,又有本体之义,既不离个体的知觉之心,又是超越的普遍的绝对。一句话,心体就是性,就是理。由于它是超越的本体存在,因而是一身之主宰,也是万事万物的主宰。"①蒙培元先生认为朱熹的心性论是心主宰天地万物的心本体论,心之所以成为主宰,不仅仅是从认知功能而言,主要是从本体论和存在论的意义上说的,心既是认知主体,又是主宰天地万物的本体。刘述先虽有强调朱熹之"心"的主宰意义:"在朱子思想之中,心占一枢纽性的地位,性即理,情欲则是气机鼓荡的结果。心是气之精爽者,故以理御情,令喜怒哀乐之情发而中节,故有一主宰之意义。"②但是,刘述先仍然是把心放在形而下的层面上讨论的,显然他受牟宗三影响较深。我们的疑问则是,既然心是形而下之气,又如何能驾驭情呢?

①蒙培元:《中国心性论》,台北:台湾学生书局,1990年,第364页。

②刘述先:《朱子哲学思想的发展与完成》,台北:台湾学生书局,1982年,第197页。

3. 器官义

朱熹曰：

> 所觉者，心之理也；能觉者，气之灵也。(《朱子语类》卷五《性理二》)
>
> 心者，气之精爽。(《朱子语类》卷五《性理二》)

朱熹把心作为一个具体的身体器官的表述是非常明确的，心与身体其他部位一样都是气之凝结而来，但是，心之不同于其他部位者，它是“气之精爽”，即心是由精华清爽之气聚结而来，而其他部位的气相对浊滞一些。对于气论的运用，显然朱熹多继承了张载之说。又曰：

> 肺肝五脏之心，却是实有一物……(《朱子语类》卷五《性理二》)
>
> 心官至灵，藏往知来。(《朱子语类》卷五《性理二》)

心作为人体器官之一，却有“至灵”之能，可以“藏往知来”。这些功能自然首先是建立在血肉之心基础上的。

4. 知觉义

心之为“至灵”之器官，有知觉之功能，朱熹于此也多有阐述。朱熹曰：“人心是知觉。”(《朱子语类》七十八《尚书一》)不是说人心等于知觉，乃是说人心具有知觉之能。又曰：“心者人之知觉，主于身而应事物者也。”(《朱文公文集》卷五十五《大禹谟解》)人心有知觉之能，故可以主宰身体去响应事物。心之何以能如此？朱熹认为是心中有“理”的缘故，“所觉者，心之理也；能觉者，气之灵也”，“所知觉者是理。理不离知觉，知觉不离理”(《朱子语类》卷五《性理二》)。

所谓“气之灵”之义，并非说气使心具有了知觉之能，而是气之精爽与理相合才具有了知觉之能。朱熹曰：

> 问：“知觉是心之灵固如此，抑气之为邪？”曰：“不专是气，是先有知觉之理。理未知觉，气聚成形，理与气合，便能知觉……”（《朱子语类》卷五《性理二》）

这一点朱熹还是贯彻了其“理在气先”之说，朱熹认为先有知觉之理，方有知觉之能。反过来，心之知觉能力于形下可感知万物，于形上则可知觉形上之理，“所觉者理也”。金春峰先生说：“此心此理是超越的（超时空的）形而上，但它就在形而下的实存之心中。它因心而存、因心而发。”①因此，心在本体层面上，与理合一，但是一旦进入形而下的知觉层面，心则可以阴阳论之：

> 性犹太极也，心犹阴阳也。太极只在阴阳之中，非能离阴阳也。然至论太极，自是太极；阴阳自是阴阳。惟性与心亦然。所谓一而二，二而一也。（《朱子语类》卷五《性理二》）

前文提及朱熹门人来问“心为太极”和“心具太极”之义，表明朱熹往日已经言之，此处朱熹又说“心犹阴阳”，乍看来，岂不是矛盾吗？其实，这是就心之发动处而言，心之发动，即为知觉，心区分万物而为阴阳也。故曰“一而二，二而一”。

从上述可以发现，朱熹之“心”义涵广博，几乎涉及了“心”的所有可能的含义，自然，也包括了陆九渊所定义的“本心”之义。朱熹之“心”的博杂性也就注定了朱熹“心”学的包容性和开放性比陆氏更

①金春峰：《朱熹哲学思想》，台北：东大图书股份有限公司，1998年，第73页。

甚，当然，相较于陆氏的心学，朱熹“心”学无疑增加了难以厘清和被人误解的风险。

二、统一性

朱熹所论之“心”义多而繁杂，而朱熹自谓曰：“心是贯彻上下，不可只于一处看”（《朱子语类》卷九十五《程子之书一》），又曰，“心者体用周流，无不贯彻”（《朱文公文集》卷四十《答何叔京》）。这句话是理解其心性论的点睛之语。那么，心又何以能贯通上下呢？或者，心是凭借什么贯通上下的呢？朱熹曰：

> 心者人之神明，所以具众理而应万事者也。（《四书章句集注·孟子集注》）
>
> 或问：“心之神明，妙众理而宰万物。”曰：“神是恁地精彩，明是恁地光明。”（《朱子语类》卷十七《大学四》）

心之贯通形而上下者，“神”或“神明”也。

> 问：“人心形而上下如何？”曰：“如肺肝五脏之心，却是实有一物。若今学者所论操舍存亡之心，则自是神明不测。故五脏之心受病，则可用药补之；这个心，则非菖蒲、茯苓所可补也。”问：“如此，则心之理乃是形而上否？”曰：“心比性，则微有迹；比气，则自然又灵。”（《朱子语类》卷五《性理二》）
>
> “问：‘先生尝言，心不是这一块。某窃谓，满体皆心也，此特其枢纽耳。’曰：‘不然，此非心也，乃心之神明升降之舍。人有病心者，乃其舍不宁也。凡五脏皆然。心岂无运用，须常在躯壳之内。譬如此建阳知县，须常在衙里。始管得这一县也。’”（《朱子语类》卷五《性理二》）

心是包含了形而上与形而下的整体,心既是形而上之体,又是形而下之用,是体用合一的全体。“心是神明之舍”“乃心之神明升降之舍”,表明心不但是“神”或“神明”居藏之地,还是其升降出入之地。朱熹这些表述多为学者们所忽略。

> 蔡季通聪明,看得这般处出,谓先生下此语最精……又举《通书·动静篇》云:“‘动而无静,静而无动,物也;动而无动,静而无静,神也。动而无动,静而无静,非不动不静也。物则不通,神妙万物。’动静者,所乘之机也。”(《朱子语类》卷五《性理二》)

在本体处,心无动静,神亦无动静。知觉就是在官能上而言,有此器官,必有此官能。心为藏神之地,神之动,知觉思虑也。“心官至灵,藏往知来”,心作为一个功能器官,之所以能够“藏往知来”者,皆因有“神”也。朱熹对“神”或“神明”的重视,有其理论渊源,如前文所述,其实在先秦儒家那里就有论“神”的传统,以《易传》为一典范。后来,朱熹对道教心性之学也有旁参,因此他自然而然以“神”来贯通形而上下。如:

> 问魂魄。曰:“魄是一点精气,气交时便有这神。魂是发扬出来底,如气之出入息。魄是如水,人之视能明,听能聪,心能强记底。有这魄,便有这神,不是外面入来。魄是精,魂是气;魄主静,魂主动。”又曰:“草木之生自有个神,它自不能生。在人则心便是,所谓‘形既生矣,神发知矣’,是也。”(《朱子语类》卷三《鬼神》)

魂魄之说显然是道教主要的学说,朱熹亦表里精粗如数家珍。人之所以视之能明,听之能聪,心之能记,皆因魂魄,魂魄之能主事,皆因这“神”。“形既生矣，神发知矣”，人之形生之后，神既生矣，人之能知，神之发也。在人则神居于心，心之一切思虑皆是神之发用也。蒙培元先生说：“不能笼统地说，心是形而上者或形而下者，它毋宁说是‘形而上与形而下之间’，这正是心之所以为‘妙’处。”①蒙先生对朱熹之“心”的判定没有落入非形上即形下的二元选择的困境，只是他还不知心之“形而上与形而下之间”的妙处乃是因心之“神”，因此，毋宁说心是“形而上与形而下之间”，不如说心贯通于“形而上与形而下之间”。

> 问：“知与思，于人身最紧要。”曰：“然。二者也只是一事。知与手相似，思是交这手去做事也，思所以用夫知也。”（《朱子语类》卷五《性理二》）

“思”字，《说文解字》曰：“思容也。从心，囟声。”“囟”为人头顶上之“囟门”，新生儿大概会在两岁之前闭合上。《备急千金要方》曰：“小儿暴痫，若目反上视，眸子动，当灸囟中。取之法。横度口尽两吻际，又横度鼻下亦尽两边，折去鼻度半，都合口为度，从额上发际上行度之，灸度头一处，正在囟上半合骨中，随手动者是，此最要处也。”按照中医学说，小儿之所以容易出现暴痫病症，是因为囟门还未愈合或愈合不严，神识由此出入造成了暴痫错乱之症。《说文解字》解“思”字为“容”之义，正是说脑为容纳神的地方，而神本藏于心，为何又容于脑呢？表明，神之未动之时则藏之于心，发动运行之时则纳于脑②。近代西医的传入，通过解剖学知道人之思维能力皆因大脑，因此否定古人心是思维器官之说。其实，在古人那里，只是认为心是

①蒙培元：《理学范畴系统》，北京：人民出版社，1989 年，第 207 页。
②其实，道家和中医学关于“神”的问题还有更加精深的理论，此处不赘。

藏神之处，而脑乃是运神之地，与西医学并无本质的冲突。

因此，总体说来，在本体义中，神明寂然不动，故心亦寂然不动；在主宰义中，心之神发而能贯通形而上下；在器官义中，心为神之承载之地；在知觉义中，神为心之所发出者。之所以各家学者各执一端，是对朱熹所言之“神明”注意不足所致。当然，此误解一方面由于我们长期坚持“唯物”论的基本立场而有选择地诠释，另一方面，则是由于我们脱离古人的语境太远，见字而不达其义造成的。

第二节　心本与性本

一、心性本体化

性者，《说文解字》曰：“人之阳气性善者也，从心生声。”从字义上看，性是心之所生而具有人的属性，或是，性乃是生而具有心者的属性。在中国文化系统中，心不只是心理学意义上的概念，亦不仅限于生理学意义上的概念。它所探讨的是人的本质、本性、自我价值及其在自然界的地位等哲学问题。人性有两个含义：一是人的本源之性，即是告子所说的生之谓性，此性具有所有生物意义上的性；二是人之所异于万物的性，即是孟子所说的“人之异于禽兽者几希”的性，此性是人的“类”性，儒家称之为道德性。显然，儒家所追求的“心性之合”是在心与人之道德性的合一而言的。关于“性”论，唐君毅先生于《中国哲学原论・原性篇》一书有非常详细和深入的分疏，其认为“性”字合“生”与“心”为一字，“即象征中国思想之自始把稳一‘即心灵与生命之一整体以言性’之一大方向”①。

---

①唐君毅：《中国哲学原论・原性篇》自序，北京：中国社会科学出版社，2005 年，第 7 页。

关于在朱熹理论体系中，心与性的关系是怎样的，或者，性是如何通过心来定义的，若用一言以蔽之，即："理之在心，即所谓性。"(《朱文公文集》卷五十六《答方宾王》)朱熹弟子陈淳曰："性字从生从心，是人生来具是理于心，方名之曰性。"(《北溪字义》卷上《性》)从他们对"性"的定义可以看出，在理学中，心、性与理是"天然"卯合的。理学用"理"去定义一切，连人心之发生处、根源处亦是如此。宋明理学从来不会单言理或天理，其实都是在心、性、理三者合而言之，"宋明儒之言天理，非只视为外在之物质之天地构造之理。如只视为外在之物质之天地构造之理，便只是物理而非天理。真正之天理，当是由心性之理通上去，而后发现之贯通内外之人我及心理之理。故性理是宋明理学家之所最重之理"①。详论之，则有："心、性固只一理，然自有合而言处，又有析而言处。须知其所以析，又知其所以合，乃可。然谓性便是心，则不可；谓心便是性，亦不可。"(《朱子语类》卷十八《大学五》)心与性还是要在相对意义上进行区分。"性便是心之所有之理，心便是理之所会之地"，又，"性是理，心是包含该载，敷施发用底"(《朱子语类》卷五《性理二》)。朱熹以理定义心与性，性即是理，而心则是理所会之地。"心、性之别，如以碗盛水，水须碗乃能盛，然谓碗便是水，则不可。"(《朱子语类》卷十八《大学五》)显然，以理来定义心与性的传统是自程颐始，程颐曰："性即理也，所谓理，性是也。"(《程氏遗书》卷二十二上《伊川先生语八上》)这种把道德形上化或本体化的理路最终成为程朱理学的典型特色。"心以性为体，心将性做馅子模样。盖心之所以具是理者，以有性故也"(《朱子语类》卷五《性理二》)，在道德之先天性的角度上，性相对于心具有逻辑先在性，因此，心只能是以性为体。《朱子语类》有：

①唐君毅：《中国哲学原论·导论篇》，北京：中国社会科学出版社，2005年，第32页。

问:“性固是理。然性之得名,是就人生禀得言之否?”曰:“‘继之者善,成之者性’。这个理在天地间时,只是善,无有不善者。生物得来,方始名曰‘性’。只是这理,在天则曰‘命’,在人则曰‘性’。”(《朱子语类》卷五《性理二》)

性与理在天地未曾分化之时,无有分别,只是至善的存在,而当天地分际,才以“性”与“命”之名相区分与定义,“命”则依天而言,“性”则依人而言。性以受言,命以授言。性与命之义已经标示了宇宙与人生、客观与主观的双向维度。朱熹这种主体性的改造,把人性定位在超越的层次上,其实就是把人性本体化了,即本体即主体。

但是,如果在后天心性互动的角度上,心是性的主宰:

或问心性之别。曰:“……心,大概似个官人;天命,便是君之命;性,便如职事一般。此亦大概如此,要自理会得。如邵子云:‘性者,道之形体。’盖道只是合当如此,性则有一个根苗,生出君臣之义,父子之仁。性虽虚,都是实理。心虽是一物,却虚,故能包含万理。这个要人自体察始得。”(《朱子语类》卷五《性理二》)

在心性分别意义来说,朱熹形象地比喻心与性的区别如同“官人”和“职事”,即心是发出命令的长官,而性就是去执行命令的差役。而先天与后天之别,其实也正是未发与已发之别,朱熹曰:

履之问未发之前心性之别。曰:“心有体用,未发之前是心之体,已发之际乃心之用,如何指定说得!盖主宰运用底便是心,性便是会恁地做底理。性则一定在这里,到主宰运用却在心。情只是几个路子,随这路子恁地做去底,却又是心。”(《朱

子语类》卷五《性理二》)

朱熹认为,心之未发之前为心之体,其实这个心之体就是性;而已发之际则是心之用,心之用则是情。“心统性情,故言心之体用,尝跨过两头未发、已发处说”,又曰,“未发理具,已发理应,则属心;动发则情。所以‘存其心’,则‘养其性’。心该备通贯,主宰运用”(《朱子语类》卷五《性理二》)。显然,相对于张载“合虚与气,有性之名;合性与知觉,有心之名”由气化下贯而有性与心的宇宙论诠释模式,程朱的心性观已经是在本体论的模式下进行诠释了。杨儒宾先生说:“朱子对儒家传统的重新诠释,其工程已预设了一种主体的批判,一种无限性的主体观被建立了起来,这样的无限性主体中也包含了与有限人性论(气化人性论)的调和,包含了对道德法则与存有法则的吸纳……在理学兴起前,儒家传统的天道是气化宇宙论的模式,理学兴起后,气化宇宙论被本体宇宙论的模式取代了。”①之所以杨儒宾先生说朱熹是“本体宇宙论”模式,因为朱熹的本体论模式较之程颐,还是在一定程度上兼容了张载的宇宙论模式,如理气论就是个典型,包括朱熹对心和性在形上与形下两个维度上的解读与安置,也体现了这一点。

二、质疑与辩护

然而,学界关于朱熹之学究竟是何本体论问题上之所以争讼不已,恰恰就是因为没有能够领会朱熹“理一分殊”本体论诠释之“分殊体用”的面向。学界在以心学与理学分疏为惯性下,认为朱子以太极与理为本体,自然不可能再立心为本体,故心在朱子理论体系中只

①杨儒宾:《异议的意义——近世东亚的反理学思潮》,台北:台湾大学出版中心,2012年,第19页。

能是形而下者。如牟宗三先生认为,朱子的心性论是实在论的,而不是本体论的,心性关系是静涵静摄系统,而不是既存有又活动的纵贯系统。牟先生说:"(朱子)所不透之一点,说起来亦甚简单,即在:对于形而上的真体只理解为'存有'而不活动者。但在先秦旧义以及濂溪、横渠、明道之所体悟者,此形而上的实体(散开说,天命不已之体、易体、中体、太极、太虚、诚体、神体、心体、性体、仁体)乃是'即存有即活动'者(在朱子,诚体、神体、心体即不能言)。此是差别之所由成,亦是系统之所以分。"①为何在濂溪等人那里,天命不已之体、易体等一干形而上的"真体"都可言,且是"即存有即活动"的,而在朱子那里诚体、神体、心体都不可言?朱熹那里的形而上的"真体"为何就是"即存有而不活动"的呢?心若是"只存有不活动",那么格物致知、穷理尽性将何以展开?几乎是在牟先生完成《心体与性体》的同时,唐君毅先生也正在撰写他的《朱陆异同探源》的论著,唐先生却认为朱熹之"心"亦是本心和心体,他说:"朱子在宇宙论上,固以心属于气,气依理而动静,并以心为有动有静,有存有亡者;在工夫论上亦谓此合道之心,可由存而亡,亦可由亡而存,其存亡全系在工夫上。然在纯粹之心性论,与直接相应于其心性论之工夫论中,则又初不重依气以言心,亦未尝不言'超乎一般之动静存亡之概念之上'之本心或心体。此本心或心体,乃内具万理以为德,而能外应万事以为用,亦原自光明莹净,广大高明,而无限量者;唯由物欲气禀之杂,然后体有不明,用有不尽。于是人之一切去除其物欲气禀之杂之工夫,如相应于此心性论而言,亦可说不外求自明其心之性理之善,而有以复其初,以使此心之全体无不明,而大用无不尽。"②在唐先生看来,在纯

---

①牟宗三:《心体与性体》(上册),上海:上海古籍出版社,1999 年,第 50 页。

②唐君毅:《中国哲学原论·原性篇》,北京:中国社会科学出版社,2005 年,第 404 页。

粹心性论立场上，朱熹之“心”亦是本心和心体，亦是“光明莹净，广大高明，而无限量者”，此“心”与陆王之“本心”又有何异？所不同者只是在“体有不明，用有不尽”处，此心为后天气禀物欲所杂而不复光明莹净而已。又如金春峰先生回应的那样：“朱熹说性亦是从心上发出来。所以心性一体，心与理、性与理、性与知觉是合而为一的。牟先生说朱熹‘因心而发’是‘因心而发出其论，或因心而说’，如此理解朱熹所讲心性关系，真是误说之极了。”①钱穆先生引述朱子“心性理，拈着一个，则都贯穿”之语说道：“后人又称理学曰性理之学，依照上引语，可见性理之学正即是心学。一切对性与理之认识与工夫，将全靠心。若抹去了心，将无性理学可言。”②因此，牟氏对朱子有价值上的偏好，对朱子之“心”的偏见，不可全然认同之。

之所以不承认朱熹亦是“心本”论者，因大部分学者都认为朱熹之“心”是形而下的存在。冯友兰先生说：“（朱熹所讲的）心亦是实际底，形下底。”③牟宗三先生自然也是持此说，他说：“在朱子……心是气之灵之心，而非超越的道德的自发自律之本心，其本性是知觉，其本身是中性的、无色的，是形而下者，是实然的，也是一个实然的存在。”④正因为把朱熹之“心”看作是气，是形而下者，故无超越之能，“其（朱子）对于此生理仁体之为体，天命流行之体之为体，实体大本（中体）之为体，并提不住，乃只落于气机之化之迹上说。亦并未能相应地理会到此实体是理是心亦是神，是理体、是心体（本心），亦是诚体、神体”⑤。刘述先也认为朱熹的“心”是“经验实然之心”，他说：

---

①金春峰：《朱熹哲学思想》，台北：东大图书股份有限公司，1998年，第75页。

②钱穆：《朱子新学案》，成都：巴蜀书社，1986年，第34—35页。

③冯友兰：《新理学》第四章《性心》，《三松堂全集》（第四卷），郑州：河南人民出版社，2001年，第99页。

④牟宗三：《心体与性体》（下册），上海：上海古籍出版社，1999年，第223页。

⑤牟宗三：《心体与性体》（下册），上海：上海古籍出版社，1999年，第23—24页。

“朱子所言之心为一经验实然之心,它与理的关系是当具,不是本具。”①吴震先生认为:“朱熹‘心论’所涉及的义理问题之繁复远远超出一般的想象,其基本立场在于不能承认‘心’为形上本体”,吴震先生以朱熹“心是做工夫处”为据,认定朱熹哲学的立场即是“他绝不能认同与性或理具有同等地位的心,也不能认同心是什么抽象的形上本体”②。“在朱熹哲学的义理系统中,‘实体’只能是指性或理。虽说心具有统领或主宰性情的作用,然而这是就心的功能义、作用义上讲的,其因在于朱熹所言‘心’绝非一实体概念。”③劳思光先生、陈来先生与蔡方鹿先生皆主张朱熹之“心”是“功能总体”说。劳思光先生说:“朱氏之‘理’或‘性’,纯作为一形上实有看,而‘心’则是万有中之灵觉能力;故‘心’在此意义下并无超越义,而只有经验义。”④陈来先生说:“在朱熹哲学中心的主要意义是指知觉”,“‘心’只是一个现实的、经验意识的概念,只是一个感应知觉之心,在经验意识与现实知觉之外之后不存在其他作为本体的心”⑤,又说,“性是一个标志意识系统本质的范畴”⑥。蔡方鹿先生说:“朱熹哲学的心是一个认识论的范畴,兼有善恶的伦理学意义,心作为认知主体,具有认识万物及万物之理的功能和属性。”⑦凡此等等,不一一枚举。

---

①刘述先:《朱子哲学思想的发展与完成》,台北:台湾学生书局,1982年,第197页。

②吴震:《朱子思想再读》,北京:生活·读书·新知三联书店,2018年,第104—105页。

③吴震:《朱子“心论”试析》,郭齐勇主编:《儒家文化研究》(第四辑:心性论研究专号),2012年,第28页。

④劳思光:《新编中国哲学史》(第三卷上),桂林:广西师范大学出版社,2005年,第227页。

⑤陈来:《朱子哲学研究》,上海:华东师范大学出版社,2000年,第213、249页。

⑥陈来:《论朱熹淳熙初年的心说之辩》,《国际朱子学会议论文集》,台北:“中央研究院”中国文史哲研究所,1993年。

⑦蔡方鹿:《宋明理学心性论》(修订版),巴蜀书社,2009年,第124页。

金春峰先生对牟宗三先生"心是中性"说质疑道："按牟先生的说法，心气是中性的、无色的，心气之知也是中性的、无色的，没有价值取向的。那么它如何有一种动力、兴趣或内在需要要去认知、摄取仁为己之'德'？心既然只是中性无色的认知工具，又如何能摄取仁为己之德？……如果不假定人有一道德之本心，显然都是讲不通的。"①金先生对陈来先生等人"意识功能"说亦不认同："这是套用西方哲学或现代哲学本质与现象一词之意义而对朱熹哲学所生的误解。'意识系统的本质'，这是一完全不清楚、不确定的概念。通常说意识与意识系统，是泛指一般的意识系统，不具道德内容，更不具特定的道德内容。这样的'性'，在朱熹体系中，它如何能是理？是形而上？更如何能是性理？是仁义道德之本根？……心只是意识与意识活动，就更是对朱熹的误解……这是现代人以现代之心理学观念、哲学观念去硬套朱陆哲学的结果，其南辕北辙，可以说是必然的。"②显然，劳思光、陈来等人的"意识功能说"的问题在于，心既然为形而下之器官，仅有知觉意识之能力，又何以能够具有形而上之功能？由前文可知，心之可以为形上之思，在于"神明"也。"问：'灵处是心，抑是性？'曰：'灵处只是心，不是性。性只是理'"（《朱子语类》卷五《性理二》），此句多为学者所不解或误解。其实，所谓"灵处只是心"，是指心之神明发用也。心之所以"灵"者，皆因"神明"也。性只是心中所具之理，自然无"灵明"之功，故曰"灵处只是心，不是性"。另外，"功能"究竟是形上还是形下？难道存在着形上与形下之外的存在吗？学者之所以如此认定，在于他们对朱熹"心学"没有在形上与形下的贯通义上把握，割裂地看待了朱熹的思想。

①金春峰：《朱熹哲学思想》，台北：东大图书股份有限公司，1998年，第96—97页。

②金春峰：《朱熹哲学思想》，台北：东大图书股份有限公司，1998年，第273—274页。

另外，还有一点可以用来旁证的就是，自东晋以来，许多佛经及宗派都早已是在本体意义上言心了，到唐宋时期，这种心本论的佛学思想已经非常成熟和广泛传播了。而宋儒“出入佛老数十年”，最为影响乃至震撼他们的正是“明心见性”的佛家“心学”，如果宋儒依旧是在形而下的层面上言心，这又何以能够与佛家的心性之说相抗衡呢？早年出入佛老数十年的意义在哪里？又怎么会符合历史与逻辑的统一呢？显然，宋儒也基本上都是在本体论的高度谈论心性问题的，当今学者太囿限于单一的本体论或机械的本体论的惯性思维中，误读了宋代儒学及其心性之学。尤其是对于朱熹之“心”也界定为本体之心，肯定让很多学者难以接受。杨维中先生总结中国佛教心性论的形而上特征时说道：“佛教‘唯心论’是以‘心’为基点的对存在的‘意义’的追究。它并不主张万物以‘心’的存在为其存在的前提，而是言万物因心而有意义的生成。这种生成论与一般所说的宇宙生成论和以‘是’为核心的哲学本体论，有着很大的区别。”①其实，宋代儒学家也是在同样的理论高度使用“心”的概念，其“心”之为本体正是在“言万物因心而有意义的生成”的意义上而言的，这应该是宋儒的基本理论高度和理论自觉。正是“一切众生不名为觉”（《大乘起信论》），所谓“不名为觉”者，不执于名言，方是觉悟真如本体的开始。只不过，佛家说心摄万法，而万法为空，悟空则得真如；而儒家说心具众理，此理为实理（仁义礼智等），此理落实于人生则为心理合一、心性合一。

第三节 形下的开展：心与性的双向实现

当然，心与性之别也是相对的，在道德实践的最终目的上来说，

①杨维中：《中国佛教心性论的形而上特征》，《哲学分析》，2019年第3期，第41页。

最终的追求自然是心性合一。在陆九渊那里，几乎不区分心与性，因为在他看来，“发明本心”就是对性的发明。而在朱熹这里，心与性是“似一而二，似二而一”的关系：“大抵心与性，似一而二，似二而一，此处最当体认。”（《朱子语类》卷五《性理二》）心与性究竟是一还是二，是在先天与后天、未发与已发的角度上来论的，其实就是形上与形下之别。在形上意义上，心与性一，在形下意义上，心与性为二。同时，在形下意义上，心与性还有一个双向实现的过程。

> 曰：“心与性如何分别？明如何安顿？受与得又何以异？人与物与身又何间别？明德合是心，合是性？”曰：“性却实。以感应虚明言之，则心之意亦多。”曰：“此两个说着一个，则一个随到，元不可相离，亦自难与分别。舍心则无以见性，舍性又无以见心，故孟子言心性，每每相随说……”（《朱子语类》卷五《性理二》）

所谓“元不可相离”，是在形上意义上说的，“心性只是一个物事，离不得”（《朱子语类》卷五十三《孟子三》）。“舍心则无以见性，舍心又无以见心”，心与性在形下意义上是以相互对待和依赖为基础才获得相对的确定性的。“人往往说先尽其心而后知性，非也。心性本不可分，况其语脉是‘尽其心者，知其性’。心只是包着这道理，尽知得其性之道理，便是尽其心。若只要理会尽心，不知如何地尽。”（《朱子语类》卷六十《孟子十》）其实，朱熹是非常清楚自己是在什么维度上讨论心性问题的：

> 周子曰：“无极而太极。”程子（明道）又曰：“‘人生而静’以上不容说，才说性时便已不是性矣。”盖圣贤论性，无不因心而发。（《朱文公文集》卷六十七《已发未发说》）

为何说"人生而静以上不容说",因为"人生而静以上"就是先天或形上的层面,先天无形无象,无心无性,如何可说?因此,只有当人之主体得以确立,以后天言先天方可说得,故"圣贤论性无不因心而发",主体性确立之后所言之性不是绝对客观于我之外的性,故曰"才说性时,便已不是性矣"。在这个逻辑上,朱熹也是绝对的心性合一论者,心外无性,性虽逻辑在先,却又必须由心来呈现。所谓的心性之别,只是针对先天和后天的不同阶段而言。心、性可合一而论,亦可分离而言。二者在先天上、本体上、应然上是一体的,而在后天上、发用上、实然上却是可以并且常常分离的。大致心觉则与性合,昧则与性离;合则心即是性,离则心非性。所谓工夫,正是一个使心觉而合于性的过程。朱熹所讲的心,既是形而下者,即知觉运动之心,又是形而上者,即超越的本体之心,这所谓本体之心,就是理,就是性。牟宗三先生秉持其偏见,不重视程朱在言心性二分之前所做的心性合一的论述和"前设",责程朱"未能善开善合",他说:"其(程颐)论心已不透澈,此因其对于道体、实体之体悟已不透澈,故其论心亦不能上遂而就道体实体之原义而融于一,亦不能相应孟子所言之本心而言本心即性,本心即理。性情之分,理气之分,与形上形下之分,即已涵心性情之三分,心只是实然的心气之心,而心不即是性(伊川虽未说'心气'一词,然其了解心之实义固如此也。故朱子得以随而完成之)。"①牟先生由否定程颐进而否定朱子,称他们论心皆"不透澈",其"心"不能上遂道体,亦不能相应于孟子所言之本心,故其言本心即性只能是两隔。牟先生却对张载"合性与知觉有心之名"之说盛赞道:"性体之全幅具体内容即是心,性体之全体呈现谓心。心体之全幅客观内容即是性,心体之全体挺立谓性。首先性具有性体、性能、性分之三义,自心言,心亦必类比相应地具有此三义:心体义,心

①牟宗三:《心体与性体》(下册),上海:上海古籍出版社,1999年,第42—43页。

即是体；心能义，心能创生，心能形著；心宰义，心主于身，其所自律而命于吾人者皆是本分之素定……依此而言，心性完全合一，不，完全是一。”①其实，抛除成见，如前文所述，程朱所言心性又何尝不是完全合一的呢！

性存在于心，无心无以见性；性是心的本质规定，无性心只是一个器官。“心以性为体，心将性做馅子模样。盖心之所以具是理者，以有性故也。”（《朱子语类》卷五《性理二》）一方面，心是性是承载者；另一方面，心又是性的发用处。心主性情，并非心是高于性的本体。从天理的角度讲，性为本体；从性的实现角度讲，心为本体。无心，性无以承载和呈现；无性，心只是功能的器官。

在孟子那里，由“知心—知性—知天”进而“存心—养性—事天”的修养路径，均是在强调心对性的实现。《中庸》有：“心能尽性，人能弘道也。性不能检其心，非道弘人也。”亦强调心对性的实现意义。朱熹心与性的双向实现之观念，应该是在张载与二程那里得到了更多的启发。张载曰：“由太虚，有天之名；由气化，有道之名；合虚与气，有性之名；合性与知觉，有心之名。”（《正蒙·太和篇》）心是由性之成就而来，而心反过来通过“大其心”来成就性。张载曰：“大其心则能体天下之物，物有未体，则心为有外。世人之心，止于闻见之狭。圣人尽性，不以见闻梏其心，其视天下无一物非我，孟子谓尽心则知性知天以此。天大无外，故有外之心不足以合天心。见闻之知，乃物交而知，非德性所知；德性所知，不萌于见闻。”（《正蒙·大心篇》）人通过廓大其心，尽心知性而知天。只是，天道性命之性，张载谓之为天地之性，二程亦从其说，朱熹则转化为义理之性，强调此天地之性之中的义理在先性。孔子所说的“从心所欲不逾矩”，之所以能“不

①牟宗三：《心体与性体》（上册），上海：上海古籍出版社，1999年，第455—456页。

逾矩”,是因为有这个义理之“性”在“监督”和匡正着“心”,“性”内在地规定了“心”的活动范围。然而“性”毕竟又要透过“心”的方式得到自觉的表达,则心实现了性。

也正是由于朱熹较之陆九渊在形下层面上区分心与性,并兼顾心与性在形下层面上的双向实现,有时会显得“滞涩支离”,自然就无法像陆九渊等心学一系如此地“圆满谛当”了。牟宗三先生说:“宋儒兴起,濂溪、横渠亦是克就此义而言天道性命,言心性。明道之盛言一本乃是此义圆满表示之模型。胡五峰、陆象山、王阳明,乃至刘蕺山皆是继承此直贯型而立言。此为宋、明儒之大宗。惟自伊川以至朱子歧出而成为认识论的横列之静涵静摄型……此就儒家言,此固不得为正宗也。”①显然,这也正是牟先生给予朱子“别子为宗”判教的主要根据,但是,这种判教不过是牟先生对于陆王心学一系的偏爱而已,这只是一个价值立场的问题,陆王一系的“圆满谛当”的高迈是以其理论对形下世界的过多“舍弃”为前提的。

与佛家心性论相比,朱熹认为儒家之心与性因有其双向实现而不流于空泛,“释氏自谓识心见性,然其所以不可推行者何哉?为其于性与用分为两截也。圣人之道,必明其性而率之,凡修道之教都无不本于此。故虽功用充塞天地,而未有出于性之外者。释氏非不见性,及到作用处,则曰无所不可为。故弃君背父,无所不至者,由其性与用不相管也”(《朱子语类》卷一百二十六《释氏》)。佛家以空为性,否定世间伦理规范的存在,其心之修养终归于空寂,故心与性无所贯通也。朱熹根据其人性论的根本观点,批评佛、老的学说。儒家以性为实有,主张性即理也,而理为不灭的存在。道家之说是“半截有,半截无”,佛家之说“则是全无”。儒家以“气聚则生,气散则死,

①牟宗三:《心体与性体》(上册),上海:上海古籍出版社,1999 年,第 488—489 页。

顺之而已”，而“老氏贪生，释氏畏死”。儒家只是存天理，“更无分毫私见”，而“佛氏之失，出于自私之厌；老氏之失，出于自私之巧”（《朱子语类》卷一百二十六《释氏》）。在朱熹那里，三家立场泾渭分明，高下立判。

第五章　朱熹论心与理

在朱熹的理论体系中，经常是心、性、理等"滚"在一起论说的。为了辨名析理，我们就把心与理的关系拆离出来进行疏解。

心与理的关系是整个宋明理学的基本哲学范畴，这也是宋明学者被称为"理学家"的根本所在，对于心与理关系的定位和诠释将决定他们各自理论的走向和理论气质。从一般意义上说，心与理其实就是要解决人与世界的关系问题，就是天人关系问题。蒙培元先生说："心性之学虽以解决人的问题为中心课题，但人离不开他所生活的客观环境和对象，离不开自然界。因此，它最终要解决人与自然、主体同客体的关系问题。心性之学与天人之学是不可分开的。它归根到底，是一个天人关系问题。"①在宋代以前的思想家那里，天主要以"天道""道"等概念来表达，而宋代思想家（自二程始），则主要以"天理""理"来表达。因此，心与理的问题，本质上就是人心与天道的关系。在这个意义上来说，心与理也并不是一个崭新的话题。而宋儒之所以用"天理"代替"天道"，大概是他们认为这样表达更能体现出天理的先在性和主宰性。我们知道，"天理"二字是二程自家"体贴"出来的，"太极"二字为《易传》本有，而周敦颐推崇之，朱熹倒是没有"独创"出什么新的哲学概念来，但是，他把天理、天道、太极、阴阳、五行、气等概念熔为一炉，创造出了一个庞大的本体论体系。

①蒙培元：《中国心性论》，台北：台湾学生书局，1990 年，第 15 页。

难怪冯友兰说朱熹是中国哲学史上一位“最大的本体论者”①。但是,朱熹创造庞大本体论体系的目的并不是为了故弄玄虚,一方面是为了融合各派的学理,一方面是为了给人生、人性找到凭依。“天,义理所从以出者也”(《四书章句集注·孟子集注》),“天之所以为天者,理而已,天非有此道理,不能为天。故苍苍者即此道理之天”(《朱子语类》卷二十五《论语七》)。尤其是在南宋的那种时代背景下,这种理论的诉求会显得更加强烈。

第一节 心具众理与理不在心外

在朱熹的言论中,谈“理”应该是最多的,因此,“理”的义涵也显得非常丰富。吴震先生把朱熹的“理”做三个层面的理解:“朱子学理论的基本关怀大致有三:一是存在论,以‘所以然之故’的‘理’作为世界存在的基本方式,因而‘理’带有秩序性的含义,反映了世界秩序,与此同时,‘气’是构成一切存在的基本要素,因而‘气’又与‘理’构成不离不杂的理气二元之关系;二是伦理学,以‘所当然之则’的‘理’作为人伦社会的基本方式,因而‘理’带有规范性的含义,反映了伦理秩序;三是心性论,朱子学认为‘心’具有统摄性情的功能义和主宰义,但‘心’并不是存在论意义上的本体概念,唯有‘性’才是与‘理’一般的本体存在,故有‘性即理’的命题提出而决不能认同‘心即理’;同时,由于‘气’的介在性作用,因而构成了人性论意义上的气质之性与本然之性的二元格局。”②吴震先生对朱熹之“理”的分疏大致不错,但是他认为朱熹之“心”不具有存在论意义和本体论意义

①冯友兰:《中国哲学史新编》(下册),北京:人民出版社,1999 年,第 19 页。
②吴震:《宋明理学视域中的朱子学与阳明学》,《哲学研究》,2019 年第 5 期,第 69 页。

我们是不同意的,关于这一点前文已经进行了辨析,此处不再赘述。

我们知道,朱熹亦是先天道德论者,这一点被忽视或误解了。朱熹曰:“心之全体,湛然虚明,万理具足”(《朱子语类》卷五《性理二》),又,“心包万理,万理具于一心”(《朱子语类》卷九《学三》)。朱熹“心具万理”之说,是指万理已经先天地内具于心中,“人有此身,便有所以为人之理,与生俱来,乃天之所付”(《朱文公文集》卷六十三《答叶仁父一》)。人自有此身,便有此理,显然,这与“心即理”之说显然具有很大的相似性。“心包万理”又内在地承诺了理不在心外:

> 孝述窃疑心具众理,心虽昏蔽,而所具之理未尝不在。但当其蔽隔之时,心自为心,理自为理,不相赘属。如二物未格,便觉此一物之理与二不相入,似为心外之理,而吾心邈然无之。及既格之,便觉彼物之理为吾心素有之物。夫理在吾心,不以未知而无,不以既知而有。然则所以若内若外者,岂其见之异耶?(《朱文公续集》卷十《答李孝述继善问目》)

此段为朱熹弟子李孝述就“心具众理”的体会来找朱熹印证,朱熹答曰:极是。可见朱熹是完全认同李孝述的理解的。心具众理,不论心是否昏蔽而理皆在心中,只是格之而众理豁然开朗,因此,理只在心内,而不在心外,为“吾心素有之物”。理不在心外,与阳明之“心外无理”何其相似,世人多知为阳明首发,其实朱熹等早已有类似的表达,盖因阳明太重朱熹格物之说,对朱熹心性之学关注不足。也由此可见,从本体论的层面来看,朱熹与陆王其实并无本质的区别。金春峰先生说:“朱熹提出本心、仁义之本心或本体之心,与陆象山一样,亦是为了区别于思虑营为之心或私欲、意见之心、习俗之心的。此种心或本心、本体,在朱熹体系中,亦是人人所同具,万世一揆,是形而上的超时空的绝对,和陆象山所讲一样。"①而牟宗三先生却认为:"朱子说'心具众理、心具众德',这个'具'只是后天工夫地'当具',而不是先天实体地'本具'。"②从朱熹的表述中,我们实在看不出来,"心具众理"与"心外无理"等只是在后天意义上的表达,它们恰恰首先是先天意义上的表达。二者有所区别的地方确实是在工夫论,朱熹要通过内外双向的格物来印证与呈现心中本具之理,而陆王则只是要通过内在的"发明本心"来呈现天理。但是,牟先生怎么就能武断地说"心具众理"是后天的呢?理既然是先天的,后天之心又何以能够包具先天之理呢?因此,朱陆双方均是在先天上预设了天理本具,至于后天实践之不同只是后天的事了,那就只能在后天工夫论意义上比长短了。

> 问:"心之为物,众理具足。所发之善,固出于心。至所发不善,皆气禀物欲之私,亦出于心否?"曰:"固非心之本体,然亦是出于心也。"又问:"此所谓人心否?"曰:"是。"子升因问:"人心亦兼善恶否?"曰:"亦兼说。"(《朱子语类》卷五《性理二》)

所发之善,固出于心。而所发不善,亦出于心。可见,朱熹是对心之先天与后天或者形上与形下做了明确区分的。理于形上处只是一,而一旦落入形下处,则因气禀之不同而有分殊。心具众理,天理先天而自然地内具于人心之中;而物有万殊,心必以众理与万物相印合而使心物合一。杨儒宾先生说:"朱子发现了一个天理与事理连续性的世界,所有的事理、物理都是天理在现实世界的具体化……性理

①金春峰:《朱熹哲学思想》,台北:东大图书股份有限公司,1998年,第273页。
②蔡仁厚撰述:《宋明理学——心体与性体义旨述引》(南宋篇),台北:台湾学生书局,1983年再版,第221页。

的世界观是朱子学最显著的思想地标，依此世界观，则天下无一物是偶然的，因为凡存在必有理；但也没有一物是符合其超越的本质的，因为万物之存在皆是‘理’受限于特殊化原则中的‘气’所成，所以任何事物皆须经格物穷理的过程，使其存在可如本来面目般地存在。”①杨儒宾先生“天理与事理连续性的世界”的表达深契朱熹之义，也表明了朱熹所表达的是一个“既存有又活动”的世界，此世界中无一物是偶然的、僵死的，均“预定和谐”地存在于一理之中。因此，朱熹格物穷理的过程，不是归纳法式地拼凑出世界的整体和理的整体，而只是使物之存在如本来面目般地存在，这个过程只是印证与呈现而已。也故此，批评朱熹之学“支离”者，只是看到了格物穷理而未豁然开朗之片段而已，未能在形而上下打通意义上把握之。

蒙培元先生认为，朱熹心性说，其核心是讨论心与理的关系问题。并指出，这才是理学所要解决的根本问题。蒙培元先生说：“理学是朱熹哲学的出发点，但不是它的归宿。朱熹不是简单地回到天理，而是把理安置在人的心中，通过穷理尽性，达到天人合一精神境界，这才是他的哲学的最终目的……朱熹的心性论，实以心为主而不是以理为主。从这个意义上说，称朱熹哲学为心学亦未为不可。”②朱熹建构“理”并不是它哲学的归宿和终点，其终极目的还是为了把天理安置于人心之中，使得人心能够合“理”地贯通于天人之间。蒙先生由此称朱熹哲学为心学而非理学，虽有矫枉过正之嫌，但是，这样的好处在于可以扭转我们惯性般的误解，只是把朱熹之学作为僵化不动的理学看待和理解。

---

①杨儒宾：《异议的意义——近世东亚的反理学思潮》，台北：台湾大学出版中心，2012年，第18—19页。

②蒙培元：《理学的演变——从朱熹到王夫之戴震》，福州：福建人民出版社，1984年，第34页。

朱熹曰：

> 人之所以为学，心与理而已矣。心虽主乎一身而其体之虚灵，足以管乎天下之理；理虽散在万物而其用之微妙，实不外乎一人之心。初不可以内外精粗而论也。（《大学或问》下）

若朱熹之心只是形而下的知觉之心，又何以能够自由贯穿于形上与形下两个世界呢？当然，诚如前文所述，心之能够主乎一身而体之虚灵者，神使之然也。朱熹解孟子"尽其心者，知其性也。知其性，则知天矣"（《孟子·尽心上》）句曰："心者，人之神明，所以具众理而应万事者也。性则心之所具之理，而天又理之所从以出者也。人有是心，莫非全体。然不穷理，则有所蔽而无以尽乎此心之量。"（《四书章句集注·孟子集注》）这一句把心、神、性、理的联系与区别讲得很透彻：心为人之神明所居与出入之地，因神无方体，故可全具众理，呼应万物；心中所具之理的总体乃为性；天理又待于心来觉解与开显，理之内具于心是心之觉解的必然要求，同时理之觉解只能通过心来完成。

牟宗三先生曾指责朱熹为道德"他律"（heteronomie）论者："依康德，基于存有论的圆满与基于上帝底意志俱是意志底他律之原则。快乐主义基于利益，基于幸福，亦是意志底他律之原则。"①牟先生把朱熹定为道德"他律"论者，其中对应的前提就是他把孟子、陆王定为道德"自律"（autonomie）论者。如上所述，其实若依自律和他律之论论之，朱熹亦是道德自律论者，在宋明理学家中，其实都可以视为"自律"论者，因为道德自律是每个儒学家默认的基本预设和前提。杜保瑞先生在其《南宋儒学》一书曾专就此问题进行了详细的辩证，并给

---

①牟宗三：《从陆象山到刘蕺山》，上海：上海古籍出版社，2001 年，第 5—6 页。

出结论说:“道德活动的进行一定就是自律的,他律的都称不上是道德,即便说对于家国天下的事业的认知可以不是正在进行道德活动,但是朱熹说的格物致知穷理都是要求实践之于身家国天下的,修齐治平的完成才是格致工夫的真正完成,因此并没有一个停止在认知的非道德活动的工夫主张,在知之且行之之时,即皆是主体的自我要求的逆觉体证之实事实行之行为,因此不会出现牟宗三先生所说的他律道德的情况。”①至于朱熹之论为何造成这种误解,一方面可能在于朱熹尽力追求概念范畴边界的确定性,给人以“静态”不动之嫌,另一方面则可能在于朱熹又太致力于向下落实其理论,乃至于有些太过具体甚至琐碎。如果非要进行细致的区分,也只能说周、张、二程和朱熹是客观论的自律论者,陆、王是主观论的自律论者。

第二节　心本与理本:执与不执

承上所述,依据“分殊体用”的诠释立场,在朱熹理论体系中,还存在着心本与理本并举的情况。《朱子语类》有:“问:‘天地之心,天地之理。理是道理,心是主宰底意否?’曰:‘心固是主宰底意,然所谓主宰者,即是理也,不是心外别有个理,理外别有个心。’”(《朱子语类》卷一《理气上》)这表明,心本即理本,名殊而实一,在心本论的诠释结构中,心性情就是理气在人的维度上的展开。无疑,朱熹的“心学”之所以被误解甚至被贬低,关键自陆九渊(1139—1193,字子静,号象山,世称象山先生)始。作为朱熹一生最重要的“论敌”,以及“鹅湖之会”的经典历史片段和之后旷日持久的朱陆之辩,无形中促成了当时及后世学者对于朱陆不同乃至“敌对”的印象,而至有今日理学与心学分歧之格局。陆九渊心学究竟讲了什么,以及朱陆心性

①杜保瑞:《南宋儒学》,台北:台湾商务印书馆,2010年,第260页。

学说的分歧是什么,则需要我们去重新梳理和认识。

一、心的“救赎”:主体性高扬的极致

其实,陆九渊心学之发起也在于对天理的认知上。据《宋史》载:

> 陆九渊,字子静。生三四岁,问其父天地何所穷际,父笑而不答。遂深思,至忘寝食。及总角,举止异凡儿,见者敬之。谓人曰:“闻人诵伊川语,自觉若伤我者。”又曰:“伊川之言,奚为与孔子、孟子之言不类?近见其间多有不是处。”初读《论语》,即疑有子之言支离。他日读古书;至“宇宙”二字,解者曰“四方上下曰宇,往古来今曰宙”,忽大省曰:“宇宙内事乃己分内事,己分内事乃宇宙内事。”(《宋史》卷四百三十四《儒林四·陆九渊传》)

可见,象山幼时便聪颖过人,闻小程子之言,便觉不合,见古人解“宇宙”二字之义便能悟得“宇宙便是吾心,吾心即是宇宙”(《象山集》卷二十二《杂说》)之理。这也决定了象山一生皆在让人明心之理。在象山看来,此理非外烁我,乃是我先天本有:“此天之所以予我者,非由外烁我也。思则得之,得此者也;先立乎其大者,立此者也;积善者,积此者也;集义者,集此者也;知德者,知此者也;进德者,进此者也。同此之谓同德,异此之谓异端。”(《象山集》卷一《与邵书谊》)这种看法似乎并不新奇,始见于《中庸》《孟子》,其后程颢亦有所发明。然而,固执此一端而彰明者恐怕无过于象山:

> 古圣贤之言,大抵若合符节。盖心,一心也;理,一理也。至当归一,精义无二。此心此理,实不容有二。故夫子曰:“吾道一以贯之。”孟子曰:“夫道一而已矣。”又曰:“道二,仁与不仁而已

矣。”如是则为仁，反是则为不仁。仁即此心也，此理也。求则得之，得此理也；先知者，知此理也；先觉者，觉此理也……（《象山集》卷一《与曾宅之》）

天下只此一心，只此一理，只此一德，德者，得也，心得此理也。得此理为仁，不得此理则不仁。在之前儒家之中，似乎没有人能与象山一样把主体、本体与价值“三合一”地捆绑得这么紧密。“存之者，存此心也，故曰‘大人者不失其赤子之心’。四端者，即此心也；天之所以与我者，即此心也。人皆有是心，心皆具是理，心即理也。故曰‘理义之悦我心，犹刍豢之悦我口’”（《象山集》卷十一《与李宰二》），又，“心只是一个心，某之心，吾友之心，上而千百载圣贤之心，下而千百载复有一圣贤，其心亦只如此。心之体甚大，若能尽我之心，便与天同。为学只是理会此‘诚者自成也，而道自道也’，何尝滕口说？”（《象山集》卷三十五《语录下》）此心此理并非我独有，今之天下人俱有，而古之圣贤亦有，心心相传，千万人同心，古今同心。

既然古今皆是此心，当下之人就应该皆明此理，“千古圣贤若同堂合席，必无尽合之理。然此心此理，万世一揆也”（《象山集》卷三十四《语录上》）。而问题在于，今人不可能与千古圣贤“同堂合席”，则必有今人不明此心此理者。象山认为造成这种结果的原因大致如下：

终日依靠人言语，又未有定论，如在逆旅，乃所谓无所归。（《象山集》卷一《与曾宅之》）

今讲学之路未通，而以己意附会往训，立为成说，则恐反成心之蟊贼，道之荆棘，日复一日而不见其进。（《象山集》卷七《与彭子寿》）

自周衰此道不行，孟子没此道不明。今天下士皆溺于科举之习，观其言，往往称道《诗》《书》《论》《孟》，综其实，特借以为科举之文耳。谁实为真知其道者？（《象山集》卷十一《与李宰二》）

王泽之竭，利欲日炽，先觉不作，民心横奔，浮文异端，转相荧惑，往圣话语，徒为藩饰。而为机变之巧者，又复魑魅虺蜴其间，耻非其耻，而耻心亡矣。（《象山集》卷一《与邵叔宜》）

之所以不明此理者，一者读书不明，又多“依靠人言语”，不得要归；二者讲学不通，今之讲师多用己意附会经典，欲成己说，使得道更不明；三者溺于科举考试之歧途，虽所学所用是古之圣贤之书，而为功利之用，不明其道；四者利欲日炽，“浮文异端”横行，亡其心而不知其耻也。

因此，象山感慨曰：“故道之不明，天下虽有美材厚德，而不能以自成自达。困于闻见之支离，穷年卒岁而无所至止。”（《象山集》卷一《与侄孙濬》）那么，天下之“美材厚德”该如何重新发明此理呢？象山曰：“道心之微，无声无臭，其得其失，莫不自我。”（《象山集》卷三十二《人心惟危道心惟微惟精惟一允执厥中》）此心此理，隐微不见却实存，无声无臭却实在，得失之间，全取决于自己，“收拾精神，自作主宰”，皆在我一身，何事旁求。蒙培元先生说：“从道德实践讲，他（陆九渊）把主体原则提到了空前的高度，具有主观战斗精神。即使不识字，也能‘堂堂正正地做个人’，且有反对权威的成分。”①确实，在道德实践的角度和道德价值“加持”的角度，象山的力度可谓是空前的。

象山曰：“塞宇宙一理耳，学者之所以学，欲明此理耳。”（《象山集》卷十二《与赵咏道》）学者所学无他，只此一理，欲明此理，也必自

①蒙培元：《理学范畴系统》，北京：人民出版社，1989年，第213—214页。

学。但是,为学之道,必要“知本”和“先立乎其大”:“学苟知本,《六经》皆我注脚。”(《象山集》卷三十四《语录上》)为学当不为文字本身所迷惑和困扰,文以载道,当知《六经》之终极意义之何在,《六经》不过都是帮助我明理而自立的“媒介”或“阶梯”,此乃知为学之本,故曰“《六经》皆我注脚”。故此,象山认为,如果不能“发明本心”,博学亦无益,“本心若未发明,终然无益”(《象山集》卷四《与潘叔文》),“夫博学于文,岂害自得?……必曰不在多言,问之弗知弗措,辨之弗明弗措,皆可削也”(《象山集》卷四《与刘淳叟》)。如果能够“先立乎其大”而为学,学道亦是“简易”工夫,“学无二事,无二道,根本苟立,保养不替,自然日新。所谓可久可大者,不出简易而已”(《象山集》卷五《与高应朝》)。欲明天理,亦非全赖顿悟之功,仍须涵泳磨砺。“大抵读书,诂训既通之后,但平心读之,不必强加揣量,则无非浸灌、培益、鞭策、磨励之功。或有未通晓处,姑缺之无害。且以其明白昭晰者日加涵泳,则自然日充日明。后日本源深厚,则向来未晓者将亦有涣然冰释者矣。”(《象山集》卷七《与邵中孚》)可见,象山之功,主要是在发众人所未发,如当头棒喝,引人深思,令人警醒。对儒家最重要之事(知本)予以突显,“重点突破”,希望人能够“猛省勇改”。

“发明本心”的意义在于确立起人之主体性的地位,并确信此主体能动性可以觉悟洞察整个宇宙并为宇宙确立秩序——当然,一定要清楚,这个“秩序”是属人的秩序,并非人心为宇宙确立了客观秩序。象山此论如同西方哲学家笛卡尔“我思故我在”的理论一般具有石破天惊的启蒙意义,当然不同的是,象山是“自信论”的立场,而笛卡尔是怀疑论的立场。由此,人更加在主体性的意义上去认识自己,“认识你自己”,“认识人之所以为人”,在中国思想史上,止于象山之前,即使如孟子如此重视心性者亦未曾推论至于如此极致者。天所予我者,唯此心而已,此心若不能觉解,又何以能够觉解整个宇宙?

人之外的其他生物虽亦有心,然其心并无此觉解意识,唯生存之认识本能而已。如韦政通先生所言,象山之学所体现出的“四无依傍”“自立自主”“轩昂奋发”的精神,“在宋儒中可说是孤峰突起”,“象山的心学,不只是继承孟子,而是把孟子的心性之学推向一个新的阶段,心学中象山而白沙而阳明,遂臻于大成,也使孟子心性之学发展到尽头”①。象山之学,纯乎心的“救赎”一途,“孤峰实起”,在儒家学者中,恐已成空前绝后般的存在(虽陆王并称,但阳明学似乎并非单纯继承象山之学而来,后文提及的唐君毅认为阳明学为朱子学之“转出”的观点便是一个例证)。

依牟宗三先生言,“儒家之所以为儒家的本质意义”就体现在它“开辟价值之源,挺立道德主体”之上。与程朱由穷天理而尽人心路径之不同,象山则由“发明本心”直接进入。象山心学充满了“天下情怀”,“天以是理畀人,而举世莫任其责,则人极殆不立矣”(《象山集》卷九《与陈君举》),“宇宙内事,是己分内事。己分内事,是宇宙内事”,“仰首攀南斗,翻身倚北辰。举头天外望,无我这般人”(《象山集》卷三十五《语录下》)。这是何等的担当与胸怀,儒家的天下意识于此当为极盛了。

二、天理本体的主体化与心性主体的本体化

象山立足本心之学,多次讥讽朱熹之学“支离”,其中最有名当属“鹅湖之会”上所赋之诗:

> 墟墓兴哀宗庙钦,斯人千古不磨心。涓流积至沧溟水,拳石崇成泰华岑。易简工夫终久大,支离事业竟浮沉。欲知自下升高

①韦政通:《中国思想史》(下册),上海:上海书店出版社,2003 年,第 822—824 页。

处，真伪先须辨只今。(《象山集》卷二十五《鹅湖和教授兄韵》)

显然，“易简工夫终久大”是象山在标榜自家学问，而“支离事业竟浮沉”是嘲讽朱熹学问。据说当时朱熹听闻此句，颜色顿变，大为震惊，气氛也骤然直下，吕祖谦赶紧出面调解，鹅湖之会勉强进行了三天，双方不欢而散，此诗开启了朱陆之争的序幕。

象山学的工夫重在“先立乎其大”，而朱子学的工夫重在“即物穷理”。象山认为，上达于圣人境界，只需在心上做工夫，通过“穷物理”何以能够“穷人理”，进而达圣人境界呢？朱熹之法显然有隔靴搔痒之嫌。象山曰：“某读书只看古注，圣人之言自明白。且如‘弟子入则孝，出则弟’。是分明说与你入便孝，出便弟，何须得传注？学者疲精神于此，是以担子越重。到某这里，只是与他减担，只此便是格物。”(《象山集》卷三十五《语录下》)在象山看来，朱熹要人格物，是在给学者加担子，“今日格一物，明日格一物”的层积式做法是不可能打通圣人之心的。

可以看出，朱陆之相同处，不外乎欲要证成天理，而二人所认定的天理并无二致。象山曰：“此理在宇宙间，未尝有所隐遁，天地之所以为天地者，顺此理而无私焉耳。”(《象山集》卷十一《与朱济道》)朱熹曰：“未有天地之先，毕竟也只是理。有此理，便有此天地……有理，便有气流行，发育万物。”(《朱子语类》卷一《理气上》)“理”在朱熹体系中，被界定为形而上，与形而下的气相对。象山却没有类似的定义，但从象山对“理”的实际使用来看，他的理的内涵所指，与朱熹亦是一样的。因此，朱陆之别，不在于朱熹讲了“性即理”而陆九渊讲了“心即理”。通过前文的梳理我们已经发现，其实，朱熹与陆九渊二人都讲了很多相似的话语和论断。朱熹试图把心与性相贯通，而陆氏则以心观心，并不重视分辨心与性。陆氏有“先立乎其大”之言，而朱熹也有“大本不立，小规不正”(《朱子语类》卷八《学二》)之说。

仅从字面上是无法进行根本的区分的，关键在于二人在心性工夫论的落实上不同。朱熹重由外而内与内外兼顾，而陆氏倾向由内而外与重内轻外。一个是天理本体的主体化的建构路向，一个是心性主体的本体化的建构路向。朱熹讲天心、宇宙之心、知觉之心、气质之心等等，而陆氏则纯乎只讲道德本心。朱熹是宇宙论与本体论共建模式，而陆氏则基本就是道德本体论的建构模式。金春峰先生认为，"朱熹提出本心、仁义之本心或本体之心，与陆象山一样，亦是为了区别于思虑营为之心或私欲、意见之心、习俗之心的。此种心或本心、本体，在朱熹体系中，亦是人人所同具，万世一揆，是形而上的超时空的绝对，和陆象山所讲一样"①。冯友兰先生虽力主朱熹之心为"形而下"者，但是却又认为"故其（象山）所谓心，正朱子所谓心也"②。当然，我们的立场与钱穆等人不同的是，虽然朱熹提出同样的概念，但是必须领会在朱熹整个理学体系中的内涵和意图，而不是简单地把朱熹"心学"等同于陆王意义上的心学。

金春峰先生又说道："实际上，朱熹的基本观点亦是心学，不过心学的具体结构与形态与陆有所不同而已。朱陆异同，不是理学与心学的不同，而是心学基础上两种具体哲学形态之不同。犹如禅宗中慧能与神秀，虽有顿悟与渐修之分，其为'明心见性'之禅宗，却是一致的。"③因此，所谓心本与理本之争，只是后世学者对二者分歧的夸大，并标示为"理学"与"心学"，当时两派虽有论争，却从未标榜自己是"理学派"或"心学派"。朱熹与其弟子陈淳有一段著名的对话：

问："昨谓未有天地之先，毕竟是先有理，如何？"曰："未有

①金春峰：《朱熹哲学思想》，台北：东大图书股份有限公司，1998年，第273页。
②冯友兰：《中国哲学史》（下册），上海：华东师范大学出版社，2011年，第218页。
③金春峰：《朱熹哲学思想》，台北：东大图书股份有限公司，1998年，第269页。

天地之先,毕竟也只是理。有此理,便有此天地;若无此理,便亦无天地,无人无物,都无该载了!有理,便有气流行,发育万物。”曰:“发育是理发育之否?”曰:“有此理,便有此气流行发育。理无形体。”曰:“所谓体者,是强名否?”曰:“是。”曰:“理无极,气有极否?”曰:“论其极,将那处做极?”(《朱子语类》卷一《理气上》)

对于这一段对话,大家关注的重点基本都在“未有天地之先,毕竟也只是理”“若无此理,便亦无天地”等表述上,这些表述强调理对于气的逻辑先在性。但是,大多忽略了“是强名否”的问答,这个问答清楚地表明,朱熹即便是“理”本论也不执着,因为他知道这只是其中一种本体诠释模式和路径而已。

因此,从上述可以看出,其实二家均同时是心本论者和理本论者,既可以说二人都是理学,又可以说二人都是心学,不过是基于天理立场还是心性学立场分判而已。而执着于理、心二分者,乃是我们这些后世的学者。

第六章　朱熹论心与气

相对于程颐,显然朱熹更多关注到“气”的问题,而对“气”的吸纳,显然是受到张载等人的影响,理与气的融合、心与气的融合,是朱熹对程颐与张载思想融合重构的结果。

第一节　心之形上与形下

钱穆先生说:“性属理,心属气,必先明白了朱子之理气论,始能探究朱子之心性论。”①盖理气论为心性论提供了宇宙论的基础,不探究朱熹之理气论,便无法了解心与性之来源与生成。依生成论言之,朱熹主张理生气之说。其曰:“太极生阴阳,理生气也。阴阳既生,则太极在其中,理复在气之内也。”(《朱子抄释》卷二)又,“有是理后生是气”(《朱子语类》卷一《理气上》)。理在气先,气由理生而理在气中。在气论方面虽于张载处多有继承,但是在朱熹处,气纯然是形下之存在。“天所赋为命,物所受为性。赋者命也,所赋者气也;受者性也,所受者气也”(《朱子语类》卷五《性理二》),天之所赋命,人与物受之以为性,所以成形,气使之然也。若论人之心,为精爽之气所为之也,“心者,气之精爽”。如前文所述,因心为精爽之地,而有神明藏之,神明出入,则兼具形上与形下。于形下义上言心,心乃是

①钱穆:《朱子新学案》,成都:巴蜀书社,1986 年,第 31 页。

器官义与知觉义上的存在；而于形上义上言心，心乃是本体义与主宰义上的存在。可见，朱熹是以心为贯通理气而为言之，一方面，心内具天理，故可上通天道；另一方面，心为气之灵，以此身之气与万物之气相感通。二程曰："论性不论气，不备；论气不论性，不明。"(《程氏遗书》卷六《二先生语六》)显然，二程(尤其程颐)性与气二分之维度为朱熹所继续秉承，削去现实的维度去谈心性，无异于坐而论禅。故钱穆先生说："论朱子思想，应可分为心性论与理气论之两部分，心性论承袭二程，理气论则补其缺陷。"①此语正是此意。

因此，在朱熹理论中，心是具有形上与形下的双重维度的。形上维度接通天理，形下维度立足于现实的人生，天理才可能在现实世界得以呈现与贯通。朱熹一方面承认有自我超越的本体的存在，另一方面肯定心的知觉与认知作用。朱熹曰："盖尝论之：心之虚灵知觉，一而已矣，而以为有人心、道心之异者，则以其或生于形气之私，或原于性命之正，而所以为知觉者不同，是以或危殆而不安，或微妙而难见耳。然人莫不有是形，故虽上智不能无人心，亦莫不有是性，故虽下愚不能无道心。二者杂于方寸之间，而不知所以治之，则危者愈危，微者愈微，而天理之公卒无以胜夫人欲之私矣。精则察夫二者之间而不杂也，一则守其本心之正而不离也。从事于斯，无少闲断，必使道心常为一身之主，而人心每听命焉，则危者安、微者著，而动静云为自无过不及之差矣。"(《四书章句集注·中庸序说》)朱熹不只言性为心之体，更言心自以其虚灵知觉为体。心之生于"形气之私"者，则有气禀物欲之蔽，此为人心，为形而下者；心之原于"性命之正"者，则虚灵知觉超越气禀物欲之上，此为道心，为形而上者。唐君毅先生就此处论之说："心之所以有超于气之义者，固非以其是气，而实因其

①钱穆：《朱子学术述评》，《中国学术思想史论丛》(五)，北京：生活·读书·新知三联书店，2009年，第182页。

具理以为性。”①即心之超于气之上者，乃是心中所具之理而所成之性使然，心之本性主宰与“驱使”心不沉沦于气禀物欲之中，而主动追求超越，归于道也。唐先生认为朱熹以心为气之灵，是以身观心，而非直接以心观心；象山之所以直接以心观心，认定心即理、理即心者，因其已预设了“清明在躬，志气如神”，此身自然不会被气禀物欲所陷，故可以心观心。唐君毅先生甚至认为心与气之关系比心与理的关系还要重要，他说：“朱子之以心为气之灵，无形中即显出一重心与气之关系，而轻心与理之关系之色彩。其所以重心与气之关系，而忽心与理之关系，则关键在其言天之生物虽以理为主，而言人物之受生，则以气为主。”②依唐先生之意，正因理在气先，“无人之存在，固无所具之理之可说也”，即人还不存在，理无可说处，“心必依于人之存在而说”，人以气而成形，有形而后有心，有心方可说理，因此，心与气的关系则显得更为重要。

但是，在朱熹的理论体系中，也须注意的是，不要因其言气禀物欲而分心为二，故断言曰：道心只存于上智之人心中，人心只存于下愚之人心中。其实，在朱熹这里，不论是上智还是下愚之人，人心道心俱存乎一心之中，二者“杂于方寸之间”。故朱熹主张精察二者之间而不杂，常使道心为一身之主，而令人心听命于道心，方可由危而安，由微而著，渐由心之形下而至形上也。

> 问：“心之为物，众理具足。所发之善，固出于心。至所发不善，皆气禀物欲之私，亦出于心否？”曰：“固非心之本体，然亦是

①唐君毅：《中国哲学原论 · 原教篇》，北京：中国社会科学出版社，2006 年，第 324 页。

②唐君毅：《中国哲学原论 · 导论篇》，北京：中国社会科学出版社，2005 年，第 310 页。

出于心也。”(《朱子语类》卷五《性理二》)

盖可分疏为:“所发之善”,是形上心体之发也;“所发不善”者,为形下之心所发也。也或者,善与不善,皆一心之所发,心乃是“形上与形下之间”之物,兼具形而上下,故可贯通形而上下。在朱熹那里,形上形下并不是泾渭分明之两分,亦是“体用一源”的关系。故朱熹曰:“心是贯彻上下,不可只于一处看。”(《朱子语类》卷九十五《程子之书一》)又曰,“至于形而上下却有分别,须分得此是体、彼是用,方说得一源;分得此是象、彼是理,方说得无间”(《朱文公文集》卷四十八《答吕子约》)。即形上形下本不相离,欲说理时方分拆开来。分别而谓之体与用,亦须晓得自是一源;分别而谓之理与象,当知其本来无间。唐君毅先生说:“‘心本应为居气之上一层次,以承上之理,而实现之于下之气’之一转捩开阖之枢纽。”①蒙培元先生说:“故朱熹认为,不能笼统地说,心是形而上者或形而下者,它毋宁说是‘形而上下之间’,这正是心之所以为‘妙’处。”②人才是赞天地之化育的担当者,是天地人三才之道的居中“运营者”。当然,在心之贯通形而上下这方面,陆九渊显得更加彻底,其言心亦不分形上和形下,亦不分体用,体用不分则性情不分,此心只是本体之心,这种直接体验式的体用合一说,自然比朱熹的简捷得多,但是,这样也有其问题,后文将会细论。

其实,朱熹早年从延平求学时,在心与气相合的工夫修行方面,就已经有心气合一之心得,并得到了延平的肯定:

①唐君毅:《中国哲学原论·原性篇》,北京:中国社会科学出版社,2005 年,第 250 页。

②蒙培元:《理学范畴系统》,北京:人民出版社,1989 年,第 207 页。

问："熹又问孟子养气一章，向者虽蒙曲折面诲，而愚意竟未见一总会处，近日求之，颇见大体，只是要得心气合而已。故说'持其志，无暴其气'，必有事焉而勿正，心勿忘，勿助长也，皆是紧切处。只是要得这里所存主处分明，则一身之气，自然一时奔凑翕聚，向这里来。存之不已，及其充积盛满，睟面盎背，便是塞乎天地气象，非求之外也。如此则心气合一，不见其间，心之所向，全气随之。虽加齐之卿相，得行道焉，亦沛然行其所无事而已，何动心之有！《易》曰：'直方大，不习无不利。'而《文言》曰：'敬义立而德不孤'，则不疑其所行也。正是此理。不审先生以为如何？"先生曰："养气大概是要得心与气合。不然心是心，气是气，不见所谓集义处，终不能合一也。"(《延平答问·延平李先生师弟子答问》)

当时，朱熹就孟子养气一说的体悟问于延平，认为心与气合一方能"睟面盎背"贯乎一身，进而"塞乎天地气象"贯乎天地。延平称许朱熹所悟，谓若不如此，则心是心，气是气，心气两隔，如何还能集义于一处。后来，朱熹与其他当世学者不断地交流、会通，终于完成了他心理合一、心气合一的理论体系。

第二节　心之超越性与现实性

一般认为，陆王以承袭孟子为主。其实，在孟子那里，心性论只是其天人之学的一翼，孟子还有养气和践形说一翼。但是，陆王似只承袭了孟子心性论一翼，养气与践形的工夫论几无沿承，而朱熹则有综合孟荀之姿态。

心之超越性和现实性相对应，即形上为道心，形下为人心；相对应之，性亦分为天地之性与气质之性。这种性的二分法在张载与二程那里就已经实现了，只是在朱熹这里，更为强调气质之性是兼天命与气质而言。朱熹解读孔子的“性相近也，习相远也”曰：“此所谓性，兼气质而言者也。气质之性，固有美恶之不同矣。然以其初而言，则皆不甚相远也。”（《四书章句集注·论语集注》）朱熹认为孔子所言之性，乃是在兼天命之性和气质之性而言之。可见，朱熹言性，重视现实性的维度，“朱子尝言以气质之说既立，而后言性始备”①，在朱熹看来，不在气禀的基础上是不可能讨论性的问题的。

朱熹心与气的关系问题其实也内含了另一个问题，就是理与欲的关系问题。朱熹认为“本心之善，其体至微”，常常会受到物欲的侵扰。如“一日之间，声色臭味游衍驰驱，土木之华、货利之殖杂进于前，日新月盛，其间心体湛然、善端呈露之时，盖绝无仅有也”（《朱文公文集》卷十二《己酉拟上封事》），现实生活中的各种声色利诱无时不在，从而导致道心愈微，人心愈危，天理未纯，人欲未尽。因而要确保意诚心正，就必须“致谨于隐微之间”（《朱文公文集》卷十五《经筵讲义》），诚意正心的用力之处就在于善恶得失隐微萌芽之处，需要“我”不时地深致省察，反身而诚，常存此心，“一念之萌，则必谨而察之，此为天理耶，此为人欲耶？果天理也，则敬而扩之，而不使其少有壅阏；果人欲也，则敬以克之，而不使其少有凝滞。推而至于言语动作之间、用人处事之际，无不以是裁之”（《朱文公文集》卷十四《戊申延和奏劄五》），日日克之，不以为难，持之以恒，自然可以做到“私欲净尽，天理流行，而仁不可胜用也”（《四书章句集注·论语集注》）。有学者依据“存天理，灭人欲”之语批判朱熹是一名“禁欲主义”者，这也有夸大之嫌。杜维明先生说：“儒家有全面的功夫论，它的功夫和极端的禁欲主义有显著的区别。国内不少从事思想史研究的学者

①谢无量：《中国哲学史》（第三编上），上海：中华书局，1916 年，第 62 页。

判定宋明儒学是有禁欲主义的倾向，这个我不能接受。”①人欲是不是都是恶的，究竟是否与天理必然冲突，都是需要仔细检讨的。

朱熹所论心与气的关系在现实的层面还体现为理与事的关系问题，“心与理一，不是理在前面为一物。理便在心之中，心包蓄不住，随事而发”（《朱子语类》卷五《性理二》），心之随事而发，理自在其中，因此，于一事中所行合得其理，心与理方为一。若具体言之，此理即儒家之仁、义、礼、智是也，“当来得于天者只是个仁，所以为心之全体。却自仁中分四界子：一界子上是仁之仁，一界子是仁之义，一界子是仁之礼，一界子是仁之智。一个物事，四脚撑在里面，唯仁兼统之。心里只有此四物，万物万事皆自此出”（《朱子语类》卷六《性理三》）。心之全体既是仁、义、礼、智四物，心之随事而发者，也不过是此四物之理，行事时合得此四物之理，方是心与理一、理与事一。朱熹曰：“只是见得天下事皆我所合当为而为之，非有所因而为之。然所谓天下之事皆我之所当为者，只恁地强信不得。须是学到那田地，经历磨炼多后，方信得过。”（《朱子语类》卷十七《大学四》）于事中磨炼，似是身外之事，然终是为了心中“信得过”。“一事上皆有一个理。当处事时，便思量体认得分明。久而思得熟，只见理而不见事了。”（《朱子语类》卷十八《大学五》）磨炼日久，自然思虑精熟，遇事而自然理现，从容中道，无有逾矩，内外合一。

若进一步言之，朱熹之心与气的双向展开，不只是对治陆九渊心学，还是在对治佛学。朱熹认为在本质上儒家之心是“湛然虚明”（实），佛家之只是“空豁豁地，更无一物”（虚）。朱熹曰：“吾儒心虽虚而理则实，若释氏则一向归空寂去了”，“释氏只要空，圣人只要实。释氏所谓敬以直内，只是空豁豁地更无一物，却不会方外。圣人所谓

①杜维明：《“克己复礼为仁”与儒家的修身哲学》，王正主编：《儒家工夫论》，北京：华文出版社，2018 年，第 4—5 页。

敬以直内，则湛然虚明，万理具足，方能义以方外”（《朱子语类》卷一百二十六《释氏》）。因此，对治佛学之弊，还是在工夫处的落实。朱熹曰：“今之学者往往多归异教者，何故？盖为自家这里工夫有欠缺处，奈何这心不下，没理会处。又见自家这里说得来疏略，无个好药方治得他没奈何底心。”（《朱子语类》卷一百二十六《释氏》）经宋儒之不懈之重建，儒家心性论与佛家之境界高蹈已颇为相似，然对治佛学之空幻，必加强儒家之工夫修养而后可。

第三节 单一向度与双向关照

相对而言，象山重心而几不言气，表明重形上而于形下开展有限，而朱熹理与气、心与气并言之，更为兼顾形上与形下。因此，象山心学有偏于单一向度之嫌，与朱熹之双向关照形成了对比。或可以说，象山重言心之“所以然”和“应然”，而朱熹除此之外，还言心之“如何然”。金春峰先生说：“从陆的心学观点说，人之道德本心之存在与呈现，实质是人的自信、信仰的问题；它即便可以指点、启示、引喻、开发、诱导，但本质上是不可能以言说、推理为之论证和系统证明的。故陆象山常常只走便捷简易之路，以断言形式直陈人皆有此心，心皆具此理，此理是天之所赋予、人之所同受者。至于何以谓之天，天怎么赋予人以‘此心’？此心与知觉灵明之心，清浊贤愚之心，是何关系？此心既然是‘万世一揆’是永恒超越的绝对，何以又在人之现实的知觉灵明之心中等等，这些，陆九渊认为都是不能提出，更不能加以论述、论证的。”①由于象山基本不讲气禀，因此也就不会重视持敬涵养、进学致知等为学的工夫。

①金春峰：《朱熹哲学思想》，台北：东大图书股份有限公司，1998 年，第 282 页。

一、性的隐略

束景南先生认为陆九渊之学以“心”的救赎为本,朱熹之学以“性”的救赎为本,二者都是解决“人”自身问题的“人学”(人本学)①。朱陆立场不同,在理论建构上的侧重自然不同。因陆九渊着力于心之觉悟上的“定点突破”,对于心之救赎意义自有前无古人之功,然而,正因其力量全聚于此一点上,对于性及以下皆有所隐略。

据粗略统计发现,在《象山集》中,“心”字的使用频度最高,而“性”“情”“命”等字的使用频度与《朱子语类》相比有一个不成比例的严重下降,表明在陆九渊的理论体系里,它们的受关注度明显下降了。当然,这种统计是不严谨的,因为这些字在具体行文中未必全部都是在理学义涵内的使用。但是,“大数据”的统计可以给我们一种大略的判断。

象山由于过于强调心的本体与主宰意义,对性的客观性和独立性维度有严重的消解:

> 伯敏云:“如何是尽心?性、才、心、情如何分别?”先生云:“如吾友此言,又是枝叶。虽然,此非吾友之过,盖举世之弊。今之学者读书,只是解字,更不求血脉。且如情、性、心、才,都只是一般物事,言偶不同耳。”伯敏云:“莫是同出而异名否?”先生曰:“不须得说,说着便不是,将来只是腾口说,为人不为己。若理会得自家实处,他日自明。若必欲说时,则在天者为性,在人者为心,此盖随吾友而言,其实不须如此。只是要尽去为心之累,如吾友适意时,即今便是。”(《象山集》卷三十五《语录下》)

①束景南:《朱子大传:“性”的救赎之路》(增订版),上海:复旦大学出版社,2016年,第630页。

> 圣贤急于教人,故以情、以性、以心、以才说与人,如何泥得?若老兄与别人说,定是说如何样是心,如何样是性、情与才。如此分明说得好,划地不干我事,须是血脉骨髓理会实处始得。凡读书皆如此。(《象山集》卷三十五《语录下》)

陆九渊不强调心与性之区分,而强调心与性内在地合会为一。张岱年先生说:"象山虽是心学开山,与朱子之为理学宗师相对立:但象山论心,实不若朱子详备。"①其实朱熹也讲"心具万理""心包众理""心为太极""心是主宰""心外无理"②等"本心",此类表述出现频度之高,可能会超出了我们的想象。朱熹这些对"本心"的判释,在本体层面上与象山"心即理"并无本质区别,但是朱熹还讲作用之心(知觉之心),而象山认为,心只是一个心,不分形上与形下、体和用。钱穆先生说:"陆王主心即理,不多及性字,既将一切全归于心,则性字无可说也。朱子分说理气,性属理,心属气,故心之于性有辨,可分言,亦可合言。若心性分言,则亦可谓心即理。若心性合言,则只可说性即理,不复说心即理。"③在钱穆先生看来,这正是朱子"心学""彻头彻尾"和"圆密宏大"之张力所在。但按照陆氏的这种逻辑,基于形上形下和体用关系来论性、情等的必要性也就没那么强烈了。

象山"心即理""知本"与"先立乎其大"等,皆是力求上达之语,确实简易直接,让人猛醒。但是,象山之学却在具体层面的实践缺少彻下的灌注,他反对针对心、性、情、才等范畴做毫分缕析的区分,就

①张岱年:《中国哲学大纲》,苏州:江苏教育出版社,2005年,第235页。

②问:"天地之心,天地之理。理是道理,心是主宰底意否?"曰:"心固是主宰底意,然所谓主宰者,即是理也,不是心外别有个理,理外别有个心。"又问:"此'心'字与'帝'字相似否?"曰:"'人'字似'天'字,'心'字似'帝'字。"(《朱子语类》卷一《理气上》)

③钱穆:《朱子新学案》,成都:巴蜀书社,1986年,第361页。

必然在具体的形下层面上显得粗疏。朱熹曾批评象山之学是“两头明，中间暗”(《朱子语类》卷一百四《朱子一》)，“只守个空荡荡底”(《朱子语类》卷九十四《周子之书》)，“只管说一个心……万法流出，更都无许多事”(《朱子语类》卷一百二十四《陆氏》)。象山对于知行两端认识得很清楚，但是关于如何由知到行或知对于行的作用机理却语焉不详，连后来的阳明亦说陆氏之学“粗”①。日本近代学者荒木见悟先生论象山之学说：“他无限地扩大心量，把物理完全收摄于一心之中，一举推翻组成客观世界的独自的素材、条件、势力。这表明他还没有真正地把握住‘天理’……因此，所谓心即理，貌似标榜心与理的一致，实际上由于不察气禀物欲的我，所以一旦发生便不符合理，终究以心与理为二而告终。”②在象山看来，只要先立乎其大者，“收拾精神，自作主宰”，进而发明本心，就已达圣贤之境，何须外求。因此，对于“中人之质”之人，陆氏尚且劝勉之，而“中人以下”之人则无见其顾及：

> 中人之质，戕贼之余，以讲磨之力，暂息斧斤，浸灌于圣贤之训，本心非外烁，当时岂不和平安泰，更无艰难。继续之不善，防闲之不严，昏气恶习，乘懈而炽，丧其本心。觉之而来复，岂得遂无艰屯？(《象山集》卷四《与诸葛诚之》)

束景南先生说：“心学的拯‘心’救赎与性学的拯‘性’救赎展现

①又问：“陆子之学何如？”先生曰：“濂溪、明道之后，还是象山，只是粗些。”九川曰：“看他论学，篇篇说出骨髓，句句似针膏肓，却不见他粗。”先生曰：“然他心上用过功夫，与揣摹依仿、求之文义自不同，但细看有粗处，用功久当见之。”(《传习录》下)

②[日]荒木见悟著，杜勤、舒志田译：《佛教与儒教》，郑州：中州古籍出版社，2001年，第196—197页。

了道学两种封闭的文化心理与文化心态:它们都是以道德为出发点,又最终复归于道德;不同的是,心学心态对道德的追求完全封闭在主观一心之内(以心求心),而性学心态对道的追求是从对万物的分殊体认回归天理善性(性与理合一)。一个是由主观到主观,一个是由客观到主观,但都在伦理道德的封闭圈中做着自我的心性修养功夫。"①束先生所谓的"心学"自然是指陆学,而"性学"乃是指朱学。若站在朱学的立场去挑剔陆学,陆学"圆转浑浩无碍"之"极高明"乃是以"舍弃"形而下的世界为代价的。陆学太固守其"大本大源"而不肯下灌,在形上的理论形态上讲,利于保证其圆融和完满,但是,于普罗大众的现实生活世界补益却有限。朱熹曰:"不要理会下学,只理会上达,则都无事可做。恐孤单枯燥。"(《朱子语类》卷一百一十七《训门人五》)在《象山集》中可以看出,满篇皆是教人发明本心之法,对现实生活之事几无涉及。朱熹态度显然正相反,曰:"圣贤无所不通,无所不能,那个事理会不得……且如礼、乐、射、御、书、数,许多周旋升降、文章品节之繁,岂有妙道精义在?只是也要理会。理会得熟时,道理便在上面。又如律历、刑法、天文、地理、军旅、官职之类,都要理会。虽未能洞究其精微,然也要识个规模大概,道理方浃洽通透。"(《朱子语类》卷一百一十七《训门人五》)又曰,"某煞有话要与诸公说,只是觉次序未到。而今只是面前小小文义尚如此理会不透,如何说得到其他事!这个事,须是四方上下、小大本末,一齐贯穿在这里,一齐理会过。其操存践履处,固是紧要,不可间断。至于道理之大原,固要理会;纤悉委曲处,也要理会;制度文为处,也要理会;古今治乱处,也要理会;精粗大小,无不当理会。四边一齐合起,功夫无些罅漏"(《朱子语类》卷一百二十一《训门人九》)。在朱熹的著作

①束景南:《朱子大传:"性"的救赎之路》(增订版),上海:复旦大学出版社,2016年,第11页。

中,可以看到,婚丧嫁娶、田亩耕作、军事税赋等等,朱熹皆有所论及,几无一遗漏。也正是基于此,朱子学派反过来指责象山之学"空疏""孤单枯燥",以及"有体无用"等。朱熹曰:"或如释氏,有体无用,应事接物,不得流入不善",再如,"如释氏徒守空寂,有体无用"(《朱子语类》卷五十九《孟子九》)。此本为论明道之语,象山之学更是如此。进一步,朱熹指摘陆学"江西之学只是禅"(《朱子语类》卷一百二十三《陈君举》)。象山更多地把认识活动当作一种几乎不需具体操存而顿悟整体的过程,"空疏"则必然成为其理论的代价。

甚至,在朱子学的立场看来,象山心学还有一个更为致命的"命门",即如何保证心中本具之理或良知的可靠性问题。其实在陆王那里默认的前提就是天理或良知的自明性,但是,其实这种自明性恰恰是建立在过往漫长历史长河中人类知识的积累、筛选与层进的基础上的。若借用张载"四句教"来论证,就是历代先贤已经为当下的我们立下了"天地之心",已经给我们留下了往圣前贤所创造的"绝学",此"心"此"学"正是当下学人价值与理念建立的前提,否则只是无本之木、无源之水。或者,严苛地讲,陆王所做的乃是"承前"而不"启后"的学问,不利于久远地传承。

据《宋元学案》所载,程颢见其弟子谢良佐兢兢业业地整理五经语录,曾讥之为"玩物丧志"①,在大程子看来,人生的首要任务乃是涵养生命,而偏务于典籍语录之类的整理工作则不是"正道"。陆九渊"先立乎其大"之语,其实也隐含了对于涵养生命之外事情的否定,对于这一点陆九渊也并不避讳:"近有议吾者云,除了'先立乎其大者'一句,全无伎俩。吾闻之曰:'诚然'。"(《象山集》卷三十四《语录上》)当然,自程颢一系下来至陆王,在揭蔽儒学乃是"为己之学"

①"又曰:良佐昔录《五经》语作一册,伯淳见之,谓曰:'玩物丧志!'"(《宋元学案》卷二十四《明道学案》下)

之道德生命的学问方面，其功至伟。但是，在另一方面，当扬弃过度，心学又有陷入“自了汉”之嫌，“为往圣继绝学”之事业恐将渐次旁落。程颢著述不多，有《定性书》《识仁篇》等篇，陆九渊亦不喜著书，《象山集》中所收录者多为往来书信及短篇杂著，如书、表、奏、记、杂说、行状、墓志、墓碣等，并无陆氏独立完整的著作。

陆九渊曰：

> 六经既作，传注日繁，其势然也。苟得其实……虽多且繁，非以为病，只以为益。不得其实而蔽于其末，则非以为益，只以为病。（《象山集》卷二十《与二赵》）

陆氏认为后世不明天理者，因传注太盛，反而遮蔽了经之本义。并说：“使生在治古盛时，蒙被先圣王之泽，必无此病。惟其生于后世，学绝道丧，异端邪说充塞弥满，遂使有志之士罹此患害，乃与世间凡庸恣情纵欲之人均其陷溺，此岂非以学术杀天下哉？”（《象山集》卷一《与曾宅之》）陆九渊这里隐含了一个逻辑和判断，自圣贤文章之下，皆是“异端邪说”，这些中间的学问将是掌握圣贤之理的障碍，因此，天下学人还是不要留下文章学说来误人为好，至少先从我自己做起，不求著书立说。据叶适所载浙东一批象山弟子“有陆子静后出，号称径要简捷，诸生或立语已感动悟入矣。以故越人为其学尤众，雨并笠，夜续灯，聚崇礼之家，皆澄坐内观”（《水心文集》卷十七《胡崇礼墓志铭》）。他们不读书，不著文，甚至连空谈性命也不为，只是闭目静坐，以为这样就可灵感天降，一朝顿悟，万理俱明。但是，文以载道，若偏执太过，则必师心自用，恐有妨于道之流传也。朱熹死后，据元人刘埙所记：“其徒大盛，其学大明。士大夫皆宗其说，片言只字，苟合时好，则可以掇科取士，而象山之学反郁而不彰。”（《隐居通议》卷一《理学一》）这种状况与象山心学立意高蹈或有关系。

二、性的“救赎”

相对而言，象山之学重“心的救赎”，而朱熹之学重“性的救赎”。相对于陆氏心学的工夫践履，朱熹心性之践行注重的是自下而上，由下学而上达，立足于人的气质之性，通过格物而致知，穷理而尽性，进而成就圣贤境界。在朱熹看来，“致知力行，用功不可偏，偏过一边，则一边受病”，“论先后，当以致知为先；论轻重，当以力行为重”（《朱子语类》卷九《学三》），“穷理以致其知，反躬以践其实”（《朱子读书法·原序》）。“涵养穷索，二者不可废一，如车两轮，如鸟两翼”，“涵养中自有穷理功夫，穷其所养之理；穷理中自有涵养功夫，养其所穷之理，两项都不相离。”（《朱子语类》卷九《学三》）“为学之道，圣贤教人，说得甚分晓。大抵学者读书，务要穷究。‘道问学’是大事。”（《朱子语类》卷十《学四》）“大抵学问只有两途，致知、力行而已”（《朱文公文集》卷四十八《答吕子约》），涵养穷索，致知力行，朱熹始终保持了心性涵养与现实践行的双向关照与落实。

而在象山看来，只要先立乎其大者，“收拾精神，自作主宰”，进而发明本心，就已达圣贤之境，何须外求。“古人教人不过存心、养心、求放心。”（《象山集》卷五《与舒西美》）故朱熹重“道问学”，象山重“尊德性”。朱熹批评象山曰：“大抵其学于心地工夫不为无所见；但便欲恃此陵跨古今，更不下穷理细密工夫，卒并与其所得者而失之。人欲横流，不自知觉，而高谈大论，以为天理尽在是也，则其所谓心地工夫者又安在哉?”（《朱文公文集》卷五十六《答赵子钦》）故进一步指摘象山近禅，“看子静书，只见他许多粗暴底意思可畏……只我胸中流出底是天理，全不著得此工夫”，“曰：子静说话，常是两头明，中间暗。或问：暗是如何？曰：是他那不说破处。他所以不说破，便是禅……”（《朱子语类》卷一百四《朱子一》），又曰，“陆子静所学，分明是禅”（《朱子语类》卷一百一十六《训门人四》）。陆学是禅学，陆九渊是“告子”，是朱熹对陆氏学问的定论。绍熙三年，陆九渊病逝后，朱熹率门人往萧寺吊丧，久默无言，终了叹曰：“可惜死了告子！”可见，与象山几乎只重视心的觉解与“救赎”，其余皆为末节。朱熹除了肯定心体的觉悟与主宰作用外，还强调人性即天理（性即理），承认现实中的人因气禀和后天原因而有迷失和沉沦，试图完成人性的“救赎”。朱熹曾曰：“为学大端，在于求复性命之本然，求造圣贤之极致。”（《朱子语类》卷第一百一十八《训门人六》）“复性命之本然”即“复性”，为人性的净化和异化的回归，此有遥承李翱之处。甚或，朱熹试图同时完成心的“救赎”和性的“救赎”，心的“救赎”针对气清之人，而性的“救赎”针对气浊之人。唐君毅先生说：“朱子谓象山为禅之意所在，盖在于言象山不重读书穷理之外，更谓其只知求一贯、求统宗会元、求悟处、过关，便不用工夫，此即入异端邪说，败坏学者。”①蔡仁厚先生把人的生命分为“正面生命”和“负面生命”，所谓的正面生命就是德性生命，负面生命就是气质生命②。并指出，德性的生命需要涵养、充实、发扬、上升，以求得生命最后圆满的完成，而对于气质生命则需要变化和节制。显然，在陆九渊这里，对德性生命的修养工夫极为重视，而气质生命则几乎被忽略了，这大概是象山心学最重要的症结所在。朱熹的工夫学说，不但重视“正面生命”的涵养，还重视“负面生命”的改造，相对于陆王的心学，更易于落实到生活实践之中去。

朱熹强调践履的一个重要方面就是对礼的重视，我们知道，孟、荀的一个重要的理论分野就在于对礼的定位上，孟子主张礼的内化，

①唐君毅：《中国哲学原论·原教篇》，北京：中国社会科学出版社，2006年，第161页。

②蔡仁厚撰述：《宋明理学——心体与性体义旨述引》（北宋篇），台北：台湾学生书局，1979年，第1页。

而荀子则强调礼对于道德的外在约束力。宋代理学一系主要是接续孟子思想而来，强调人之主体性对于礼乐教化的内化与超越。然而，朱熹之可贵在于，接续孟子的同时，并未忘记荀子思想的理性精神，亦重视礼制在现实实践中的有效性和重要性，进而使得心性修养能够在现实中真实地落地生根。朱熹曰："礼者，天理之节文，人事之仪则也"，又曰，"仁者，仁之本体；礼者，仁之节文；义者，仁之断制"（《朱子语类》卷六《性理三》）。朱熹释礼为"天理之节文""仁之节文"，义为"仁之断制"，显然有荀子之意蕴，在宋儒中更具理性精神。朱熹继承张载二程以理释礼的传统①，但对于张载二程主张礼从属于理、理本礼末之义有所不取，朱熹更强调礼不只是由天理而来，反过来礼是节制天理仁义的保障。朱熹认为，心性修养必要在礼上落实，否则将空悬在上。朱熹为此提出了"以义制事，以礼制心"的主张，曰："'以义制事，以礼制心'，此是内外交相养法。事在外，义由内制；心在内，礼由外作。"（《朱子语类》卷七十八《尚书一》）朱熹称之为"内外交相养法"，心在内，只靠心的自我反省不够，还需靠外在的礼来约束和限制。之所以需要礼义来制约人心，朱熹道出了其中的原因：

> 问："礼义本诸人心，惟中人以下为气禀物欲所拘蔽，所以反着求礼义自治。若成汤，尚何须'以义制事，以礼制心'？"曰："'汤武反之也'……"（《朱子语类》卷七十九《尚书二》）

汤武能"反之"，故靠心之"自反"即可克制人心而从于道心，而

①张载曰："盖礼者理也，须是学穷理，礼则所以行其义，知理则能制礼，然则礼出于理之后。"（《张子语录·语录下》）程颢曰："礼者，理也，文也。理者，实也，本也。文者，华也，末也。"（《程氏遗书》卷十一《明道先生语一》）

“中人以下”之人为气禀物欲所拘蔽，则必须借助礼以自治之。可见，朱熹于实践之主体分类何其清楚，非陆九渊一句“支离”可以尽言之。朱杰人先生说：“朱子集理学之大成，构建了以性理学说为核心的形而上的理学体系。但是他同样关注与重视‘天理’与‘人心’的连结与过渡，重视‘天理’对形而下的世俗社会的影响与干预。在他看来，‘礼’就是进行这种影响和干预的最有力的手段。”①朱熹对礼的重视不只是停留在义理的重构方面，他还具体着手编写了《朱子家礼》②，《家礼》共分为五部分：通礼、冠礼、昏礼、丧礼和祭礼。其内容是通用于整个社会的“庶民之礼”，这种“礼下庶民”的礼仪，便于民众的教化。《家礼》不只是“恩泽”了朱熹后裔，对于其后整个社会的民俗生活都有深远的影响。甚至，《朱子家礼》流传广泛，在日、韩、印尼、马来西亚等东南亚国家和地区也产生了巨大的影响。有学者说：“朱熹的礼、理学思想的最大特色在于既重视高明的形上学理论建构，又强调形而下学功夫的践履，既重视理的本体理论综合，又重视礼的功夫论，是礼、理双彰的思想，这正是朱熹思想极高明而道中庸的体现，也是其思想能够深远影响中国以及东亚政治和社会的根本原因。”③“礼、理双彰”的说法可谓体现了朱熹思想的主要特点，朱熹在其各个理论领域均试图做到天理与人生的贯通。

①朱杰人：《〈朱子家礼〉：从文本到实验——以婚礼为例》，陈来、朱杰人主编：《人文与价值——朱子学国际学术研讨会暨朱子诞辰880周年纪念会论文集》，上海：华东师范大学出版社，2011年，第211—212页。

②关于《朱子家礼》是否是朱子所作有很大的争议。据束景南先生考证：《祭仪》经三次修订，最后定稿于淳熙二年(1175)；《家礼》草于淳熙二年九月至三年二月间，尚未完稿，即在三月赴婺源展墓途中被窃失于僧寺；《祭仪》本于二程之说，《家礼》本于司马之说（束景南：《朱熹〈家礼〉真伪考辨》，《朱熹佚文辑考》，苏州：江苏古籍出版社，1991年，第675—686页）。相关争论可参考：殷慧：《礼理双彰：朱熹礼学思想探微》，北京：中华书局，2019年，第6—8页。

③殷慧：《礼理双彰：朱熹礼学思想探微》，北京：中华书局，2019年，第246页。

另外，朱熹一生重视书院教育和社会教育，身体力行去实行实践。五十岁任知南康军，复建白鹿洞书院，并为之亲定学规，经常与“诸生质疑问难，诲诱不倦”。五十四岁在福建崇安武夷山下建武夷精舍，“四方士友来者甚众”。六十一岁知漳州，刊印四经四子书，经常到州学“训诱诸生”。六十五岁知潭州，修复岳麓书院，“治郡事甚劳，夜则与诸生讲论，随问而答，略无倦色”。后来回到建阳考亭，修建沧州精舍，“学者益众”(《朱子年谱》卷四)。除了书院教育外，朱熹还非常重视学校教育，不断呼吁朝廷普及学校教育，朱熹提出在私塾教育体系之外，应该大幅增设城镇与乡村各级的学校。在中国古代社会，这种思想显然颇具进步性。后来在元朝忽必烈当政时期，当时的儒学家曾经努力推进朱熹的这一教育普及方案，取得了一定的成效。在明朝，又有黄宗羲和吕留良等儒学家试图继续推动学校教育普及。这种深入细致的社会教育实践，陆九渊恐怕是难以与之相比较的。

可见，在朱熹处，对性的“救赎”非止于心性的觉悟，人性的拯救与规约还需要外在礼制的约束，礼理双彰方能性理合一，内外合一。当然，朱熹注重形上与形下的双向开展，也将会给人留下“二元论”的印象，甚至被陆九渊指摘为“支离”，此处暂不细说，留待后文详辨。

第七章 已发未发与心统性情

前面几章主要是围绕朱熹心性论的几组核心概念进行了分疏，注重概念的基本内涵与相互关系，及其内在的结构与逻辑开展等方面的探究。但是，若从朱熹心性论发展的历史过程来看，可以分为三个阶段，简略地说：其一，“中和旧说”：主张性体心用；其二，“中和新说”：主张心为体用；其三，“心主性情”说：主张性为心之体，情为心之用。这三个阶段展现了朱熹心性思想从雏形到成熟的过程，有助于我们从历时性的纵向维度来了解朱熹心性论演进脉络和内在逻辑。

第一节 已发未发与心为体用

我们都知道“未发”与“已发”问题来自《中庸》，未发已发的终极指向还是“致中和”的问题。所谓致中和，就是道德自觉与道德实践相统一的问题。“中”已经先在地设定了人之性善，人心在未发之中就已经在先验的必然性上预设了价值标准和道德标杆。人顺此而发之为喜怒哀乐，自然也将是人之性善的外在表达，这种情感的表达若能“发而皆中节”就是“和”的境地。但是在《中庸》之中，由于文辞简约，也就留下了很大的诠释空间。如未发与已发是性情体用关系，还是心之动静关系？既然未发为至善，为何发之后却可能有不善？不善之私欲又从何而来？等等。这些问题显然是儒家心性修养理论中的关键问题，虽然《中庸》已经揭橥此理，而汉唐儒家受时代与理论旨趣的影响，对此问题鲜有深入的思考与讨论，宋儒受佛老精微之心性论的刺激，才将“中和”问题作为一个重要的话题拎出来深入讨论。

一、“中和旧说”：性体心用

朱熹早年学禅，二十四五岁时初见李侗（1093—1163，字愿中，世称延平先生），大谈禅学，不为李侗肯定，再三追问之下，李侗教之以“看圣贤言语”。并谓，“道亦无他玄妙，只在日用间着实做工夫处，便自见得”①。朱熹在李侗思想的影响下，治学重心开始转向儒学，并自觉到了“中和”问题的重要性，形成了自己的初步理解。朱熹自述曰：“李先生教人，大抵令于静中体认大本未发时气象分明，即处事应物自然中节，此乃龟山门下相传指诀。然当时亲炙之时，贪听讲论，又方窃好章句训诂之习，不得尽心于此，至今若存若亡，无一的实见处，辜负教育之意。每一念此，未尝不愧汗沾衣也。”（《朱文公文集》卷四十《答何叔京》）我们知道，李侗“静中体认”之学来自杨时，而杨时是得程颢之教而南传，因此，朱熹早年的中和问题之启发还是来自大程子一系。然从程颢《定性书》所言“仁者浑然与物同体”之“中和”境界，再到李侗“静中体认大本求发时气象”之工夫，是儒家心性修养的“上行路线”，即是《中庸》所言之“诚者”的修养路线。诚者“自诚明”，是由天道之诚到人德性之明，先尽性以至于穷理，率性成道也。“诚者”似如孔子所言的“生而知之者”，生来至诚，便能尽己其性，再尽人与物之性，进而赞天地之化育，与天地参。可见，“诚

①“时年二十四五矣，始见李先生。与他说，李先生只说不是。某却倒疑李先生理会此未得，再三质问。李先生为人简重，却是不甚会说，只教看圣贤言语。某遂将那禅来权倚阁起。意中道，禅亦自在，且将圣人书来读。读来读去，一日复一日，觉得圣贤言语渐渐有味。却回头看释氏之说，渐渐破绽，罅漏百出！”（《朱子语类》卷一百零四《自论为学工夫》）

者”多为圣人事，圣人率性而行即从容中道，不自以为是。依朱熹的区分法，此是“气清”之人的修养路线或方法，而对于“气浊”之人，此法恐未安。对应《中庸》，“气浊”之人即是“诚之者”之人，此类人先天觉悟能力相对较弱，只能择善者而固执守之，由教化而知善恶。是由人之德性修明而至天道之诚，先穷理以至于尽性，修道教化也。“诚之者”，乃“学而知之者”，则只能走“其次致曲”的下学而上达的“下行路线”。“诚者”为“自成”，不需太依赖于修道教化的途径，就可成就自己，再进而去成就他人与他物；“诚之者”则首先需要“他成”，需要圣人来教化，然后达到至诚境地再去成就他人与他物①。因此，对于“气浊”之人，尚未知“善”为何物，“静中体认”恐怕也不能有所得。这大概也正是朱熹无法理解李侗思想的原因，后来，李侗去世，朱熹与湖湘学派学者张栻（1133—1180，字敬夫，后避讳改字钦夫，又字乐斋，号南轩，世称南轩先生）等人多次讨论之后，始悟“中和”之说，因其后朱熹又对此说进行了修正，故命之为“中和旧说”，这一思想形成于乾道二年（1166），又称之为“丙戌之悟”，朱熹时年三十七岁。

据《中和旧说序》，朱熹曰：“余蚤从延平李先生学，受《中庸》之书，求喜怒哀乐未发之旨，未达而先生没。余窃自悼其不敏，若穷人之无归。闻张钦夫得衡山胡氏学，则往从而问焉。钦夫告余以所闻，余亦未之省也，退而沉思，殆忘寝食。一日，喟然叹曰：‘人自婴儿以至老死，虽语默动静之不同，然其大体莫非已发，特其未发者为未尝发尔。’自此不复有疑，以为《中庸》之旨果不外乎此矣。”（《朱文公文集》卷七十五《中和旧说序》）可见，通过交流，朱熹自谓其得“中和”之主旨。从朱熹与张栻的书信中我们大致可以看出朱熹“中和旧说”

①相关详细论证请参考王绪琴、朱红：《〈中庸〉与走出“自以为是”》，《哲学研究》，2016年第3期，第55—56页。

之义：

然则天理本真，随处发见，不少停息者，其体用固如是，而岂物欲之私所能壅遏而梏亡之哉？故虽汩于物欲流荡之中，而其良心萌蘖，亦未尝不因事而发见。学者于是致察而操存之，则庶乎可以贯大本达道之全体而复其初矣。(《朱文公文集》卷三十《答张钦夫》)

自今观之，只一念间已具此体用，发者方往，而未发者方来，了无间断隔截处，夫岂别有物可指而名之哉？(《朱文公文集》卷三十《与张钦夫》)

向见所著《中论》有云："未发之前，心妙乎性；既发，则性行乎心之用矣。"于此窃亦有疑。盖性无时不行乎心之用，但不妨常有未行乎用之性耳。(《朱文公文集》卷三十《与张钦夫》)

《正蒙》可疑处，以熹观之，亦只是一病。如定性则欲其不累于外物，论至静则以识知为客感，语圣人则以为因问而后有知，是皆一病而已。(《朱文公文集》卷三十二《答张敬夫》)

盖通天下只是一个天机活物，流行发用，无间容息。据其已发者而指其未发者，则已发者人心，而凡未发者皆其性也，亦无一物而不备矣。(《朱文公文集》卷三十二《答张敬夫》)

以上几封信，可以看出朱熹对此问题的思考脉络。在"中和旧说"中，大致可以得出三个要义：其一，未发和已发乃是一个整体，"了无间断"，"浑然一致，更无他物"；其二，未发为性，已发为心，性与心是体与用的关系；其三，因物欲之私而当"致察而操存"（即湖湘学派所主之"先察识后涵养"）。对"物欲之私"的肯定也意味着朱熹对程颢定性而不累于外物之说的怀疑与调整。"致察而操存"的方法显然是重视已发之后，这与李侗"体认大本未发时气象"的涵养方法明显不同,表明朱熹在“中和旧说”形成之后,已经扬弃了李侗的观点。从心性论的角度来看,“中和旧说”心为已发、性为未发的思想,其实是以性为本体,以心为用的观点,在这个观点中,心为气质之心,为形而下者。

二、“中和新说”:心为体用

在乾道四年(1168)秋,朱熹与张栻、蔡元定(1135—1198,字季通,世称西山先生)、吴翌、林择之等人就“观过知仁”问题的交流论辩中,开始怀疑“中和旧说”和湖湘学派“先察识,后操存”的工夫方法。朱熹在给程洵的信中第一次表达了他的新观点:

> ……以为须先有所见,方有下手用心处,则又未然。夫持敬用功处,伊川言之详矣……只此便是下手用功处,不待先有所见而后能也……伊川又言:“涵养须用敬,进学则在致知。”又言:“入道莫如敬,未有致知而不在敬者。”考之圣贤之言,如此类者亦众,是知圣门之学别无要妙,彻头彻尾只是个敬字而已。(《朱文公文集》卷四十一《答程允夫》)

在此信中,朱熹平生第一次引用程颐“涵养须用敬,进学则在致知”的修养方法之说,并以此取代湖湘学派“先察识,后操存”的方法。朱熹有此领悟,全赖他对二程著作的校订。据束景南先生考证,朱熹校订《伊川易传》是在乾道四年,正是他从长沙归来不久①。之后两个多月,朱熹再次阅读二程著作,使得他对二程“涵养、进学”之法有了更为深刻的理解。乾道五年(1169)春,朱熹与蔡元定论辩之

①束景南:《朱子大传:“性”的救赎之路》(增订版),上海:复旦大学出版社,2016年,第231页。

际,突然大悟"中和旧说"的问题,并有新得,即"中和新说"。因为此年岁在己丑,故又曰"己丑之悟",朱熹时年四十岁。《中和旧说序》中载有此事:"后得胡氏书,有与曾吉父论未发之旨者,其论又适与余意合,用是益自信。虽程子之言有不合者,亦直以为少作失传而不之信也。然间以语人,则未见有能深领会者。乾道己丑之春,为友人蔡季通言之,问辨之际,予忽自疑。"(《朱文公文集》卷七十五《中和旧说序》)可见,朱熹虽从二程处有所得,但是其与先前从湖湘学派得来的"先察识,后操存"之法有冲突,而在与蔡元定的论辩中,对"旧说""忽自疑",朱熹顿然开悟,由"自信"于之前的立场转向了二程的立场。朱熹把自己的"新悟"写成了《已发未发说》一文:

按《文集》《遗书》诸说,似皆以思虑未萌、事物未至之时,为喜怒哀乐之未发。当此之时,即是此心寂然不动之体,而天命之性,当体具焉。以其无过不及,不偏不倚,故谓之中。及其感而遂通天下之故,则喜怒哀乐之性发焉,而心之用可见。以其无不中节,无所乖戾,故谓之和。此则人心之正,而情性之德然也。然未发之前不可寻觅,已觉之后,不容安排。但平日庄敬涵养之功至,而无人欲之私以乱之,则其未发也,镜明水止,而其发也,无不中节矣。此是日用本领工夫。至于随事省察,即物推明,亦必以是为本。而于已发之际观之,则其具于未发之前者,固可默识。故程子之答苏季明,反复论辨,极于详密,而卒之不过以敬为言。又曰"敬而无失,即所以中。"又曰:"人道莫如敬,未有致知而不在敬者。"又曰:"涵养须是敬,进学则在致知。"盖为此也。向来讲论思索,直以心为已发,而日用工夫亦止以察识端倪为最初下手处,以故阙却平日涵养一段工夫……(《朱文公文集》卷六十四《与湖南诸公论中和第一书》)

可见，朱熹从二程的著作中找到了灵感，明白了思虑未萌、事物未至之时，为喜怒哀乐之未发，既然为未发，则此时心为寂然不动之体；喜怒哀乐已发之时，为心之用也。至此，朱熹建立了心为体用的学说。与原来的理论相比，心为已发转变为心有已发与未发，心贯穿于整个已发与未发之中。“中和新说”的重要意义在于，朱熹首次把心提升到了本体的高度，在“中和旧说”那里，性为体，心为用，心乃是形而下的存在，在“新说”中，心贯通形而上与形而下，兼为体用。即如答林择之书所云：“心则通贯乎已发未发之间，乃大易生生流行、一动一静之全体也。”（《朱文公文集》卷四十三《答林择之六》）在“中和旧说”那里，认为凡心之有流动皆为已发，然而人之一生，心皆是流动不止的，岂不皆是已发？而在“中和新说”这里，把心的状态进行了分疏，把思虑未萌之心定为未发，把思虑已萌之心定为已发；未发之时是心体流行却寂然不动的状态或阶段，而已发之时则是心体流行却感而遂通的状态或阶段。当然，不论是未发之心还是已发之心，均是一心，并非截然之二分，故朱熹曰：“心无间于已发未发。彻头彻尾都是，那处截做已发未发！如放僻邪侈，此心亦在，不可谓非心。”（《朱子语类》卷五《性理二》）

若深究之，我们可以发现朱熹“中和新说”中的心为体用说，是沿承了程颐在解《易》之“寂然不动”等说时的发挥。程颐认为，心之所以能够达到“感而遂通”的境地，乃是因为心与理本来在本体意义上就是合一的，而“感而遂通”不过是就发用而言：“大临曰：然则夫子以赤子之心为已发者，而未发之时，谓之无心可乎？子曰：心一也，有指体而言者，寂然不动是也。有指用而言者，感而遂通天下之故是也。在人所见何如耳。论愈析微则愈易差失，言之未莹则亦择之未精耳。”（《程氏粹言》卷一《论道篇》）吕大临对已发之心和未发之心有些疑问，故问于程子，说于未发之时，难道就没有心的存在吗？程颐答曰：心与已发与未发时并无二致，都是那一个心。未发之时，是就本体而言,此心具备万理,寂然不动也;已发之时,是就发用而言,此心合乎万物之理,因此能够感而遂通知天下之故也。可见,心之所能知万物者,在于此心已具万物之理,此心与此理为一;已发之后,心还是此心,不过心中本具之理与万物之理得到了一一印证而已,理也不曾有所改移。故心与理,不论是在未发或已发的情况下,都是合一的,只是在体用意义上才有"不动"和"遂通"之别①。

显然,"中和新说"对于湖湘学也是一种超越,湖湘学主要是从已发之心上用工夫,却缺少了思虑未萌、事物未至之时的涵养工夫,即"欠缺一段工夫","以察识端倪为初下手处,以故缺却平日涵养一段工夫"(《朱文公文集》卷四十七《答吕子约》)。表面看来,朱熹似乎又转回到了李侗处,其曰:"旧闻李先生论此最详,后来所见不同,遂不复致思,今乃知其为人深切,然恨不能尽记其曲折矣。"(《朱文公文集》卷四十三《答林择之十二》)但是其实有本质的不同,李侗主"静",程颐主"敬"。朱熹用"敬"代替"静",是从李侗回到了程颐处,"静"自在"敬"中,然而"静"却未必包含"敬",因此是李侗对程颐的修养方法已有所改造或偏离,当然,李侗本来就是偏重程颢的理路,对程颐的理路可能本来就不太认同。

另外,朱熹"中和新说"的意义还在于,自此说始,朱熹的心性理论才和道佛二教心性论的体用理论匹配起来,这才是在同一个理论高度的对话,所谓的抗击佛老才渐有力度。朱熹在己丑之悟以后到乾道八年(1172),不断著文以发挥"中和新说"之体悟,如《元亨利贞说》《易寂感说》《舜典象刑说》《中庸首章说》《乐记动静说》《尽心说》《明道论性说》《观心说》等。其中的《观心说》即以"中和新说"的立场批评佛家的"观心说",其文曰:

①详细论证可参考拙作:王绪琴:《气本与理本——张载与程颐易学本体论的建构及其问题》,北京:中国社会科学出版社,2017 年,第 159—165 页。

> 或问:“佛者有观心说,然乎?”曰:“夫心者,人之所以主乎身者也,一而不二者也,为主而不为客者也,命物而不命于物者也。故以心观物,则物之理得。今复有物以反观乎心,则是此心之外复有一心而能管乎此心也。然则所谓心者,为一耶,为二耶?为主耶,为客耶?为命物者耶,为命于物者耶?此亦不待校而审其言之谬矣。”或者曰:“若子之言,则圣贤所谓精一,所谓操存,所谓尽心知性,存心养性,所谓‘见其参于前而倚于衡’者,皆何谓哉?”应之曰:“……夫谓‘操而存’者,非以彼操此而存之也;‘舍而亡’者,非以彼舍此而亡之也。心而自操,则亡者存;舍而不操,则存者亡耳……存心云者,则敬以直内,义以方外,若前所谓精一、操存之道也。故尽其心而可以知性知天,以其体之不蔽而有以究夫理之自然也……释氏之学,以心求心,以心使心,如口龁口,如目视目,其机危而迫,其途险而塞,其理虚而其势逆。盖其言虽有若相似者,而其实之不同,盖如此也。然非夫审思明辨之君子,其亦孰能无惑于斯耶?”(《朱文公文集》卷六十七《观心说》)

在《观心说》中,朱熹进一步发明心之自主自发、自操自存、自律自养等义,朱熹心之体用说不只是在理论形式上与佛家的心之体用说相匹敌而言之,还在于朱熹以此“心”为实有实用,故此体可主于一身,“为主而不为客者也”,此用则存心而可敬以直内,义以方外,进而尽性以知天。而佛家“以心求心,以心使心”,“其理虚而其势逆”,因此,儒释两家之“心”学看似相似,却有本质之不同。牟宗三先生认为《观心说》全文的基点即是肯定人有“自发自律自定方向而非在官觉感受中受制约的超越的道德本心”。这种道德本心因其自发自觉,又超越了感官的制约,接物应事,无不廓然贯通。此论甚好,但是我们疑惑的是,牟先生既有此论,不知为何还坚称朱熹之“心”乃是“非超越的道德的自发自律之本心”?①

第二节 心统性情与天人贯通

在“中和新说”形成不久,朱熹在心性论方面又取得了更进一步的推进。乾道六年(1170),朱熹(时年四十一岁)与张栻、吕祖谦讨论胡宏的《知言》,次年汇编成《知言疑义》。朱熹认为《知言》中“心也者,知天地宰万物,以成性也者”句中的“成性也者”不妥,“熹谓‘以成性者也’,此句可疑。欲作‘而统性情也’,如何?栻曰‘统’字亦恐未安,欲作‘而主性情’如何?熹谓所改‘主’字极有功……”(《朱文公文集》卷七十三《胡子知言疑义》)。朱熹建议改为“统性情”,而张栻则认为改为“主性情”更好,朱熹认同了这一建议。朱熹认为:“心必兼性情,然后语意完备……则熹欲别下语云‘性固天下之大本,而情亦天下之达道也,二者不能相无。而心也者,知天地,宰万物,而主性情者也……’”(《朱文公文集》卷七十三《胡子知言疑义》)又,《知言》有:“圣人指明其体曰性,指明其用曰心。性不能不动,动则心矣。圣人传心,教天下以仁也”句,朱熹认为应该改为:“性不能不动,动则情矣。心主性情,故圣人教人以仁,所以传是心而妙性情之德。”(《朱文公文集》卷七十三《胡子知言疑义》)受此次讨论的影响,朱熹开始逐步关注心与性情的关系问题并形成了他的“心主性情”的观念。

朱熹曰:

①牟宗三说:“(朱子之)心是气之灵之心,而非超越的道德的自发自律之本心,其本性是知觉,其本身是中性的、无色的,是形而下者,是实然的,也是一个实然的存在。”(牟宗三:《心体与性体》下册,上海:上海古籍出版社,1999年,第223页)

旧看五峰说，只将心对性说，一个情字都无下落。后来看横渠“心统性情”之说，乃知此话有大功，始寻得个“情”字着落，与孟子说一般。孟子言：“恻隐之心，仁之端也。”仁，性也；恻隐，情也，此是情上见得心。又曰“仁义礼智根于心”，此是性上见得心。盖心便是包得那性情，性是体，情是用。“心”字只一个字母，故“性”“情”字皆从“心”。（《朱子语类》卷五《性理二》）

可以看出，在胡宏那里，性为体，而心为用，没有“情”的位置。朱熹之所以强调“情”等范畴，还在于情感与人的存在价值直接相关。性是人存在的本体依据，而情感则是人的存在方式，性是人的存在本质和价值所在，情感则直接决定其价值。人的喜怒哀乐之情，尤其是恻隐好恶等道德情感，直接决定人的价值选择，这是心灵中最重要的东西。

朱熹是看到了张载“心统性情”说而受到了启发，朱熹依张载之说提出性为体而情为用的观点。因“心”是一个“字母”，性与情皆从于心。又曰：

“心统性情”，故言心之体用，尝跨过两头未发、已发处说。仁之得名，只专在未发上。恻隐便是已发，却是相对言之。（《朱子语类》卷五《性理二》）

这是朱熹的一个理论创造，或者是他发现了张载“心统性情”说的“创新”之处，把孟子所言恻隐之“心”转化成了“情”。因为在朱熹看来，所谓“四端”者，既为“端”便是已发出者，故不可谓之“心”了，而当谓之情。这个转化的意义在于：其一，解决了孟子理论中只讲“性”不讲“情”的问题，“情”找到了它的“下落”，解决了自孟子至胡宏对于“情”的问题的忽视或无视；其二，在朱熹“心统性情”的架构中,心已经是完全在兼具形上与形下、体与用的理论位格上了。因此“仁、义、礼、智,性也,体也;恻隐、善恶、辞逊、是非,情也,用也。统性情、该体用者,心也”(《朱文公文集》卷五十六《答方宾王四》)。《说文解字》曰:“该,军中约也。”“该体用者”,即是心约束体用之义。朱熹并且明确指出:“心统性情。统,犹兼也。”“问:‘心统性情’,统如何?曰:‘统是主宰,如统百万军……’”(《朱子语类》卷九十八《张子之书》)可见,“心统性情”不论是解为“心兼性情”还是“心主性情”,大义均相差无几,皆是指心对于性情之主宰与统束之义。故后来朱熹又多采用“心统性情”的说法,不再坚持“心主性情”的说法。朱熹曰:“心,主宰之谓也。动静皆主宰,非是静时无所用,及至动时方有主宰也。言主宰,则混然体统自在其中。心统摄性情,非儱侗与性情为一物而不分别也。”(《朱子语类》卷五《性理二》)朱熹明确把“统”字训解为“统摄”之义,意在强调“心”作为本体的最高存在对于性和情的绝对主宰与统摄的作用。

在这里可能会有人提出疑问,既然性为人之本体,此处却为心所主宰与统摄,那岂不是“性”将降低为形下的存在了。其实前文已经反复进行过论证,“心本”与“性本”并不冲突,只是依据何者为建立本体的前提。此处既然依人心之主体性而言及其他,故“心”相对于一切都具有本体之至上性和优先性,因为无“心”则一切不可言、不可立,此时的“性”在逻辑顺序上是排在“心”之后的,是第二性分的。“性虽虚,都是实理。心虽是一物,却虚,故能包含万理”,“心者,主乎性而行乎情。故‘喜怒哀乐未发则谓之中,发而皆中节则谓之和’,心是做工夫处”(《朱子语类》卷五《性理二》),只有“心”能做工夫,“性”却不能,性只能依心而现,情更是如此。

正是在这个意义上,朱熹对张载“心统性情”说倍加推崇,甚至认为在理学中只有程颐“性即理也”一语才能与之相媲美:“伊川‘性即理’也,横渠‘心统性情’二句,颠扑不破。”(《朱子语类》卷五《性理二》）又曰，“横渠‘心统性情’一句，乃不易之论，孟子说心许多，皆未有似此说端的。子细看，便见其他诸子等书，皆无依稀似此”（《朱子语类》卷一百《邵子之书》）。另外，朱熹之所以非常认同张载“心统性情”的观点，是因为他认为心统性情就是指心包含了未发与已发两种状态，这两种状态正好打通了形上与形下，未发为形上，已发为形下。因此，从心的方面来说，未发之前，是心的本体，也就是天命之性；已发之际，是心的作用，也就是情。“心之全体湛然虚明，万理具足，无一毫私欲之间；其流行该遍，贯乎动静，而妙用又无不在焉。故以其未发而全体者言之，则性也；以其已发而妙用者言之，则情也。然‘心统性情’，只就浑沦一物之中，指其已发、未发而为言尔；非是性是一个地头，心是一个地头，情又是一个地头，如此悬隔也。”（《朱子语类》卷五《性理二》）朱熹虽以已发、未发分而言之，却不是要把心、性、情三者隔离开来，形成“支离”之状况，三者只就于“浑沦一物之中”，不是各是一个“地头”。这一理论架构完美地克服了“中和旧说”的问题，同时又是对“中和新说”的发展，使得其心性学说更趋圆满。因为在“中和新说”那里，朱熹只是强调了心兼体用，“兼”侧重于一种平面化的包含结构，而“主”或“统”则强调的是一种垂直立体的统摄结构。如此一来，“心主性情”或“心统性情”确立了心作为整个心性系统绝对主宰的地位。

钱穆等大概正是在这个意义上讲，朱子之学是“心学”。不过钱穆先生认为，朱熹采用了张载的“心统性情”说，“所以一切工夫与方法，全要偏主在心上。所以他还竭力注重‘涵养须用敬’一语。但他不认有所谓心体，他总认为一说心体便落空渺茫了。体只属性与理，如是便注重到外面的事物，便一切着实，不落空。心则是工夫的把柄，但又说心统了性情，便不致把工夫与本体划分了。这是他由二程会通到周、邵、张诸家而始有的他在宋学中一种更广大更圆备的思想体系之完成”①。钱先生所说的“一切工夫与方法，全要偏主在心上”，我们是认同的，而他却说朱熹“不认有所谓心体”，我们却无法认同，若心不为本体，又何以可能有形上之至上性和逻辑之优先性去“主”或“统”性情呢？因此，钱穆先生虽把朱子之学定义为“心学”，却仍视其“心”为气质之心，在理论建构上还不够彻底。

而在牟宗三先生那里，他对于“心统性情”说的看法有“纵说”与“横说”两种：所谓的“纵说”，就是存有论地说；所谓的“横说”，就是工夫论地说。牟先生说：“横说的‘心统性情’是：心认知地统摄性，性在心之静时见，而行动地统摄情，情即是心自身之发动。纵说的‘心统性情’，朱子是就孟子说，即恻隐是情，仁是性。在此，心与情为一边，性为一边，实只是性情对言，‘心统性情’并无实义，只是就心之发动为情须关联着性以说明此情之所以然之理，其实义是在横说处。”②显然，在牟先生看来，朱熹所说的“心统性情”，心对性情只是“认知地统摄性”和“行动地统摄情”，而且这只是就工夫论而言。而在存有论的立场上，朱熹所讲的心属于气，和情是相同的范畴，自然是不能主宰性情的。令我们疑惑的是，牟先生怎么可以把工夫论与存有论分拆开来说呢？有此本体（存有）即有此工夫，朱熹已强调三者只就于“浑沦一物之中”，不是各是一个“地头”。另外，牟先生执着地认为朱熹之“心”只是气质之心，绝无可能超越于性与情之上，进一步去主宰性与情。其实，在这里，当牟先生指摘朱熹的同时，也会给他自己的心体说带来一个诘问：与气毫无关联的心体又是如何获得了活动义呢？若针对“中和旧说”阶段的理论，牟先生此指责尚可勉强成立，而在“中和新说”和“心统性情”这两个阶段，恐怕无法圆满地解释朱熹的“心学”理论。后来林安梧先生对牟先生此说提出了

①钱穆：《宋明理学概述》，北京：九州出版社，2010 年，第 127 页。

②牟宗三：《心体与性体》（下册），上海：上海古籍出版社，1999 年，第 432 页。

质疑并进行了改造:“朱子之所以特为《大学》做《格物补传》,这与其作为‘道德智识主义’之立场有密切关系。但他虽强调对于事物之理的穷究,看似横摄的认知系统,却将归于纵贯的创生系统;或者说,此横摄的认知系统之为道德认知系统,必隐含纵贯的创生系统以为基底,否则是不可能的。若直接裁为横摄的认知系统,就会有所谓‘歧出’之论。”①归于“纵贯的创生系统”,朱熹的心性论才可能有“活动”义和统摄上下之义。

综上所述,“中和旧说”中已发未发问题是朱熹对天理向人生层面打通的前期尝试,而后期“心统性情”说才是朱熹对天理与人生贯通的完成。“心统性情”说保证了心作为主宰,贯穿性与理、内与外、先天与后天、本体与工夫、道德与实践等诸领域,标志着朱熹心性论的全面成熟,也标志着其整个理学体系的全面成熟。

①林安梧:《朱子哲学当代诠释方法论之反思——从“继别为宗”到“横摄归纵”》,《河北学刊》,2009年第3期,第35页。

第八章　心理合一与格物致知

如前文所述，朱陆之相同处在于，他们所认定的天理并无二致，二者的心性论都在关注天理如何通过人心（主体）贯通于人生的问题。朱陆的心性论在本体上都是同一高度，朱熹之心亦是兼具主体与本体二重属性。二者的不同主要体现在工夫论上，而历来对朱熹的工夫论误解太多，多把朱熹的格物致知论作为向外穷理来解读，而有心理二元之说。其中尤以陆九渊与王阳明的指摘为甚。后来，还有把朱熹的格物论看作是知识论或科学认识论①。对于朱熹心性论是否为心理合一说以及格物致知理论的争议是众多学者关注的一个焦点，此处聚讼最多，不可不辨。

第一节　心理合一与本来贯通

之所以对朱熹的工夫论有误解，首先在于对朱熹的理论前提认识不足。与陆王心学一样，朱熹首先是认定理先天地内在于我们心中，理不在心外，心外无理，心理本来就是合一的。

问："心是知觉，性是理。心与理如何得贯通为一？"曰："不

①如熊十力认为："朱子在其即物穷理上，亦若与西洋哲学遥契。"（熊十力：《十力语要》，上海：上海书店，2008 年，第 185 页）

须去着实通，本来贯通。”（《朱子语类》卷五《性理二》）

“心与理一，不是理在前面为一物。理便在心之中，心包蓄不住，随事而发。”因笑云：“说到此，自好笑。恰似那藏相似，除了经函，里面点灯，四方八面皆如此光明粲烂，但今人亦少能看得如此。”（《朱子语类》卷五《性理二》）

虚灵自是心之本体，非我所能虚也。耳目之视听，所以视听者即其心也，岂有形象。然有耳目以视听之，则犹有形象也。若心之虚灵，何尝有物！（《朱子语类》卷五《性理二》）

朱子曰：“仁者理即是心，心即是理，有一事来便有一理以应之，所以无忧。”（《朱子语类》卷三十七《论语十九》）

在朱熹看来，之所以“仁者无忧”，是因为他们已经达到了心理合一的境界，故能从心所欲而不逾矩。心与理本为一，但不表明一切人心与理直接为一。虽然众理无差别地本具于一切人心中，而具体到某个主体时，则需要一番修养的工夫加以落实，此正是人之后天道德实践的意义。“心与理一，不是理在前面为一物，理便在心之中。”（《朱子语类》卷五《性理二》）欲达到心与理合一的境界，需要后天的格物和为学来达到，这是程朱一系特别强调的一个传统，程颐《颜子所好何学论》与朱熹《大学补传》彰显为学之意，皆是要重建儒家为学明理之道。

唐君毅先生说：“于朱陆之异，不宜只如世之由其一主尊德性、一主道问学，一主心与理为一、一主心与理为二去说，而当自其所以言尊德性之工夫上说。朱子之工夫，要在如何化除人之气禀物欲之偏蔽，足使心与理不一者，以使心与理一。象山则重正面的直接教人自悟其心与理之未尝不一者，而即以此心此理之日充日明为工夫。”① 其实，当朱熹在先天意义上讲心与理一，与陆王本无两样，只是朱熹

①唐君毅：《中国哲学原论·原教篇》，北京：中国社会科学出版社，2006年，第131页。

更注重后天的维度，在后天意义上，心不一定与理为一，需要工夫的修养而能为一。陆王认为后天的工夫其实还是在心中做，宇宙内事只是吾心中之事，格物不过是致吾良知于事事物物。在这个意义上，或许可以说陆王认为心性从来就没有落入后天之中，因此也就是没有后天工夫的问题了，一切工夫也只是形上的工夫。“朱熹不仅不反对其‘心即理’说，而且给予了肯定。问题在于，陆九渊只说一个心与理一而不分上下体用，故虽说合一，却不能合一。”①或者可以说，陆九渊只是在本体意义上完成了心理合一，而没能在工夫层面或现实层面完成心理合一。“如果用一个简单的图式来表示，那么程、朱是‘理—心—心理合一’，陆王则是‘心—理—心理合一’。出发点不同，但结论一样。”②因此，朱熹论“心理合一”，不忘对治佛家和陆九渊的心学，其曰：“儒释之异，正为吾以心与理一，而彼以心理为二耳，然近世一种学问虽说心与理一，而不察乎气禀物欲之私，故其发亦不合理，却与释氏同病，不可不察。”(《朱文公文集》卷五十六《答郑子上》)朱熹认为佛家心空而无理，故是心与理为二，不是为一。而朱熹所言“近世一种学问”乃是指陆氏的心学，其学虽也讲心理合一，却没有觉察到气禀物欲之私会导致心之所发未必合于理，因此陆氏“盲目”地倡其“心理合一”之说，与佛家的病理没有什么区别。

第二节　体用一源与格物致知

一、理一分殊与体用一源

承上文，心理合一，不是说心的能动性和理的规范性在现实中直

①蒙培元：《理学范畴系统》，北京：人民出版社，1989 年，第 457 页。

②蒙培元：《理学范畴系统》，北京：人民出版社，1989 年，第 459 页。

接合一了,朱熹曰:“虽说心与理一,不察乎气禀物欲之私,是见得不真,故有此病。《大学》所以贵格物也。”(《朱子语类》卷一百二十六《释氏》)在本体意义上,心与理虽然已经为一,但于形下世界中,由于气禀而有物欲之私,因此必须格尽物欲之私而能心理合一。可是,进一步的问题在于,物中之理何以可能转化为心中之理呢?或者说心中之理何以可能与物中之理相一致呢?朱熹曰:“夫道之极致,物我固为一矣,然岂独物我之间验之?盖天地鬼神、幽明隐显、本末精粗,无不通贯而为一也。”(《朱文公文集》卷六十四《答江彦谋》)其实,我心中之理是天理之灌注,物中之理亦是天理之灌注,物我皆是一个天理的呈现。因此,天理鬼神万物,不论幽明隐显,本末精粗,都不过是一个天理通贯而成的呈现,心中之理与物中之理自然是相一致的了。因此,天理本具,由学而可明此理,虽是由于学而得,但是理本固有,无有加损。又曰:

> 须是内外本末,隐显精粗,一一周遍。(《朱子语类》卷十八《大学五》)
>
> 盖言理,则无可捉摸,物有时而离。言物,则理自在,自是离不得。(《朱子语类》卷十五《大学二》)

“隐显精粗,一一周遍”,“幽明隐显,本末精粗,无不通贯而为一也”,朱熹此处的解释,颇得程颐“体用一源,显微无间”之精要。物我本为一,内外、本末、精粗皆一体之用,显明无间,如现象即本质,本质即现象,无有幽隐,此“道之极致”也。而人多因气禀之私不能接目而洞然,则需格物而见天理。其实,这正是朱熹格物的最基本的认识论前提:去格物,乃是理本在我心中,于物中印合天理而已。因此,格物乃是形下之“不得已”之法,如《起信论》所言:“若知一切法,虽说无有能说可说,虽念亦无能念可念,是名随顺。若离于念,名为得入。

复次,此真如者,依言说分别,有二种义。云何为二?一者如实空,以能究竟显实故;二者如实不空,以有自体具足无漏性功德故。”(《大乘起信论》)真如本为一体,本不可说不可念,一切法,皆是为人明理而说不可说,“言说之极,因言遣言”,离于真如一体之念,方有名言可说,故分别为二义,于实中求空,以分别物中之显明实相;于实中知不空,乃是万相自体皆具足真如之性,无有遗漏。然而,须知二种义本是一义,为言说而为二分也。“一心开二门”,为方便故,又当知二门终归于一心,“以是二门不相离故”。

因此,朱熹认为,心之理虽是理一,但是物之理却是分殊,要明理一,必须先明分殊。

> 圣人未尝言理一,多只言分殊。盖能于分殊中事事物物,头头项项,理会得其当然,然后方知理本一贯。不知万殊各有一理,而徒言理一,不知理一在何处。(《朱子语类》卷二十七《论语九》)

心与理一,天理方能落实于人心;理一分殊,与人一切的关涉物都是天理的落实者。如此,人认识外物并与外物为一才成为可能。不于分殊处领会,自不会知理一之理,故格物之为必需也。束景南先生说:“‘理一分殊’实际也就是一种‘天地万物本吾一体’的主客和谐的天人合一宇宙模式,而‘分殊体认’‘敬知双修’就是要通过体认自我心中之理与客观事物之理的同一,达到‘心本’与‘天本’合一,主客和谐一体,把人的格物认知与道德修养看成是达到天人合一、我道一体、主客和谐的中介。”①束先生由此提出,从心论的层次上说,

①束景南:《朱熹的“理一分殊”及其认识论指向》,《四川师范大学学报》(社会科学版),2006年第2期,第12页。

本体论的“理一分殊”又自然转化为“心一分殊”①。“心一分殊”之说颇具创新意义，更重要的是，此语一出则点破了朱熹乃是心理合一论者，此理非外在之理也。

是故，性理与物理是体用一源、显微无间的关系，天理的无所不在、内外俱足，是格物致知理论的内在前提，通过格物的工夫就可以打通天理与人生，使心与理贯通为一。钱穆先生说：“今朱子既说心具众理，却又教人以心观物则物之理得，似乎又主张理在物不在心，此似朱子学说本身一大罅缝。但朱子意，须心与物交始见理，外了物，人心之理更于何见。所谓物之理得，乃是人处物之理，则物理主要乃事理。朱子意实未有罅缝，未可轻议也。”②因此，格物之学，必须求之于外；求之于外，也即是求之于内；内外相接，则万物之理得矣。朱熹曰：

> 夫“天生烝民，有物有则”。物者形也，则者理也，形者所谓形而下者也，理者所谓形而上者也。（《朱文公文集》卷四十四《答江德功第二》）

在朱熹看来，格物是在形而下之物中穷形而上之理。形上与形下本就是体用一源的关系，并无割裂之意。如杨儒宾先生所说：“朱子的知识论与工夫论是连续性的，甚至不妨说：它们是一体的两面。朱子的知识论从来不是独立的，它是工夫论的一条重要支柱，简单地

①束景南、杨志飞：《理一分殊：中国文化本体论与方法论的体用模式——中国传统文化思想的普世价值问题》，《浙江社会科学》，2013 年第 3 期，第 122—123 页。

②钱穆：《朱子学术述评》，《中国学术思想史论丛》（五），北京：生活 · 读书 · 新知三联书店，2009 年，第 180—181 页。

说,完整的工夫论乃是包涵'主敬'与'格物致知'在内。这套工夫行到极处,会有'豁然贯通'的境界呈现。'豁然贯通'境界,也就是'极夫心之所具之理'之境界。这样的心是圆满的终点之心,但圆满终点时的心也是原初之心。"①所以,认为朱熹哲学具有二元论倾向是不理解体用范畴所导致的误解。然而,令人遗憾的是,这种误解从来不乏其人,而其中是最著名的莫过于王阳明。王阳明不理解朱熹格物之义,才有"格"竹子乃至于病倒之事,正应了朱熹所言之"今日学者所谓格物,却无一个端绪,只似寻物去格"(《朱子语类》卷十八《大学五》)的弊病。岂不知天理自在于竹子之中,竹子之为竹子者,是由其存在之理所决定的,现象即本质是也。此理在竹子的形质之中,又在形质之外,即所谓形上与形下两个层面也。而阳明却执着于形下的层面,单纯理解为用刀斧劈破竹子即为格物之事。故阳明所执迷者:一者,只执着于竹子之形质,而不见竹子之天理;二者,以为仅由格一物而穷尽天理,忘记了朱熹乃是要人于格众物而得尽理,积累之多而豁然贯通。因此,格物亦有一个"量"的要求。格物是"手上"的工夫,而"豁然贯通"却是"心中"的工夫。

朱熹注重理一分殊之说,强调于物上格致天理,此精神有近于荀子处;然其强调"心具众理",又与孟子"万物皆备于我"有同工之妙;朱熹却亦不止于此,其今日格一物明日格一物而至"豁然贯通"之工夫又似有旁取禅宗渐修和顿悟之嫌,其熔各家浑然于一炉之长于此可见一斑。

二、格物致知与穷理尽心

因此,关于心外无理与心理合一的理论认定,其实朱陆有很大的

①杨儒宾:《"性命"怎么和"天道"相贯通的——理学家对孟子核心概念的改造》,《杭州师范大学学报》(社会科学版),2010年第1期,第3页。

相似性。但是,在落实心理合一的工夫上却迥然不同,陆九渊强调在心上做工夫,一旦落入形而下的现实世界,便“支离”了;而朱熹则认为理一分殊,理不可能孤悬于万物之上,它必然“月印万川”一般存在于万物之中,因此,要使心与理一,必须于万物中格致而来。

朱熹解《大学》“格物致知”曰:

> 物格者,物理之极处无不到也。知至者,吾心之所知无不尽也。知既尽,则意可得而实矣;意既实,则心可得而正矣。修身以上,明明德之事也。齐家以下,新民之事也。物格知至,则知所止矣。意诚以下,则皆得所止之序也。(《四书章句集注·大学章句》)

朱熹训“物格”而“物理之极处无不到”,“致知”而“知至”,物理之至极处,“吾心之所知无不尽”。可见,格物为外,致知为内,内外皆至,方是《大学》工夫之第一步。知尽而意实,意实则心正,心正则修身以上之事皆可为也,故朱熹曰“意诚以下,则皆得所止之序”。朱熹在六十二岁还叮咛门人曰:“此一书之间,要紧只在‘格物’两字。认得这里看,则许多说自是闲了。初看须用这本子,认得要害处,本子自无可用。”(《朱子语类》卷十四《大学一》)朱熹之所以反复叮咛,最怕众人不悟格物之真义。

我们知道,朱熹格物的思想主要继承了程颐的思想,曰:“盖释格物、致知之义,而今亡矣。闲尝窃取程子之意以补之曰:‘所谓致知在格物者,言欲致吾之知,在即物而穷其理也。盖人心之灵莫不有知,而天下之物莫不有理,惟于理有未穷,故其知有不尽也。是以《大学》始教,必使学者即凡天下之物,莫不因其已知之理而益穷之,以求至乎其极。至于用力之久,而一旦豁然贯通焉,则众物之表里精粗无不到,而吾心之全体大用无不明矣。此谓物格,此谓知之至也。’”(《四书章句集注·补大学格物传》）格物穷理的认识过程，又可以分为两个阶段。第一阶段是“今日格一物焉，明日又格一物焉”的渐进阶段。在这个阶段，既包括直接接触事物的“格物”，“以事之详略言，理会一件又一件”，从而获得感性认识，又包括运用逻辑推理的“穷理”，“以理之深浅言，理会一重又一重”，“因其已知而及其所未知，因其所已达而及其所未达”。第二阶段是豁然贯通的顿悟阶段。“至于用力之久，而一旦豁然贯通焉，则众物之表里精粗无不到，而吾心之全体大用无不明矣。”到了这个阶段，就格物说，则已格尽事物之理；不是只认识部分的理，而是认识理的全体①。但是，需要注意的是，朱熹在讲格物致知之前，有个很重要的前提，就是“人心之灵，莫不有知”，即首先就已经承诺了天理之知就在心中，而格物致知则是在现实世界中去印证内心天理的工夫，并非一向被误解的那样，朱熹是先去外在世界中穷尽物理，再归纳抽象出一个天理的总体来。朱熹引孟子“万物皆备于我”之理以表明，人不是一个机械的组合体，人之能够通过对有限物的研究而能“豁然贯通”知无限之理者，在于人心有灵，如前文所述，人心有此灵者，神明之用也。

朱熹曰：“若是穷得三两分，未便是格物；须是穷理得到十分，方是格物。”（《朱子语类》卷十五《大学二》）就致知说，是已达到豁然贯通、无所不知的状态。若只是部分的知、片面的知，都不是知至。故格物而穷理至十分才是知至的境地。他说：“若知一而不知二，知大而不知细，知高远而不知幽深，皆非知之至也。要须四至八到，无所不知，乃谓至耳。”（《朱子语类》卷十五《大学二》）这就是格物与致知的统一，穷理与尽心的统一。后世学者只关注到朱熹格物以穷理之说，却有意无意地忽略了他的致知以尽心之说。朱熹故曰：“他所以

①参考邓艾民：《朱熹与朱子语类》，载［宋］朱熹撰，［宋］黎靖德编，王星贤点校：《朱子语类》，北京：中华书局，1986年，第4页。

下‘格’字、‘致’字者，皆是为自家元有是物，但为他物所蔽耳。而今便要从那知处推开去，是因其所已知而推之，以至于无所不知也。”（《朱子语类》卷十五《大学二》）所谓“自家元有是物”，即是说理不在心外，之所以格物者，不过是使“为他物所蔽”之心重新显明起来而已。因此，朱熹格物致知的起点是心，不是物，终点也是心，亦不是物。束景南先生说：“朱熹虽然强调‘格物’，而同陆九渊发明本心的‘格心’相对立，然而他却从天本体和心本体的统一出发，把格物穷理看成是事物之理与吾心之理内外印证的过程，从‘天本体’的方面说，理在物中，‘天下之物，莫不有理’，必须即事即物穷理；但是从‘心本体’的方面说，理又具吾心，‘心之全体，湛然虚明，万理具足’，但因受到私欲的掩蔽，使心之全理不能大明，也唯有通过事事物物的穷理，所格的外物积累多了，内心也就豁然贯通，‘吾心之全体大用无不明矣’。可见向外的‘格物’是一种‘中介’，是要通过它来复明人心中固有的天理，唤醒固有的善性。在这一点上，他的‘格物’同陆王的‘格心’殊途同归。”①可惜的是，陆九渊未理会到朱熹之意，王阳明亦未能理会此意。

因此，王阳明不同意朱熹解“格物”为“即物穷理”，他认为先去穷外在事物之理，茫茫荡荡，无着落处，为舍本逐末之事。而是应当把物纳入主体的意识范畴之内，“身之主宰便是心，心之所发便是意，意之本体便是知，意之所在便是物”（《传习录》上），因此，“格物”之事就是“诚意”或“正心”之事。对于“致知”，阳明同样不同意朱熹的理解，他认为朱熹从外在格物进而到内在获得知识的过程是弄错了工夫的方向和路径。阳明训“致知”为“致吾心之良知”，“致”就是向外扩充，致吾良知于事事物物，这是一个由内向外的工夫过程，外在

①束景南：《朱熹的“理一分殊”及其认识论指向》，《四川师范大学学报》（社会科学版），2006年第2期，第12页。

事物只在获得主体的“定义”和赋予德性之后才获得自身的意义，否则外物就不是“属我”的无意义的存在，阳明认为这才是孟子“不诚无物”的真正要旨。当然，尽管二人在对“物”和“知”的理解以及如何“格”和“致”的解读上如此不同，但内在二人的格物致知还是有一致之处，“那就是将格物穷理纳入伦理道德的人生践履之中，而不是十分强调追寻外在自然的知识与规律”①，虽然朱熹较阳明更为注重外在事物的理则，其重点亦仍然是心性道德的落实。

综上所述，朱熹首先认定理先天地内在于我们心中，理不在心外，心外无理。天理是自家元有之物，而格物不过是去蔽而已。这些表述与陆王心学并无太大差异。从心理合一到格物致知是朱熹心性论双向开展的完成，心理合一是向上（天理）的开展，格物致知是向下（现实）的开展。

第三节　析心与理为二：陆王等的指责及其问题

此处需要提醒的是，朱熹所致之“知”非纯粹今日所谓的客观知识之义，而在客观知识之上，最重要的还是形上的天理之知、至善的德性之知。以古希腊名言“道德即知识”佐之，此知首要的是道德之知，这点是象山对朱子最大的一个误解。在陆九渊看来，心与理本来合一，也就无所谓通过格物使心理合一了。他说：“宇宙不曾限隔人，人自限隔宇宙”，学者修养之法就是去掉这些本不该有的“限隔”，找回“本心”即可，此事与外物何干？即心理合一只是心内的事。因此陆九渊认为朱熹格物致知是析心与理为二的做法。“先生云：‘……格物是下手处。’伯敏云：‘如何样格物？’先生云：‘研究物理。’伯敏

①张品端：《朱熹、王阳明对大学诠释之比较》，张品端编：《会通朱王：朱熹与王阳明比较研究》，厦门：厦门大学出版社，2018年，第48页。

云:‘天下万物不胜其繁,如何尽研究得?’先生云:‘万物皆备于我,只要明理。’”(《象山集》卷三十五《语录下》)在陆九渊看来,天下万物如此繁多,格物不只是“支离”,还会使心沉沦于物中而不见天理。其云“吾心即是宇宙,宇宙即是吾心”者,正自谓得孟子“万物皆备于我”之精妙,明理只是心中事,奈何却去物中求?朱熹弃内求外,于外物中找寻天理,显然是自我“限隔”。故叹朱熹曰:“朱元晦泰山乔岳,可惜学不见道,枉费精神,遂自耽搁……晦翁之学,自谓一贯。但其见道不明,终不足以一贯耳。”(《象山集》卷三十四《语录上》)陆九渊进一步认为,朱熹之心与理二分,亦必然使天理与人欲二分。“天理人欲之言,亦自不是至论。若天是理,人是欲,则是天人不同矣。此其原盖出于老氏。《乐记》曰:‘人生而静,天之性也;感于物而动,性之欲也。物至知知,而后好恶形焉。不能反躬,天理灭矣。’天理人欲之言盖出于此。《乐记》之言亦根于老氏,且如专言静是天性,则动独不是天性耶?《书》云:‘人心惟危,道心惟微。’解者多指人心为人欲,道心为天理,此说非是。心一也,人安有二心?自人而言,则曰惟危;自道而言,则曰惟微。罔念作狂,克念作圣,非危乎?无声无臭,无形无体,非微乎?”(《象山集》卷三十四《语录上》)陆九渊甚至引用《乐记》所载之言论证天理人欲乃是为一,人安有二心,故道心人心只是一心,故天理与人欲亦不该二分。

不唯陆王误解朱熹心理合一之说,此亦成了后世学人争议的一大焦点。朱熹与陆王之门人就此问题争论不已,聚讼之言堪为古今一大学术公案。至近现代以降,此争论之余绪亦不绝如缕。钱穆先生说:“朱子思想,以论格物穷理为最受后人之重视,亦最为后人所争论。”[①]确实,朱熹的格物论思想受到了普遍的误解,认为朱熹是对外求理,甚至认为已经接近西方科学实验的思想与方法。如冯友兰、牟

①钱穆:《朱子新学案》,成都:巴蜀书社,1986年,第707页。

宗三、徐复观、胡适等。对于朱熹格物之义，显然朱熹《大学格物补传》是一个关键的文献，然而冯友兰先生对之做如下解释："《补传》前半段讲为学之方"，向外研究物理；后半段讲"为道"、道德修养。结论是：朱熹"把'为学'和'为道'混为一谈，这就讲不通了。"①显然，在冯先生眼中，朱熹的格物之说确是把道与物打成了两截。牟宗三先生指责朱熹格物有"外驰之病"，仍是"心理为二"。牟先生曾说："其(朱子)在形上学上，理气不离不杂之清晰明截，由气之造作营为说明自然界之形成，此虽尚未至科学之阶段，然气之造作营为是物理的，基本原则处是科学的，而可以向科学走，则无疑。顺中国传统思想言科学，必由此路开而不能由考据之路开。此是面对'自然'之独立思想，而不是空泛之只是读书者。此是朱子道问学、格物穷理中所隐藏之纯知识面之真精神。"②表面看来，牟先生似乎是在称赞朱熹的格物穷理思想，但是，我们都知道，儒家向来对知识论，尤其是自然科学的知识最为贬抑，甚至认为这是儒家治学之歧途，因此，显然这恰恰是牟宗三先生对朱熹的一种否定，因为这内在地表明了朱子学是心与理为二的。牟宗三先生在他处直接点出了这一点，他说："其(朱熹)'贯通为一'之'一'只是关联地为一，贯通地为一，其背景是心与理为二，而不是分析地为一，创发地心即理之为一……在朱学中，心具是综和地具，并不是分析地、创发地具，故其心具并不是心发。此仍是认知并列之形态(故其言心以知觉为本质)，而不是本体地立体直贯之形态。"③牟先生指责朱熹其实是"心理为二"，"存有论的最高实有之理，不是零碎的经验知识所识取的事象以及事象之曲折之相，然亦必须通过这些事象以及曲折之相始能进而认取那太极

①冯友兰：《中国哲学史新编》(下册)，北京：人民出版社，1999年，第200页。
②牟宗三：《心体与性体》(下册)，上海：上海古籍出版社，1999年，第319页。
③牟宗三：《从陆象山到刘蕺山》，上海：上海古籍出版社，2001年，第83—84页。

之理,此即所谓‘即物而穷其理’,即就着‘实然’而穷究其‘超越的所以然’。是则决定我们的行为者是那外在之理;心与理为认知的对立者,此即所谓心理为二”①。牟先生否定朱熹格物之说,则肯定阳明之说,“阳明与蕺山之说虽不必合于《大学》之原意,然皆是自体上开发行动之源则一也”②。即便阳明与蕺山不合于《大学》原意,牟先生亦坚定地认为此是儒学之正宗,而朱熹心理合一之说最尊《大学》,却为“歧出”,此中偏爱,且不细说。

显然,我们从陆王近后世学者对朱熹格物的误解可以看出,他们都把朱熹内外兼修与印证误解为于外物穷理,认为朱熹析心与理为二,“支离”。其实朱熹的格物首先亦是一种道德实践,而不是一种对物的单纯拆分(甚至近乎近代的科学实验)。这一点是由儒家本身的理论特质决定的,儒家一切知识的建构都是围绕道德的知识展开的,儒家于纯粹客观的知识没有太多的兴趣。朱熹所谓格物,亦是此理。

故与冯友兰、牟宗三等学者之论相对应的是,也有一批学者指出他们对于朱熹之误解。唐君毅先生并不同意冯友兰与牟宗三等人对程朱所做的心理二分的判定,他说:“实则求心之合乎理,以使心与理一,亦程朱陆王共许之义。心不与理一,则心为非理之心,而不免于人欲之私。必心与理一,然后可以入于圣贤之途,儒者于此固无异辞也。”③在唐先生看来,心与理一,乃是程朱陆王等理学家共同承诺的理论前提,这是入于圣贤之途的必然要求,在这一点不应该有什么异议。朱熹所论格物工夫,仍属一种“心”的工夫,乃从人心已知之理推扩到未知境域之中去。专务于内,从心求理,则物不尽。专务于外,

①牟宗三:《从陆象山到刘蕺山》,上海:上海古籍出版社,2001 年,第 6 页。
②牟宗三:《心体与性体》(下册),上海:上海古籍出版社,1999 年,第 366 页。
③唐君毅:《中国哲学原论 · 原性篇》,北京:中国社会科学出版社,2005 年,第 349 页。

从物穷理,则心不尽。物不尽,心不尽,皆是理不尽,必心物内外皆尽而后可。张汝伦先生的观点也应当受到重视,他认为关于朱熹的格物致知思想,一直受到一种普遍的误解。张先生认为朱熹秉承的是程子的思路,坚持即物穷理是“因其已知之理而益穷之”,也就是将心中已有之知推广扩充于事事物物,而非于事事物物上求得未知之知。既然如此,格物致知的真正的出发点是心,而不是物。“心包万理,万理具于一心。不能存得心,不能穷得理”(《朱子语类》卷九《学三》),而存心其实就是正心①。张先生的这种辩解有一正视听的意味,不可以单纯把朱熹的格物论理解为向外穷理的过程,从朱熹的心性论角度来看,格物致知正是心性本体向现实世界的开展与落实,是一个内在天理和外在物理相互印证和相互实现的过程,这应该是比较符合朱熹的内在逻辑的。台湾大学吴展良先生也认为:“其(朱熹)认识方式既不需要科学、理性等客观分析的头脑,也不需要内视返听,或诉诸超越情感经验的‘实践理性’,而是心物、主客体、人文与自然合一,情感与意志交融的认识方式。”②吴先生指出不能把朱熹的认识方式与西方科学的认识方式相提并论,他也反对冯友兰和牟宗三先生对于朱熹格物思想的判定。故此,牟先生所言朱熹之“不活动”义,实乃对朱子理气二分说的误读。不唯牟先生误读,亦为历代心学家所误读。或者可以说,是牟宗三受了历代心学家误读传统的影响而至于此。“此传统之始作俑者,即为陆象山。由象山之后,凡是反朱子者,皆是以心外求理而反对之,层层相因,积重难返,而对朱子性

①张汝伦:《关于格物致知的若干问题——以朱熹的阐释为中心》,吴震主编:《宋代新儒学的精神世界——以朱子学为中心》,上海:华东师范大学出版社,2009年,第55页。

②吴展良:《朱子的认识方式及其现代诠释》,刘笑敢主编:《中国哲学与文化》(第一辑:反向格义与全球哲学),桂林:广西师范大学出版社,2007年,第181页。

贯于心之说视若无睹。”①此论与前文所述与推定颇为相契，牟宗三先生作为现代新儒家的代表人物之一，其论及宋明理学与朱子学之说，对于之后的学者影响颇为巨大，其中的问题亦不可不察。

其实，在鹅湖之会之后，象山“心学”阵营就开始有倒向朱熹立场的倾向。象山之兄陆九龄一改对朱熹尖锐批评的态度，前往拜会朱熹，主动“示好”，渐有接受朱熹学说之势。另一证为象山高足曹建“倒戈”转师朱熹一事，曹建言其习朱熹格物论的心得曰：“学必贵于知道，而道非一闻可悟，一超可入也。循下学之则，加穷理之工，由浅而深，由近而远，则庶乎可矣。今必先期于一悟，而遂至于弃百事以趋之，则吾恐未悟之间狼狈已甚，又况忽下趋高未有幸而得之者耶！”(《朱文公文集》卷九十《曹立之墓表》)可见，陆九渊与朱熹的分歧，不是结论本身，而是方法的运用。即二者在本体论承诺上区别不大，主要是工夫论上的区别。但是，工夫不同，呈现的本体论诠释倾向也将不同。就实践理性而言，陆象山、王阳明偏重动机、意图伦理，偏重“顿悟本心”，朱熹则既讲动机又讲效果，既讲意图伦理又讲责任伦理，偏重“渐修”，是比较全面、踏实的。象山批评朱熹为学“支离”。与象山的“简易直截”相比，朱熹的确是“支离”，但对于道德修养，这种“支离”却是必要的。陆王格物论讲究只心顿悟，固然是上乘工夫，觉悟敏锐的“利根”之人可以目击而道存，但是，这种人毕竟凤毛麟角，世上多为平俗之人，故此，陆王忽略人是有局限的存在，并不是所有人都可以轻易超越这种局限性。朱熹格物论注意工夫的次第，讲究日积月累以变化气质，较易推行。

就本体工夫之落实路线来看，朱熹：心具众理—格物穷理—心理合一；陆王：理在心中—正心得理。如果重新去面对阳明格竹子这段

①朱光磊：《论朱子之理的“活动”问题——兼论朱子的格物说》，张品端编：《会通朱王：朱熹与王阳明比较研究》，厦门：厦门大学出版社，2018 年，第 320 页。

公案,我们认为阳明还是有误读朱熹格物论之嫌。阳明格竹子而不得其理,是还未能完全领会朱熹格物论的全部精义,或是有意无意地“阉割”了朱熹格物论的前提——心理合一。其实,朱熹已经预设了理在心中。由心理合一再去格物致知,才是由内而外,由外而内,内外印证的“合内外”的完整过程。竹子之中不会真实“客观”地存在一个理在其中,朱熹所谓竹子之理,乃是竹子生长、存在之理。在朱熹那里,格竹子就是要求我们弄清楚竹子的生生之理。另外,依朱熹观点,阳明格竹子也过于急切了,并且又过于拘泥于一物之中,就物论物,不知道适当地处理天理与物理之间的张力。不过,当时的阳明年方十五岁,一方面对朱熹思想的理解还远未深入,另一方面他自己的心学思想也仅是刚刚萌芽而已。因此束景南先生指出:“阳明格竹的失败只反映了他对朱学的误解,而不是表现了他对心学的觉悟。”①后来,王阳明于所作《朱子晚年定论》序中言道:“予既自幸其说之不谬于朱子,又喜朱子之先得我心之同,然且慨夫世之学者徒守朱子中年未定之说,而不复知求其晚岁既悟之论,竞相呶呶,以乱正学,不自知其已入于异端,辄采录而裒集之,私以示夫同志,庶几无疑于吾说,而圣学之明可冀矣。”(《传习录下·附朱子晚年定论》)按照阳明所说,早年格竹子之所以误解朱熹,乃是徒守朱熹中年未定之说所致,及龙场悟道之后,“复取朱子之书而检求之”,方知朱熹有晚年之说乃是其“心”学之最终定论,则与象山及自己之学并无抵牾之处。我们知道,阳明作《朱子晚年定论》,是为了证明朱熹晚年的立场倒向了象山,由此表明自己立场的正确性。其实,此《定论》不过是一厢情愿之作,束景南先生通过详细严谨的文献考证,指出《定论》建立在两个致命错误之上:其一,“阳明对所选的三十四篇书信的写作年代也没有考定,想当然地一概定为朱熹晚年的书信,实际其中不少都是朱

①束景南:《阳明大传:“心”的救赎之路》,上海:复旦大学出版社,2020年,第59页。

熹的早年书信,反映的是他早年的思想,而不是晚年的思想”。因此,根本不存在什么朱熹晚年思想已转向陆学的事。其二,“阳明为此所引证的三十四篇书信,没有一篇能够证明朱熹晚年已转向了陆学,没有一篇能够证明朱熹晚年大悟到了陆学”,结果,这三十四篇书信适得其反地倒过来有力证明了阳明“朱子晚年定论”的错误①。后来清代学者李绂据阳明《朱子晚年定论》又作《朱子晚年全论》,更为详尽地收录了朱熹晚年与其门人、友人论学的资料,进一步巩固阳明之说,试图表明“朱子与陆子之学,早年异同参半,中年异者少同者多,至晚年则符节之相合也”②。但是,《定论》与《全论》恰恰反证了阳明早年对朱熹确实是误解,同时也表明了象山对朱熹的误解。显然,程朱与陆王之间并非“冰炭不相入”,但是,我们习惯于非此即彼的判定,理论的真实面貌可能不是如此,区别是相对的,并非那么泾渭分明,绝然对立。

①束景南、姜美爱:《朱陆之学论战与〈朱子晚年定论〉的诞生——一桩五百年来“陆化朱学”理学公案的破解》,《孔子研究》,2018 年第 5 期,第 51 页。

②[清]李绂著,段景莲点校:《朱子晚年全论》序,北京:中华书局,2000 年,第 1 页。

第九章 传承与批判

朱熹的学说在其生前就已经得到了广泛的流传,后经“党禁”一劫,到了南宋末期得以解禁,朱熹的著作全面地进入人们的视野,朱子之学又逐渐兴盛了起来。朱子学在之后的传承中依旧成为历代学术的主流,但也遭受了不少的挑战和批判。

第一节 列为官学与后学的传承

朱熹死后不久,昏庸的统治者从党争的残杀中醒悟过来,开始认识到朱子学说中有维护其统治所需要的价值,又开始为朱熹清除罪名,进而奉朱熹为“圣人”,这一造神运动绵延了七百年之久,深远地影响了中国之后的政治结构与社会生活。

嘉定二年(1209),朱熹被赐谥曰“文”,尊为“朱文公”。嘉定五年(1212),《四书集注》被列为官学,“熹没,朝廷以其《大学》《语》《孟》《中庸》训说立于学官”①。宝庆三年(1227),朱熹被赠太师,追封信国公,绍定三年(1230),改封徽国公。淳祐元年(1241)是朱子学获得官学地位最重要的一年,宋理宗下诏曰:

> 联惟孔子之道,自孟轲后不得其传,至我朝周敦颐、张载、程

①[清]王懋竑著,何忠礼点校:《朱熹年谱》,北京:中华书局,1998年,第551页。

> 颢、程颐，真见实践，深探圣域，千载绝学，始有指归。中兴以来，又得朱熹精思明辨，表里浑融，使《大学》《论》《孟》《中庸》之书，本末洞彻，孔子之道，益以大明于世。联每观五臣论著，启沃良多，今视学有日，其令学官列诸从祀，以示崇奖之意。（《宋史》卷四十二《理宗二》）

于是朱熹自此从祀于孔子庙，取得了与周、张、二程并列的五大道统圣人的地位。元仁宗皇庆二年(1313)下诏，定科举条制，把朱熹的《四书集注》《诗经集传》和《周易本义》树立为科举考试的准绳，这使得朱子学的权威完全确立了起来。后至元元年(1335)，元惠宗下诏兴建朱熹文庙，次年改封齐国公，自此朱熹也和孔子一样受到统治者的顶礼膜拜。时至明朝，朱学更加受到尊崇。明立之初，即确立朱学的官学地位，《宋元学案》载有："明洪武初，诏以先生之书立于学宫，天下学者咸宗之。"(《宋元学案》卷四十八《晦翁学案上》)到明成祖时，朱棣为进一步推崇朱学，巩固思想统治，敕令胡广等撰修《五经大全》《四书大全》《性理大全》三部宏篇巨著，共二百六十卷，至明成祖永乐十三年(1415)修成。这三部《大全》的纂修完成，标志着明初朱学统治地位的进一步加强与巩固。自元仁宗二年定朱学为科举的"标准教材"，到三部《大全》的修成，又是一百余年，朱子学在意识形态领域已达到了空前的高度。清人入主中原后，亦开始重视朱熹之学。范文程等人建议："治天下在得民心。士为秀民，士心得，则民心得矣。请再行乡、会试，广其登进。"(《清史稿·范文程传》)清朝遂恢复科举制度，考试程式袭用明制，以四书五经为考试书目，以程朱等理学家的注解为标准。至康熙一朝，对朱子学的推崇到达顶峰，康熙诏令纂修《朱子大全》《四书注解》，并颁行天下，把明时的《性理大全》稍加整治成为《性理精义》亦颁行天下，还敕令朱熹配祠十哲之列。无疑，朱子学在元明清时期数百年间成为官学及意识形态的理论基石。

在南宋之后历代封建帝王的不断倡导下，朱熹成了与孔子相媲美的万世圣人，“百世之下，使百世以上之大道昭如日月，沛若江河，微朱子，孰与归！故曰：朱子者，孔孟后一人也。朱子之道，既上接孔孟，下轶周程，则朱子者，天下之朱子也，万世之朱子也”（《婺源县志》卷六十六《重修文公庙暨建韦斋祠记》）。在权力的不断“加持”下，辉煌的造神运动终于完成了。而且，朱子神圣化的余波还一直震荡延续到近代、现代……

朱子学在官学领域独领风骚，而在民间私人学术领域，由于其弟子众多，朱子后学也绵延不绝，在其后数百年间基本还是作为主流的学术形态向下传承。关于朱子后学对其心性学说之继承与发挥且略做梳理。

黄榦（1152—1221，字直卿，号勉斋）是传播和推广朱子学的第一人，初传朱子学大都出于黄榦之门。“榦自见熹，夜不设榻，不解带，少倦则微坐，一倚或至达曙。”“熹病革，以深衣及所著书授榦，手书与诀曰：‘吾道之托在此，吾无憾矣。’”（《宋史》卷四百三十《道学四·黄榦传》）足见黄榦对朱熹之服膺与向学之专注，亦见朱熹对黄榦之器重。黄榦主张“天以是心成万物，人以是心成万事”，其曰，“莫若将一切就自身上体著，许多义理、名字自身上见得是如何，则统之有宗，不至于支离外驰”（《黄勉斋文集》卷四《答陈泰之》）。显然，黄榦深知人之误解朱熹格物致知之说，故强调格物非向外求索，而是“就自身上体著”，可见其对朱熹格致学体贴入微和把握之确。

绍熙元年（1190）朱熹知漳州，陈淳（1159—1223，字安卿，世称北溪先生）以《自警诗》拜见，两人一见如故，交谈甚欢。朱熹晓之以“下学上达”之理，陈淳深契不已。朱熹多次对人夸耀曰：“我此次到漳州来，乐为吾道得一安卿。”陈淳自此从学于朱熹，乃为朱熹之亲炙弟子。后来陈淳对朱学尊崇有加，并终身捍卫师门，坚斥异说，不遗余力。陈淳曰:“性从生从心,是人生来具是理于心,方名之曰性”,“所谓明德者,是人生而所得于天,本来光明之理具在吾心者,故谓之明德;如孩提之童无不知爱亲敬兄,此便是得于天本明处”(《北溪字义》卷下《德》)。陈淳对心、性、理的解读和朱熹一脉相承。朱熹与陈淳曾有书信往来讨论心性问题,书中曰:“此心之所谓仁,即天下之元。此心之所谓礼,即天之亨。此心之所谓义,即天下之利。此心之所谓智,即天之贞。其实一致,非引而譬之也……天下岂有性外之物,而不统于吾心是理之中也哉。”(《朱文公文集》卷五十七《答陈安卿》)可见陈淳恪守师说,其发挥之义皆无出朱熹者。

真德秀(1178—1235,本姓慎,因避孝宗讳改姓真。始字实夫,后更字景元,又更为希元,号西山)为朱熹的再传弟子,虽然学术成就有限,却是当时理学正传的宗师,声誉很高。“朱学走向官学,实际上是从嘉定元年(1208 年)史弥远为相开始的……特别是理宗即位以后,鼓吹朱学最有力,影响最大的,则无疑是真德秀与魏了翁”①,可见真德秀与魏了翁二人对朱熹及其学说推崇之功。真德秀曰:“缘人之初生,得天地之心以为心,所以合下便有此仁。天地之心主于生物,故人之心亦主乎爱物也”(《西山文集》卷三十一《问仁字》),又曰,“此明德正是说性,不曰性而曰明明德者……心是虚灵底物,著得许多道理在其中,光明照彻,故曰明德”(《西山文集》卷十八《讲筵进读手记》)。真德秀之言心性之学皆是朱熹之意,并无甚新意。故全祖望曰:“魏鹤山、真西山两家学术虽同出于考亭,而鹤山识力横绝……西山则依门傍户,不敢自出一头地,盖墨守之而已。”(《宋元学案》卷八十一《西山真氏学案》)二人虽于朱子学无太多开新,却在传承朱学方面颇为得力。

吴澄(1249—1333,字幼清,晚字伯清)是元代传承朱子学说的重

---

①何俊:《南宋儒学建构》,上海:上海人民出版社,2013 年,第 366 页。

要人物,其与许衡齐名,并称为“北许南吴”。许衡主要是承传程朱之学,而吴澄则主要是折衷朱陆之学。吴澄十岁起便开始攻读朱熹编纂的《大学》《中庸》等《四书章句集注》的内容,足见其于朱学功底之深。吴澄曰:“心也者,形之主宰、性之郛郭也。此一心也,自尧舜禹汤文武周公传之,以至于孔子,其道同。道之为道具于心,岂有外心而求道者哉。”(《宋元学案》卷九十二《草庐学案》)在心性论方面,吴澄亦多从朱熹之说,然又近陆九渊,故有调和朱陆之意。其所撰《五经纂言》乃是朱子后学中理论最为深厚的著作。黄百家赞曰:“朱子门人多习成说,深通经术者甚少。草庐《五经纂言》,有功经术,接武建阳(朱熹),非北溪(陈淳)诸人可及也。”(《宋元学案》卷九十二《草庐学案》)此论可为一证。

罗钦顺(1465—1547,字允升,号整庵)乃是朱子后学中一重镇。其自命其学属于程朱学派,批评陆王之心性合一论,对于朱熹的理气观、心性论有继承(前文已提及罗钦顺对朱熹“理一分殊”说深入体悟的过程),然又有所扬弃。其曰:“朱子年十五六即有志于道……其与南轩往复论辩,书尺不胜其多,观其论‘中和’最后一书,发明心学之妙,殆无余蕴。”(《困知记》卷上)可见其受朱熹心性论影响颇深。罗钦顺曰:“道心,性也。人心,情也。心一也,而两者言之,动静之分,体用之别也”(《困知记》卷上),又曰,“盖道心常明,其本体然也。人心则有昏明。凡发而当理,即是人心明处,发而不当理,却是昏处。不可谓道人心一味是昏也”(《困知记》附录《答陆黄门浚明》)。即道心作为天理之性体,能够使知觉常明,人心之情则可使知觉昏暗。显然,罗钦顺的性体心用说与朱熹“中和旧说”有很大的相似性,朱熹那里为“未发只可言性,已发乃可言心”,罗钦顺似乎更愿意接受并坚持朱熹“旧说”的立场,反倒对“中和新说”和“心统性情”着意不多。看来,罗钦顺把“心”更多定为形下之心,因此在格物致知问题上,他不但批评陆王的直觉顿悟之法,对于朱熹主张的由格物致知上升到直觉顿悟之法也并不完全接受,更为强调“博学、审问、慎思、笃行废一不可”(《困知记》卷上)的渐修工夫次第。

明末刘宗周(1578—1645,字起东,别号念台,世称蕺山先生)作为宋明儒学之“殿军”,在批判发展阳明良知学说的同时,对朱熹的心性论也批判地吸收,试图把两家之学熔为一炉。刘宗周提倡“慎独”之说,“独”为本体,“慎”为工夫。刘宗周说:“《大学》言心到极至处,便是尽性之功,故其要归之慎独;《中庸》言性到极至处,只是尽心之功,故其亦要归之慎独。独,一也,形而上者谓之性,形而下者谓之心。”(《刘子遗书》卷二《学言一》)心与性本为一体,而有形上与形下之分,形而上者为性体,亦为心体,形而下为性之所形,为实然之心。心体即性体,性体即心体。但是,刘宗周认为在朱熹那里,心体虽为性体,却承认心外有宇宙本体的存在,而刘宗周只认心外别无本体,即“独体”。此“独体”亦不同于阳明之良知,他谓“独体”即天命之性,为自明之体,不必凭依良知以呈现。刘宗周认为朱熹“心统性情”说把心性说成了“终是二物”,不再是体用一源的关系,因朱熹不承认形下之心亦是性。依前文所述,笔者认为此处为刘宗周误解朱熹处,朱熹所论形下之心即为气质之性,且心、性、情亦是体用一源之关系。

清朝初年的吕留良(1629—1683,又名光轮,一作光纶,字庄生,一字用晦,号晚村,别号耻翁、南阳布衣、吕医山人等,暮年为僧,名耐可,字不昧,号何求老人)是志在复兴朱熹思想的领袖,学界却重视不足。因作为明朝遗民,吕留良的思想中有更为强烈的反对王朝专制的成分,吕氏立足于理学的人性论,认为首先是以人的道心去贯通天命,只有符合了人心中的天性,才表明这一政权具有合法性。政权的存在只是为了帮助民众完成人性的价值,而不是为了满足统治者家族的利益。吕氏曰:“天子天位,乃四海公家之统,非一姓之私”(《四书讲义》卷二十六《论〈中庸〉》),又说,三代圣人“皆以天命人心为重,有天下为轻。行一不义杀一不辜而得天下,皆所不为”(《四书讲义》卷十一《论〈论语〉》)。在吕氏眼中,只有三代时期才有最好的政权形式,因为那个时代没有人贪恋权力,只是一心为民。在帝王专制统治下,最好的时代也不过是汉高祖和唐太宗在位的时期,即便如此,吕氏还是认为这两个盛世无法和三代相比。吕氏曰:“三代以上圣人,制产明伦,以及封建兵刑,许多布置,虽纤微久远,无所不尽,都只为天下后世人类区处个妥当,不曾有一事一法,从自己富贵及子孙世业上,起一点永远占定,怕人夺取之心,这便是肫肫其仁。自秦汉以后,许多制度,其间亦未尝无爱民泽物之良法,然其经纶之本心,却纯是一个自私自利,惟恐失却此家当……此朱子谓‘自汉以来二千余年,二帝三王之道,未尝一日行于天下者’是也。”(《四书讲义》卷二十九《论〈中庸〉》)吕氏颇有些北宋儒者遗风以及朱熹政治主张的遗蕴,北宋儒者和朱熹都反对把所谓的汉唐盛世作为后世政治的标杆,“程朱责难于君,必以正心诚意非迂阔也”(《四书讲义》卷十三《四书语录》)。在心性论方面,吕氏基本继承了朱熹的思想,认为情是一种自然的力量:

> 礼本天来,情本心来,礼未尝不合于人情。然必合于人情至善之则,乃所谓天也。因人情而权衡轻重,其等杀、节文,经权正反,皆天也。故明礼则情得其宜,任情则天理可悖,此圣道与异端分界原头,此处一差,以下更无是处。(《四书讲义》卷四十一《四书语录》)

情自心来,但这是自然情欲的流露。通过明礼可使情得到合理的满足,若是任情而发,则与天理相悖了。吕氏又曰:“人心所同,有人欲,有天理,如好货、好色,人所同也。然须是应好之色货乃得,若但说好色货人所同,却是人欲也。遂人心之人欲,则大乱之道矣。”(《四书讲义》卷三《论〈大学〉》)吕氏和朱熹一样,认为情感乃是自然之事，其本身并不是邪恶的，关键是获取基本情欲的准则是否是依据天理的。这对于那些一向认为朱熹过分强调“存天理”而极力“灭人欲”的偏见是一种澄清。而对于阳明心学，吕氏也给予了强烈的批评，“君不知礼之出于天，臣不知忠之本于性。性天命也。天即理也，性即理也”（《四书讲义》卷六《论〈论语〉》），他认为阳明把“良知”确立为心之本体，直接颠覆了“天理”的客观性和主宰性，使得权力更加缺少了外在道德理性评价与制衡的维度。

进入现代之后，以海外新儒家为主的众多学者对朱学皆特为重视，关于朱熹心性论讨论很多，争议和分歧也很大，前文已经多有涉及，此处兹不展开。而其中唐君毅先生提出了阳明学乃是“学宗朱子”、为朱子学之“转出”的观点较为新颖大胆，特作一例。唐君毅先生说：“阳明之论良知，有连着《大学》之格物、致知、诚意、正心、修身之说而论者，亦有连着《中庸》之已发、未发、慎独之说而论者。但皆可说由朱子之说转进而成。朱子对已发、未发、慎独之说，亦连于其论存养、省察之工夫论……阳明亦然。”①甚至，在唐君毅先生看来，阳明心学不只来自象山心学，还来自朱子之学，他说，“阳明之学又实由朱子所论之问题、与义理而转出……若其精义所存，则与朱子之别在毫厘间，而皆可说由朱子之义转近一层而得”②，“阳明之学，世皆谓其承陆学……然自细处看，则阳明之学，虽归宗近象山，其学之问题，则皆承朱子而来；其立义精处，正多由朱子义，转进一层而致”③。唐君毅先生之论确实有些惊人，如此论来，阳明之学岂不也成了“朱子后学”了！但是，唐先生所言也不唯无据，朱熹与阳明皆以《大学》

①张其昀等：《阳明学论文集》，台北：台湾华冈出版有限公司，1977年，第52页。

②唐君毅：《中国哲学原论·原教篇》，北京：中国社会科学出版社，2006年，第132页。

③唐君毅：《中国哲学原论·原教篇》，北京：中国社会科学出版社，2006年，第187页。

为本确是事实。阳明学之入手处乃是朱学,其由不明格物之理而有惑,终以“龙场悟道”而得解,其实,阳明“龙场悟道”觉解之义,整体上与朱熹“中和新说”和“心统性情”相契合。

朱子学影响广泛,非止于中国一地,还远播海外,尤其是东亚地区深受朱子学的影响。仅以日本为例简述之,土田健次郎认为,朱子学正式流传入日本的时期,在思想史上一般被认为始于江户时代。然而,江户时代前,博士家已将朱子学的注释纳入了经书注解中①。江户时期的林罗山(1583—1657)极为推崇朱子学,他结合日本的神道观发挥朱熹的心性学说,提出“理当心地神道观”之说。他说:“理当心地神道,此神道即王道也。心之外别无神别无理”,又曰,“心者是神明之舍”(《罗山文集》卷五十五《神社考详节跋》)。朱熹已讲过“心外无理”“心是神明之舍”“乃心之神明升降之舍”等语,罗山承袭朱熹之说无疑。罗山曰:“心为宅,神为主,敬亦为一心之主宰,故有敬则神来格。若无敬则亡本心,故为空宅。神何为来止乎?唯敬乎!敬所以合于神明也。”(《罗山文集》卷六十六《随笔二》)显然,罗山对朱熹“涵养须用敬”之心性工夫也颇为熟谙,结合“神(明)”阐发起来显得游刃有余。不过,在朱熹那里,心之神明是只就人心之主体性或精神性而言,而在罗山这里有强烈的泛神化倾向。日本江户时期的一位学者贝原益轩(1630—1714)亦颇为推崇朱熹之学,并认为程朱是孟子最正统的继承者:“孟子之后,周程张(邵)及司马并是贤哲,有功乎斯道之人。而程朱之所传最得其正,其学术亦比之诸儒,特广大精详,可为后学之模范。故孟子以后,程朱之功甚高矣,而朱子之

①[日]土田健次郎:《朱子学对日本的贡献》,陈来、朱杰人主编:《人文与价值——朱子学国际学术研讨会暨朱子诞辰880周年纪念会论文集》,上海:华东师范大学出版社,2011年,第9页。

功最大矣。"①江户时期另一日本学者大盐中斋(1793—1837)通过对比朱陆言心之说,认为朱熹所言之心"事事言言都归乎心矣,而不与陆子说分毫异也"②,肯定朱陆言心之同质性。山崎暗斋(1618—1682)认为朱子学之外更无学问,在他看来,朱熹纯乎一"唯心"主义者。他尤其对朱熹心性论中"敬"的修养工夫特别重视,"敬者一心之主宰,而万事之本根也"(《辟异》)。另外,暗斋还努力摆脱明代朱子学和朝鲜朱子学的影响,试图回归朱子学本身。同一时期的伊藤仁斋(1627—1705)起初信奉朱子学,亦颇为推崇朱熹主"敬"之心性修养工夫,然而,后来其思想发生重大改变,成为激烈的朱子学批判者,认为朱子学与原始儒学已有偏离,过分注重修养的内在性,他主张回归到儒学原本的修养论上去,倡导对《论语》《孟子》中日常性的德行进行实践。与暗斋和仁斋同一时代的山鹿素行(1622—1685),也是先从朱子学进入,其后走向反对朱子学的立场。他主张弱化朱子学修养的内向性,注重武士威仪的实践。后来,荻生徂徕(1666—1728)对仁斋的立场进行了强烈的批判,相对于仁斋对个人日常道德的提倡,荻生徂徕更为强调儒学之于社会整体制度的建构维度,主张儒学的本质不在于道德(修己),而在于天下国家之统治(治人)。因此,他认为应重"法"轻"人"以"经世济民",这一思想对朱子学或儒学传统立场有明显的"反叛",却有了近代启蒙的意味,故其被认为是先于福泽谕吉(1835—1901)而站在近代性思维出发点上的"实学"者。朱子学甚至成为幕府的官学,是为当时社会的正统理论。虽然日本并未采纳中国的科举制度并把朱子学纳入其中,但朱子学作为

①[日]日本思想大系34:《贝原益轩室鸠巢·大疑录序》,东京:岩波书店,1970年,第389页。

②[日]日本思想大系46:《佐藤一斋、大盐中斋·洗心洞札记下》,东京:岩波书店,1980年,第621页。

教养的重要基础得到普遍的流传。在江户时代及其后学者不断争论之中,朱子学在日本广泛传播并深远地影响了日本近代化的进程。

第二节 心性学的反动:浙东事功学派

儒学本是以礼制为其本业,体用兼备,自孟子始,则有重心性之学的倾向。到宋代理学这里,受佛老的影响和冲击,则更加偏向性理之学,外在的礼乐教化、经制事功之学越来越淡薄。南宋时期以永嘉学派为代表的浙东事功学派的崛起,可以看作是对于偏重心性论的理学的一种“反动”,一种与荀子现实主义精神的应和。事功学派重“经制之学”,使得儒学在心性之学与事功之学之间重新又获得了一些平衡。事功学派思潮乃是一场儒学内部相异于经学的启蒙运动。

一、永嘉学派的学理转向与经制之学的建构

南宋时期,在理学鼎盛之际,以永嘉学派为首的浙东事功学派也发展了起来。永嘉学派与理学重心性义理不同,尤重可以经世致用的经制之学,内容关涉国计民生的各个具体领域。漆侠说:“理学同浙东事功之学之所以存在如此重大的分歧,从学术思想的渊源看,一个极为重要的因素是浙东事功派学者出乎经而入乎史,他们在史学上都有所成就和贡献;而南宋的理学则纯本乎经学。”①显然,时代的剧变,使居于主导地位的朱熹所代表的“正统派”理学遭受到了强烈的挑战。

1. 永嘉学人的思想主张

我们从永嘉学人的学脉传承和理论主张中,可以清楚地看到他们进行学理转向的方向和努力。周行己、许景衡、赵霄、张煇、刘安

①漆侠:《宋学的发展和演变》,石家庄:河北人民出版社,2002 年,第 40—41 页。

节、刘安上、戴述、蒋元中、沈躬行等九位学者，曾先后于宋神宗元丰至哲宗元祐时入太学学习，被称为“元丰九先生”，于洛学的南传有功，其中尤以周行己和许景衡贡献为大。

周行己（1067—1125），字恭叔，号浮沚先生，南宋永嘉人，一般被看作是永嘉学派的创始人①。《宋元学案》曰：“伊洛之学，东南之士，龟山、定夫之外，惟许景衡、周行己亲见伊川，得其传以归。”（《宋元学案》卷三十二《周许诸儒学案》）然而，周行己师从程氏时，在传承的同时就已经显示出与洛学旨趣相异：

> 昔周恭叔首闻程（颐）、吕（大临）氏微言，始放新经，黜旧疏，挈其俦伦，退而自求，视千载之已绝，俨然如醉忽醒，梦方觉也。颇益衰歇，而郑景望（伯熊）出，明见天理，神畅气怡，笃信固守，言与行应，而后知今人之心可即于古人之心矣。故永嘉之学，必兢省以御物欲者，周作于前而郑承于后也。（《水心文集》卷十《温州新修学记》）

可见，周行己在学宗洛学之时便有个人的体会，其首闻程、吕之言后，“退而自求”，而有“醉忽醒”之觉悟。周氏所觉悟者何事？从其著述中可以看出，他在货币学领域有相当深刻的认识，表明他已不固守洛学的治学范围。周行己非常注意经济民生之事，在北宋时，商贸经济就已相当发达，因此货币的发行和管理成了一个重要的话题。周行己曾给皇帝上书曰：

①有学者认为王开祖才是永嘉学派的开创者。参考周梦江：《永嘉学术开创者的王开祖——宋代浙学通论之一》，《杭州师范学院学报》（社会科学版），1990年第2期，第44页。

> 今以所收大钱,桩留诸路,若京师以称之,则交钞为有实,而可信于人,可行于天下。其法既行,则铁钱必等,而国家常有三一之利,盖必有水火之失,盗贼之虞,往来之积,常居其一,是以岁出交子公据,常以二分之实,可为三分之用。(《周行己文集》卷一《上皇帝书》)

宋代的"交子"是世界上发行最早的纸币,而周行己提出的"铁钱必等""往来之积"的货币管理之法,应该是世界上最早的"准备金"制度了。后来,在宋徽宗时期蔡京当权,铸造不足值的"当十"大钱,并超发货币,周行己严厉批评了这种做法,指出这样必将导致物价上涨等国家财政危机问题,并提出了解决的办法①。有学者称赞道:"周行己是北宋时期货币思想的集大成人物","其涉及问题的广度及理论认识的深度,在北宋时期是首屈一指的"②。

周行己"作于前",从而开启了永嘉学人在异于理学的理论范围内进行探索。其私淑弟子郑伯熊(1124—1181,字景望,人称"敷文先生",永嘉人)则"承于后"继续思考和探索,进一步使永嘉之学向事功方向转向。在早期,郑伯熊侧重点亦是"必兢省以御物欲者"的性理之学,后来,有感于此性理之学无救于时局,且深受薛季宣的影响,始转向经制之学。郑氏精通经史,对古代经制有深入的研究,其言经制注意"以通时变"。郑氏曾深研古代刑罚制度,著有《象以典刑流宥五刑》《四罪而天下咸服》《五刑有服》《吕刑》等作。除了对传统酷刑固有做法和观念进行挑战外,郑伯熊对财政之事亦有深刻的认识。

①周梦江:《论周行己》,《杭州师范学院学报》(社会科学版),2003 年第 3 期,第 97 页。

②赵靖:《中国经济思想通史》第 3 卷,北京:北京大学出版社,1997 年,第 270、271 页。

兹以其《议财论》为例以管窥之：

> 故财者，有国之司命；理财者，非可缓之务；议财者，非不急之谈也。高论之士，握孟子仁义之说，闻言利之人急起而疾击之，不使喘息于其侧……一日非财，百事瓦解……先王之制亡，人欲日侈，用财者多……于是贱丈夫者，出而伸其喙，剥肤椎髓以厌一人之欲。其原既开，不可复窒。后之承前，有增无损……莫非王民，予夺敛散，其权在君；何事非君，治乱安危，其权在民。先王知人上之权不足恃也，而一听于民，凡有所欲，委曲弥缝，不敢有已……夫先王之于民，与之为生，而后世之民，至无以为生，不反其本，方焦心劳思患于无财，族谈群议，以图生财，变法易令，以求丰财，吾恐民之大权有时而或用也。（《二郑集·议财论》）

可以看出，郑伯熊对"握孟子仁义之说"而攻击言利之人的"高论之士"的陈见陋习进行了批评，认为财乃是立国之根本，一日不关注理财之事，国家则百事尽废。更为可贵的是，郑伯熊对传统社会中根深蒂固的财产观进行了批判和挑战：古代社会中的君王一向认为"普天之下，莫非王土；率土之滨，莫非王臣"，故而天下民众的财产无不为君王所有，对国家百姓之财产予取予夺便成了理所当然。自秦汉以来，君王竞相"伸其喙，剥肤椎髓以厌一人之欲"，"变法易令，以求丰财"，后之承前，敛财愈甚。郑氏尖锐地指出，予夺敛散的权力虽然在君王之手，但是，治乱安危的权利却在民众手中。因此，郑伯熊规劝君王予夺之权"不足恃也"，而当"一听于民"而"反其本"。郑伯熊这种财产与权利互动的政治经济学观点，以及"民本"的观念，依稀有近代启蒙的意蕴。

由理学向永嘉之学转变的一个重要人物是薛季宣（1134—1173，

字士龙，号艮斋，永嘉人），他不拘前学，明确其“不再以性理之学为中心”的学术立场：

季宣学问最为淹雅，自《六经》、诸史、天官、地理、兵农、乐律、乡遂、司马之法，以至于隐书小说、名物象数之细，靡不搜采研贯。故其持论明晰，考古详核，不必依傍儒先余绪，而立说精确，卓然自成一家。（《四库全书·集部四·浪语集提要》）

可以看出，薛季宣的关注重心已经明显从性理之学向经制之学转变，其学广泛地涉及了经制之学的各个方面，基本奠定了永嘉学派的学术旨趣和圈定了研究领域。并且其持论“不必依傍儒先余绪”，学术研究的范式也不再沿用理学。《四库全书》评曰：“朱子喜谈心性，而季宣则兼重事功，所见微异。其后陈傅良、叶适等递相祖述，永嘉之学遂别为一派。”（《四库全书·集部四·浪语集提要》）自薛季宣愈加明确地开示出永嘉学派与洛学的学术分野，永嘉之学已是理学之“别派”了。

永嘉之学薪火相传，至陈傅良（1137—1203，字君举，号止斋，永嘉人）的出现，标志着永嘉之学建构的基本完成。叶适曰：“永嘉之学，必弥纶以通世变者，薛经其始而陈纬其终也。”（《水心文集》卷十《温州新修学记》）“必弥纶以通世变”可谓是永嘉学派最显著的学术宗旨。在叶适看来，薛季宣是“必弥纶以通世变”的事功之学的重要开启者，而陈傅良则是一个重要的传承者和完成者。《宋史》曰：“永嘉郑伯熊、薛季宣皆以学行闻，而伯熊于古人经制治法，讨论尤精，傅良皆师事之，而得季宣之学为多。”（《宋史》卷四百三十四《儒林四·陈傅良传》）陈傅良先是师从郑伯熊，后郑氏服膺薛季宣事功之学，遂介绍陈傅良从学于薛季宣。陈傅良遂以事功之学为志：“所贵于儒者，谓其能通世务，以其所学见之事功勉哉可。”（《四库全书·集部四·止斋集卷十四》)陈傅良经制之学关注极为广泛,“自三代、秦、汉以下靡不研究,一事一物必稽于极而后已”(《宋史》卷四百三十四《儒林四·陈傅良传》)。他的研究几乎完全囊括了经制之学所有方面。而其中,陈傅良又尤以“举子业”为最精。所谓的“举子业”,是指为了帮助士子们在科举考试时取得成功,而在文词、程式、立意等应试技巧方面进行的相关讲习活动。陈傅良在其不足三十岁时便在举业上“声名四出”了:

> (陈傅良)初讲城南茶院时,诸老先生传科举旧学,摩荡鼓舞,受教者无异辞。公未三十,心思挺出,陈编宿说,披剥溃败,奇意芽甲,新语懋长;士苏醒起立,骇未曾有,皆相号召,雷动从之……(《水心文集》卷十六《宝谟阁待制中书舍人陈公墓志铭》)

是时,不过还是个年轻学子的陈傅良,在初讲“举子业”时便一鸣惊人,从“诸老先生”中脱颖而出,一时“文名大震”,“岁从游者常数百人”。陈傅良通过梳理科举制度取士的历史,将文词(文)与德行(道)并举而论,他认为以文取士而舍弃德行,或者单重德行而舍弃文词都失偏颇。

以上从周行己到陈傅良被称为永嘉开创“四哲”,至叶适(1150—1223,字正则,号水心居士,永嘉人)而集大成,《宋元学案》曰:“永嘉功利之说,至水心始一洗之……乾、淳诸老既殁,学术之会,总为朱、陆二派,而水心龂龂其间,遂称鼎足。”(《宋元学案》卷五十四《水心学案序目》)永嘉之学达到了巅峰,成为当时与朱、陆相鼎立的一大学派。叶适对心性之学的批判显然比薛季宣等人更加直接和猛烈得多:

盖以心为官，出孔子之后，以性为善，自孟子始；然后学者尽废古人入德之条目，而专以心性为宗主。致虚意多，实力少，测知广，凝聚狭，而尧舜以来内外交相成之道废矣。（《习学记言序目》卷十四《孟子·告子》）

叶适认为儒家自孔子之后过于强调心性之学，导致了“虚意多，实力少”的状况，使“内外相成之道废矣”。他批评朱熹的学说“自此游辞无实，谗口横生，善良受祸”（《水心文集》卷二《辩兵部尚书朱元晦状》）。对于陆九渊的心学，叶适更是诟病道：“古人多识前言往行，谓之畜德。近世以心通性达为学，而见闻几废，为其不能畜德也。然可以畜而犹废之，狭而不充，为德之病矣，当更熟论。”（《水心文集》卷二十九《题周子实所录》）在叶适看来，陆氏之学仅以内在的心性通达为旨，外在的见闻实践则几乎完全荒废。

叶适在义利问题上说：

“仁人正谊不谋利，明道不计功”，此语初看极好，细看全疏阔。古人以利与人而不自居其功，故道义光明。后世儒者行仲舒之论，既无功利，则道义者乃无用之虚语尔。（《习学记言序目》卷二十三《汉书三》）

儒家向来有“罕言利”的传统，永嘉学人则强调“利”是“义”赖以存在的基础，肯定人们正当的物质欲望，主张义利并举，“用今之民，求今之治”成为其治学的取向。进而，叶适又对“重农抑商”的传统提出了批评：

按《书》“懋迁有无化居”，周“讥而不征”，春秋“通商惠工”，皆以国家之力扶持商贾，流通货币……汉高祖始行困辱商

> 人之策,至武帝乃有算船告缗之令、盐铁榷酤之入,极于平准,取天下百货自居之。夫四民交致其用而后治化兴,抑末厚本,非正论也。使其果出于厚本而抑末,虽偏,尚有义。若后世但夺之以自利,则何名为抑?(《习学记言序目》卷十九《史记三·书》)

在叶适看来,所谓"抑末厚本"的传统之说并非"正论",在春秋及以前,不但不会抑末轻商,还会实行"通商惠工"的政策以鼓励工商业的发展,之所以汉代以后实行"困辱商人之策"来抑制自由商业交换行为,是出于统治者"取天下百货自居之"和"夺之以自利"的自私心理。为什么春秋以前和之后对商人和商业的态度如此迥异,叶适在此处没有再深入去分析,其实已经内涵在其理论之中了。在叶适看来,唐、虞、三代为"封建"时代,故王道可行;而自秦至唐,是郡县制的帝制时代,帝制为霸道之事,自然是容不得自由竞争的商业精神。叶适认为应该把"四民"(士农工商)平等看待,"交致其用"才能"后治化兴"。有学者认为叶适的这些思想主张"具有鲜明的经济自由主义理想性质"①,有划时代意义。

由上述可知,永嘉学人在经济方面的经制思想创见颇多,也最具时代的"进步性",西方有学者认为南宋已处在"经济革命时代"②,显然离不开当时永嘉学人的理论贡献。相对于强调内在心性修养的理学来说,永嘉之学关注的问题更为"外在"和具体。永嘉学人注重在对以往典章制度的因革变化中,来建立起能够解决当下社会问题的经世致用的制度体系。永嘉学术"要求将主体内在的道德价值在主体本身的实践领域转换为实用价值,既是永嘉之学的基本取向,亦是

---

①朱晓鹏:《叶适的经济思想及其现代意义》,《浙学传统与浙江精神论集》,上海:上海古籍出版社,2012 年,第 140 页。

②参考何俊、范立舟:《南宋思想史》,上海:上海古籍出版社,2008 年,第 24 页。

吕祖谦与陈亮之学的基本取向”①,永嘉之学对于整个浙东事功学派的学术取向具有奠基性的意义。

2.“正统”与“异端”

上述永嘉学人的理论创见,在当时洛学及其后学那里是不受待见的,尤其是朱熹几乎对每个永嘉学人都进行了批判。

周行己就曾被二程等人视为异端,甚至欲清理出门户而后快②。谢良佐指摘其学:“只为立不住,便放倒耳。”(《宋元学案》卷三十二《周许诸儒学案》)后来朱熹也批评曰:“周恭叔学问,自是靠不得。”(《朱子语类》卷一百《邵子之书》)周行己被二程斥责甚至嫌弃,这与对待杨时的态度形成鲜明对比。杨时在二程处学成南归福建时,程颢目送之曰:“吾道南矣。”(《程氏外书》卷十二《传闻杂记》)语气中充满了无限的厚爱和寄予的无限厚望,杨时南传洛学,一时成为理学之佳话。盖杨时重心性之学,为洛学之“正宗”。

在以正统的道学家自居的朱熹眼中,郑伯熊自然也不是一个“正宗”的学者,郑伯熊送其《文集》给朱熹,朱熹评价曰:

> 近日蔡行之送得《郑景望文集》来,略看数篇,见得学者读书不去子细看正意,却便从外面说是与非。如郑文亦平和纯正,气象虽好,然所说文字处,却是先立个己见,便都说从那上去,所以昏了正意。(《朱子语类》卷七十九《尚书二》)

朱熹对郑伯熊的《文集》虽表达了一些客气性赞许,但是根本上

①董平:《论南宋永嘉学术之传承》,《宋明儒学与浙东学术——董平学术论集》,贵阳:孔学堂书局,2015 年,第 126 页。

②陆敏珍认为周行己是一个被门户清理的洛学门人。参考陆敏珍:《宋代永嘉学派的建构》,杭州:浙江大学出版社,2013 年,第 107—122 页。

还是持否定意见的,他认为郑氏在治学的立场上有问题,故其一切理论都"昏了正意"。

对于薛季宣而言,即便有吕祖谦的努力调和,朱熹依然视其为"异端"。吕祖谦在给朱熹的信中提到:"世务二三条如田赋、兵制、地形、水利,甚曾下工夫,眼前殊少见其比。"(《东莱集·别集》卷七《与朱侍讲》)但是,朱熹并不接受吕祖谦的调和之意,他毫不客气地称薛氏之学流于"异端":

> 闻其学有用,甚恨不得一见之,然似亦有好高之病,至谓义理之学不必深穷,如此则几何而不流于异端也耶?(《朱文公文集》卷三十三《答吕伯恭》)

不过,这时候的永嘉学人似乎已经不再像周行己、郑伯熊等前辈学者那样对道学派谦逊柔顺了,反过来,薛季宣也不客气地批评道学家们"语道乃不及事""言道而不及物",反唇相讥他们亦是"今之异端"(《浪语集》卷二十五《抵沈叔晦》)。

对于陈傅良所擅长的"举子业",朱熹也给予了毫不客气的批评,他认为"举业妨道","科举坏了人心"。对于陈傅良的学问,朱熹批评其学"最是不务切己":"君举先未相识,近复得书,其徒亦有来此者。折其议论,多所未安。最是不务切己,恶行直道,尤为大害。"(《朱文公文集》卷五十三《答胡季随》)贬损之辞甚苛。平心而论,科举制度确实有一定的弊病,但是,作为传统社会一种成熟的人才选拔机制,它的作用也是不可替代的。张载、程颢、王安石等北宋名士无不是科举出身,朱熹本人亦出此途。在当时,陈傅良的举子业理论影响巨大,对于江南科举业的蓬勃发展并走向鼎盛亦有其功。以永嘉为例,据统计,唐代三百来年永嘉进士仅两名,北宋时期有八十一名,而南宋短短一百多年期间，竟有一千一百四十八名①。

在朱熹眼中，叶适更是不识道理之人。他说叶适“未曾略识道理规模”，却又“高自标置、下视古人”，所言“全是含胡影响之言，不敢分明道着实处”（《朱文公文集》卷五十六《答叶正则》）。朱熹在各处凡提及永嘉、永康之说，均斥之以功利之学，言辞中甚是贬抑。“永嘉之学，理会制度，偏考究其小小者”（《宋元学案》卷五十六《东莱学案》），“陆氏之学虽是偏，尚是要去做个人。若永嘉永康之说，大不成学问，不知何故如此”（《朱子语类》卷一百二十二《吕伯恭》）。在朱熹看来，“陆氏之学虽是偏”，毕竟还是道学（理学）内部的分歧，还可以在同一理论层次上对等交流以互取长短，而永嘉、永康之学，连学问都算不上。

3. 转向与启蒙

《宋史》列传中，把薛季宣、陈傅良、叶适、蔡幼学等永嘉学者都列入了《儒林传》中，而不列入《道学传》，明显是把永嘉学者排除在道学家之外。侯外庐说：“由南宋至于清末，所有的道学正统派著作，异口同声地斥之为‘喜为新奇’，‘而义理未得为纯明正大’。把‘新奇’和‘正大’对立起来，恰巧说明了永嘉学派的异端实质。”②然而，永嘉学人大多在道学家那里不受待见，甚至被视为异端，这恰恰从某种意义上表明了永嘉学派的学理转向，永嘉之学扬弃了道学注重心性修炼的“正统”治学方向，而转向强调致用的经制之学。萧公权说：“至两宋诸子乃公然大阐功利之说，以与仁义相抗衡，相表里，一反孟子、董生之教。此亦儒家思想之巨变，与理学家之阴奉佛老者取径虽殊，

①周梦江：《简论南宋时期的永嘉学派》，《杭州师范学院学报》（社会科学版），1983 年第 3 期，第 100 页。

②侯外庐：《中国思想通史》，北京：人民出版社，1960 年，第 744 页。

而同为儒学之革命运动。"①理学自北宋初年出现以来,以"新儒学"之全新姿态对抗佛老,风力无限。然至朱、陆之时,在永嘉学人看来,已有矫枉过正之嫌,故在学理上发起新的反动,以矫正理学。因此以永嘉之学为代表的事功学派乃是一场儒学内部新的启蒙与革命运动。

在这个意义上,理学(尤其以朱、陆为代表的道学)相对于原始儒学有"歧出"之嫌,而永嘉之学则有回归或正传之义②。吕思勉说:"理学何学也? 谈心说性,初不切于实际,而其徒自视甚高。世之言学问者,苟其所言,与理学家小有出入,则理学家必斥为俗学,与之斤斤争辩。"③道学家之所以强调"道统"并斤斤计较者,亦在于此,是一种"学统"和"身份"的认同,把延续其学者视为"同道",而不认同其学者皆视为"异端"。如此做的好处在于,它能够保证一个学理体系的"纯粹性"和"一贯性",但是,同时带来的一个问题就是,有意无意地形成了一种宰制,禁锢了文化的发展和开放。

进一步言之,永嘉学派"近世化"的启蒙意蕴,对后来儒学的创造性转化是一种开启。一般认为,明清之际启蒙思潮的出现,标志着儒学和中国社会近代转型的开始,然而,从我们对永嘉学派的考察来看,似可认为南宋时期这一转型其实已经开始了,永嘉学派的出现即标志着传统儒学的一个重大学理转向④。

---

①萧公权:《中国政治思想史》,北京:商务印书馆,2013 年,第 437 页。

②漆侠认为,永嘉学派等浙东事功派继承了宋初三先生到王安石等通经致用的优良学风,使宋学依然体现了它的盎然生机。而二程理学以抽象的道德性命之学取代通经致用之学,是"学术上的暴发户"。参考漆侠:《宋学的发展和演变》,石家庄:河北人民出版社,2002 年,第 511 页。

③吕思勉:《从宋明理学到阳明心学》,北京:新世界出版社,2017 年,第 156 页。

④此部分的详细论证可参考:朱红、王绪琴:《永嘉学派的学理转向及其意义》,《哲学动态》,2020 年第 1 期,第 61—68 页。

二、金华学派兼具朱陆与现实关怀

永嘉学派这种重大的学理转向对于整个浙东事功学派的理论格调有奠基性的作用,只不过在金华学派这里显得杂糅与温和一些。吕祖谦(1137—1181,字伯恭,号东莱,浙江金华人,金华学派的创始人)在治学上除了兼取各家之外,又注重学问的现实转换,倡导外王致用,相对于偏重心性之学建构的朱陆之学来说,也是一种调适与平衡。全祖望曰:"宋乾、淳以后,学派分而为三:朱学也,吕学也,陆学也。三家同时,皆不甚合。朱学以格物致知,陆学以明心,吕学则兼取其长,而复以中原文献之统润色之。门庭径路虽别,要其归宿于圣人,则一也。"(《宋元学案》卷五十一《东莱学案》)一方面,吕祖谦是调和朱陆最重要的一个人物,著名的"鹅湖之会"正是由其发起并主持的。吕祖谦秉承"不名一师,不私一说"之家学遗训为治学宗旨,熔朱陆等各家之说于一炉,创立起独特的婺学学派(金华学派)及学术传统。

1. 吕祖谦的心学理论

首先,有学者认为吕学"心学"倾向明显:"吕祖谦的哲学思想,有明显的'心学'趋向……关于吕祖谦的'心'说,吕学虽保留着北宋以来理学的一些基本思想,但它更倾向心学。"①在吕祖谦的著作中,关于心学方面的理论有相当多的阐述,总体看来,多依于程颢和陆九渊心学思想而发,无出于陆氏之上。如吕祖谦曰:

> 心即天也,未尝有心外之天,心即神也,未尝有心外之神,乌可舍此而他求哉?(《东莱先生左氏博议》卷五《楚武王心荡》)

①王凤贤、丁国顺:《浙东学派研究》,杭州:浙江人民出版社,1993年,第70—72页。

> 举天下之物，我之所独专而无待于外者，其心之于道乎！心外有道，非心也；道外有心，非道也。心苟待道，既已离于道矣。（《东莱先生左氏博议》卷十《齐桓公辞郑太子华》）

显然，吕祖谦赋予了“心”本体在先的地位，他所表述的“心即天”“心外无物”和“心外无道”的理论和程颢、陆九渊的相关表述基本无异。程颢有“心是理，理是心”“理与心一”（《程氏遗书》卷十三、卷五）的表述，陆九渊有“宇宙便是吾心，吾心即是宇宙”（《象山集》卷二十二《杂说》）的阐释。吕祖谦亦认为心具有主宰性，他说：“本然者谓之性，主宰者谓之心。”（《吕东莱文集》卷二十《杂说》）心之主宰作用体现于“御气”，“圣贤君子以心御气，而不为气所御，以心移气而不为气所移……心由气而荡，气由心而出”（《东莱先生左氏博议》卷五《楚武王心荡》）。“气”由“心”所产生，心相对于气不但具有在先性，还有主宰性。心的主宰性在社会生活中的体现则是：“圣人之心，即天之心，圣人之所推，即天命也。”（《增修东莱书说》卷三《大禹谟第三》）又有，“乃若圣人之心，万物皆备，尚不见有内，又安得有外耶？史，心史也，记，心记也”（《东莱先生左氏博议》卷十《齐桓公辞郑太子华》）。可见，圣人之心在吕祖谦看来是天命之表达，可以包罗自然万物，也包罗社会人事，甚至人类社会的历史进程也不过是圣人之心所派生出的“心史”“心记”。

吕祖谦进而推论曰：

> 圣人备万物于我，上下四方之宇，古往今来之宙，聚散惨舒，吉凶哀乐，犹疾痛疴痒之于我身，触之即觉，干之即知。清明在躬，志气如神。嗜欲将至，有开必先。仰而观之，荧光德星，欃枪枉矢，皆吾心之发见也；俯而视之，醴泉瑞石，川沸木鸣，亦吾心之发见也。（《东莱先生左氏博议》卷八《懿氏卜妻敬仲》）

这样，因为万物皆备于圣人之心中，圣人便对古往今来和上下四方的万事万物，以及人类社会的吉凶哀乐都了如指掌，这种感知能力是“触之即觉，干之即知”的，如同身体的感觉能力一般快捷和准确。不论是“荧惑德星”还是“川沸山鸣”之事，皆是“吾心之发见”。在吕祖谦看来，心对于万物的操控可以达到更加神奇的程度：“发于其身，害于其事；发于其事，害于其政，民有不得其死者矣。一念之毒，流金铄石；一念之驶，奔电走霆，虽未尝以兵杀人，实以心杀人；虽未尝用人以祭社之神，而实用人以祭心之神也。”（《东莱先生左氏博议》卷十二《楚子用隐太子》）一念发处，可以“流金铄石”“奔电走霆”，甚至能够“以心杀人”。

显然，在吕祖谦看来，心不但是宇宙的本体，具有绝对的在先性，而且，对天地万物和社会人事具有绝对的主宰和控制能力。吕氏心学理论多旁采于陆九渊心学，甚至还有更为夸张的发挥之处。

2. 心与理的兼容并蓄及其二元论困境

上述论述可知，乍看起来，吕祖谦是心学一脉学者无疑。然而，由于其“兼取所长”和“会归于一”的学风，吕氏并不“安分”地恪守一家之言。他与朱熹交往亦是深厚，二人交往达数十年，相互通信多达上百封，还常互相探视并结伴而游。朱熹对吕氏之学批评颇多，但是朱熹凡遇重要的书籍文章刊发，之前必要先征询吕氏的意见，可以说，吕氏是朱学的第一批读者，也是朱著最全面的读者。因此，吕祖谦对于朱熹的理学思想无疑有深入的了解和体悟。

在吕祖谦的相关表述中明显能看出朱熹思想的痕迹：

> 天理之所在，损一毫则亏，增一毫则赘。无妄之极，天理纯全，虽加一毫不可矣。（《吕东莱文集》卷十三《易说·无妄》）
>
> 天下事有万不同，然以理观之，则未尝异。君子须当于异中而求同，则见天下之事本未尝异。（《吕东莱文集》卷十四《易

说·睽》)

显然,吕氏亦把理(天理)作为哲学的最高范畴来论述,理之于万物亦具有本体之先在性。吕祖谦亦认为理具有主宰性,其曰:“循天理自然,无妄也”,又“有意作为,非天理也”(《吕东莱文集》卷十三《易说·无妄》)。吕祖谦甚至还提出与董仲舒的“天人感应”说相似的“天理感应”说,以强化天理之绝对主宰性,曰:“命者,正理也。禀于天而不可易者,所谓命也。”人如果不顺命以循正理,就会“降之以灾”。如此一来,这无疑和他所阐发的心的在先性和主宰性有相互矛盾之嫌,因此,吕祖谦的理论体系有明显的二元论的嫌疑。

吕祖谦本意是兼取朱、陆之长而融为己学,“小东莱之学,平心易气,不欲逞口舌以与诸公角,大约在陶铸同类以渐化其偏,宰相之量也”(《宋元学案》卷五十一《东莱学案》),但是其处理似有欠当之处,有“隔膜”和“支离”之感。潘富恩先生说:“吕祖谦的哲学思想虽然比较明显地偏重于心学,但是,他为了把朱熹、陆九渊两种本体论调和起来,又把‘天理’与‘人心’联系起来论述。”①比较典型的表述如:“人言之发,即天理之发也;人心之悔,即天意之悔也;人事之修,即天道之修也。”(《东莱先生左氏博议》卷十二《鲁饥而不害》)人言之发,本于天理;人心之悔,本于天意;人事之修,本于天道。显然,吕祖谦希望既不悖于朱熹的天理说,又兼容陆九渊的心本说。但是,这段表达恰恰又表明了天理或天道是本体,而人心则是天理或天道的发用。其实,在吕氏“心即天”“心外无神”“心外无道”等表达中,也已经内在蕴含了这种二元背离的困境,此类互相抵牾的表达在其论述中随处可见。

---

①潘富恩:《大家精要·吕祖谦》,昆明:云南出版集团公司、云南教育出版社,2009年,第60页。

潘富恩先生继续指出:“因而不仅吕祖谦为调和矛盾所作出的种种努力是无效的,而且还使他自己的思想体系出现了前后矛盾的现象……吕祖谦确实做到了‘兼取其长’,但也确实因此冲淡了自己固有的理学色彩。”①董平先生也说:“理的客观性的强调,与理作为主体性的阐明,这两者的关系在逻辑上恐怕应受到进一步的诘难,至少它与‘人心之悔即天意之悔,人事之修即天道之修’之类的表述是很难圆融无间的,因为它们所蕴含的逻辑前提并不同一”②,又说,“由于吕祖谦兼摄朱、陆二学而将理、心并列,并同时赋予其本体意义,尽管有心理一如的一般表述,但这种表述仍不足以在根本上消除其学说之整体的二元论倾向,在某些具体问题的论述上,亦由此而产生一些自相抵牾的现象”③。之所以吕祖谦陷入本体二元论的困境之中,一方面可能是他调和朱、陆两家学说的意愿太过强烈了。当时的朱、陆两家有“水火不容”之势,“宗朱者诋陆为狂禅,宗陆者以朱为俗学,两家之学各成门户,几如冰炭矣”(《宋元学案》卷五十八《象山学案》)。吕祖谦以其恢宏的雅量、平和近人的处世能力,游走于朱、陆二人之间,终于促成并主持了鹅湖之会。此次学术交流,过程虽不尽完美,但是,其后续进一步的交流和辩论,对于两派学术立场的调和确实起到了巨大的作用。吕祖谦作为这场在中国文化史上堪称千古美谈的思想盛会的促成者,后世学者无不为其恢宏包容的气象所折服,全祖望盛赞其有“宰相之量”,然而,这却掩盖了其学理体系内部的“支离”问题。吕祖谦评价朱熹与陆九渊曰:“元晦英迈刚明,而工

①潘富恩:《大家精要·吕祖谦》,昆明:云南出版集团公司、云南教育出版社,2009年,第55页。

②董平:《吕祖谦思想论略》,《宋明儒学与浙东学术——董平学术论集》,贵阳:孔学堂书局,2015年,第35页。

③董平:《吕祖谦思想论略》,《宋明儒学与浙东学术——董平学术论集》,贵阳:孔学堂书局,2015年,第36页。

夫就实入细，殊未可量。子静亦坚实有力，但欠开阔耳。”(《吕东莱文集》卷五《与陈同甫》)而朱熹评价吕氏曰：“伯恭失之多，子静失之寡”(《朱子语类》卷一百二十二《吕伯恭》)，又曰，“博杂极害事。伯恭日前只向博杂处用功，却于要约处不曾仔细研究”(《宋元学案》卷五十一《东莱学案》)。吕祖谦理论体系的建构，“开阔”有之(兼取所长)，然“入细”未必，原因正是朱熹所批评他的“博杂”问题。博取可也，是否能够要约于一处却不是意愿和情怀的问题，这是由学术内在的逻辑所决定的。尤其是本体论问题，是此非彼，一般不可兼得。显然，吕氏未能深悟朱熹“理一分殊”之妙，这大概也正是其被文献学的学理特点所限，长于综合，却短于融会。故《宋元学案》中“博诸四方师友之所讲，融洽无所偏滞”(《宋元学案》卷五十一《东莱学案》)之语只可作溢美之词看待。钱穆论吕氏曰：“宽大和顺，是门第的家风，但在宋儒中却成为一种特有的孤调。宋学多爱明辨是非，只走一条线。”①可见，吕氏虽长于调和各家理论，然于“明辨是非”的学理深刻程度上显然又不及宋明各家，故有“孤调”之说。而另一方面的原因，则只能归于“惜其早卒”，吕氏逝于壮年(享年四十五岁)，没有足够的时间对之前的理论建构进行反思和深化，致使其学未能集众家之长而融合无疵，是一憾事。

3. 学理转向与现实关怀

另外，吕祖谦除与朱、陆及其门人交往频繁之外，与陈傅良、陈亮、叶适等人亦交往甚密。但是，与朱、陆等人不同的是，吕祖谦对浙东事功学派有相当深入的了解。在吕祖谦的思想体系中，对于外王致用的强调又远胜于朱、陆之学。

吕祖谦曰：

①钱穆：《宋明理学概述》，北京：九州出版社，2010年，第151页。

切要工夫,莫如就实。深体力行,乃知此两字甚难而有味。(《宋元学案》卷五十一《东莱学案》)

百工治器,必贵于有用。器而不可用,工弗为也;学而无所用,学将何为也耶?(《吕东莱文集》卷二十《杂说》)

与朱、陆等理学家不同的是,吕祖谦特别提倡“明理躬行”“讲实理、育实材而求实用”的治学理念。显然,吕祖谦这种理论转向本身代表了浙学的内在精神,一切学问必以致用为指向。因此,吕学除了具有调和与兼容朱、陆之学的理论特征外,还具有理学的转向意义。永嘉与永康之学作为“流于异端”(朱熹语)的学术形态,与朱陆的性理之学对峙而起,吕祖谦亦深受其影响。但是,与道学家鄙夷的态度不同①,吕氏在兼容朱陆的同时,又对浙学的事功学派抱有深刻的同情和认同,在其看似博杂的学理体系中,内在地进行着学理的转向。吕学代表了儒学多元开放的格局,而儒学本就是对社会生活的立体关怀,心性修炼与人生实践,本体与工夫,一应俱足。而以朱、陆为代表的理学有过于内在化的倾向,于社会实践方面有所弱化。

吕祖谦自幼受“中原文献之学”的家传,在史学方面有深厚的积累。他从历代王朝兴衰更替的复杂现象中,感到仅有性理之学不足以体用俱足,还必须讲“经世致用”的学问。吕祖谦从制度史的研究中,着力于从历代盛衰中寻找出原因以指导当前制度的制定,进而改变现实生活。因此,吕学相对于程朱理学来说,已经有了一定的兼容和转向的意味。董平对吕氏的评价:“吕氏早卒,其学术造诣大未见

①朱子曰:“其学合陈君举、陈同甫二人之学问而一之。永嘉之学,理会制度,偏考究其小小者。惟君举为有所长,若正则则涣无统纪,同甫则谈论古今,说王说霸,伯恭则兼君举、同甫之所长。”又曰:“伯恭无恙时,爱说史学,身后为后生辈糊涂说出。一般恶口小家议论,贱王尊霸,谋利计功,更不可听。”(《宋元学案》卷五十一《东莱学案》附录)

其抵于全量，然其道德醇谨，博文约礼，良为一代宗师；虽其思想之整体规模及其哲学理论之系统建设较之朱、陆逊色，然其所以卓异者，正在其不空言性命而注重经史之学，重视历史文献的研究与汇存，所谓多识前言往行以蓄其德，以道德的涵养为事功开辟的前提，以事功之建立或现实政务之合理措置为道德的实践境域，必期于开物成务，以实现善的普遍价值在经验世界中的终极还原。”①这一评价无疑是全面和中肯的，吕祖谦在学术造诣上较朱、陆逊色，但是，其不空言性命，以史学入手，于事功处开拓道德实践的境域——虽然吕学在事功之学上的学理转向不及永嘉之学和后来的永康之学彻底——但也无掩吕祖谦在思想史上独特的贡献。

三、永康学派“专言事功”与“嗤咄性命”

如果说吕祖谦之学有太多调和的意味而显得不够彻底的话，在陈亮那里，则以豪爽超迈的风力把浙东史学的锋芒推到了极致。陈亮及其永康学派对朱熹等理学家“空谈性命”的治学方向进行了更为彻底的批判。

陈亮（1143—1194，原名汝能，字同甫，号龙川，学者称为龙川先生）为人，志存高远，慷慨激昂，有经略四方之志。其学术根基在史学，受吕氏的影响颇深。陈亮竭力反对道德性命之学，斥为空谈，着力于对古今之变与王霸之道的探寻，强调经济世务，希望“为国家开二百年太平之基”。陈亮曰：

> 夫道，非出于形气之表，而常行于事物之间者也……天下固无道外之事也。（《龙川文集》卷九《勉强行道大有功》）

①董平：《南宋婺学之演变及其至明初的传承》，《宋明儒学与浙东学术——董平学术论集》，贵阳：孔学堂书局，2015 年，第 65 页。

> 道之在天下，平施于日用之间……而其所谓平施于日用之间者，与生俱生，固不可得而离也。（《龙川文集》卷十《经书发题》）

显然，陈亮这种“道存于物”的世界观首先有意和朱熹理气二元的世界观划清界限。在朱熹那里，天理纯然高悬在上，而由气浊产生的欲望却可能伤害到天理的纯粹，因此才有“存天理，灭人欲”的理论口号。陈亮主张“道存于物”，因此人与物之一切属性皆是天道之呈现，是故，人欲亦是天理之自然呈现，人欲不在天理之外，自然也就不必去除之。在陈亮这里，理欲不再是二元割裂的，而是理欲合一的。这种自然人性论的观点无疑对于理学乃至于传统儒学都是一种挑战和颠覆。陈亮曰：“万物皆备于我，而一人之身，百工之所为具。天下岂有身外之事，而性外之物哉！百骸九窍具而为人，然而不可以赤立也。必有衣焉以衣之，则衣非外事也；必有食焉以食之，则食非外物也……有一不具，则人道为有阙，是举吾身而弃之也。”（《龙川文集》卷四《问答下》）天下无身外之事，无性外之物，人首先是一个有自然需求的存在物，高悬的道德捆绑没有意义，只有先把人还原成有血有肉有欲求的人，其他的一切才可能谈起。陈亮的这一颇具“人本主义”色彩的理念显然有点近代的启蒙意蕴，也把浙东事功学派对理学的批判向更深处推进了一步。

理欲之辩自然就会涉及义利之辩，义关乎理的定位，利则关乎欲的现实安置。朱熹说：“义利之说，乃儒者第一义。”（《朱文公文集》卷四十二《与延于李先生书》）儒家传统义利观，主张义利对立、重义轻利，孟子早就有舍生取义之说，理学则继承和坚守了这一义利观，至朱熹发展到了极端。朱熹认为：“凡事不可先有个利心，才说着利，必害于义”（《朱子语类》卷五十一《孟子一》），“正其义，则利自在，明其道，则功自在，专去计较利害，定未必有利，未必有功”（《朱子语类》卷三十七《论语十九》)。陈亮的主张与朱熹的“正其义,则利自在”的主张截然相反,他认为道义只有通过实效、实功、实利才能表现出来,即有功利才能体现道义。陈亮认为:“禹无功,何以成六府?乾无利,何以具四德?”“利之所在,何往而不可为哉!”(《宋元学案》卷五十六《龙川学案》)在陈亮看来,若无功,德何以立?道德与功利不必是绝然对立的,利体现的就是义,人欲体现的则是天理。陈亮批评朱熹等“谈性命而辟功利”,认为当“专言事功”。

在陈亮看来,儒家向来只注重心性道德修养,从而缺少了社会治理的另外一个维度——法制的建设。陈亮提出了“心之用有不尽而无常泯,法之文有不备而无常废”(《龙川文集》卷二十《与朱元晦秘书》)的观点。所谓的“心”是指三代“圣人之心”,而圣人主要是被儒家美化的尧、舜、禹、汤、文武、周公、孔子等等。所谓的“法”,乃“法度”和“制度”之义,是指以三代时期为主的政治制度和礼仪规则。此圣人之心法由孟子首倡传之而下,由韩愈等儒者不断“加持”而成为“道统”,宋诸儒对心性之学着力阐发,其中尤经程朱一系的恪守与弘扬,已经成了人性修养和社会治理的唯一“正法”。因此,陈亮责问朱熹曰:“心有时而泯可也,而谓千五百年常泯可乎?法有时而废可也,而谓千五百年常废可乎?”(《龙川文集》卷二十《与朱元晦又书》)显然,在陈亮看来,心性修养和典章法度均不可长期失位,否则人类社会不可能持续稳定地发展。陈亮在《问古今治道治法》中论证此二者不可偏废之义,其曰:

> 道揆、法守,本一理也,仁心、仁闻不达诸政,则有体而无用,本末舛而天人之道阙矣。井田、封建、肉刑、学校,三代圣人所以达其精神心术之用也。旁搜博考,以求复先王之旧,非若后世之役役于事为之末矣。(《陈亮集》卷十五《问古今治道治法》)

陈亮借贾谊之语指摘汉代之失“是不定经制之过也”，言下之意，南宋政治之失也在于此，缺乏对法度经制的建构，陈亮甚至力谏皇帝，若用其“心”“法”并举的主张，二十年即可复兴：“二十年间，厉精政事，无利之不兴，无害之不除，虽未能一举以复先王之旧，而彰法度以存公道，相时宜以立民极，而天下之人方各弃所守以要其上，则道法岂不离而为二乎？”（《陈亮集》卷十五《问古今治道治法》）由此可以看出，陈亮已经敏锐地意识到经理学强化道德教化带来的“单向度”问题，社会的发展仅维系于道德说教一条绳上，无疑缺乏稳定性和可持续性。如果说永嘉学派的经制之学更多的是针对民生与经济方面的建构，陈亮则试图从政治模式的根本设计上进行改变。这对于传统儒学和理学单纯注重心性道德修养具有一定的颠覆意义，同时对于中国千年来的政治模式也具有相当的颠覆意义。在这个意义上讲，陈亮的事功之学比吕学和永嘉之学要更加彻底，从中我们也可以体会到陈亮学说已颇具近代学术启蒙与改良的意蕴。董平先生评价陈亮说：“他的思想在南宋学术界的确是独树一帜的，其事功之学既以南宋时代的社会现实为基点，亦最为率真直接地表达了其时代要求。”①陈亮的学说在当时震动朝野，在民众中流传广泛，乃至于“家家谈王伯”，可见其学的时代启蒙效应。

四、明朝走向内在与历史的反转

由前文可知，浙东事功学派经世致用之学风非历代学者可比，且与时代相得益彰，助力时代发展。南宋时期在经济等领域达到了鼎盛局面，这种社会模式被称为“南宋模式”，一时为世界之先。

《宋史》曰：

---

①董平：《浙江思想学术史——从王充到王国维》，北京：中国社会科学出版社，2005年，第160页。

> 两浙路,盖《禹贡》扬州之域,当南斗、须女之分。东南际海,西控震泽,北又滨于海。有鱼盐、布帛、粳稻之产。人性柔慧,尚浮屠之教。俗奢靡而无积聚,厚于滋味。善进取,急图利,而奇技之巧出焉。余杭、四明,通蕃互市,珠贝外国之物,颇充于中藏云。(《宋史》卷八十八《地理四·两浙路》)

其实,自钱氏建立吴越国以来,吴越之地就已有"富甲东南"和"国家根本,仰给东南"的盛誉。至南宋一朝,已不只是"富甲东南",而是"富甲天下"了。据载,南宋的经济总量当时已在世界上以绝对优势领先于各国了,临安在当时是世界上最繁华最庞大的超级大都市,人口达到了155万人以上(日本学者考证认为应该是500万人以上),临安的城市化程度已经达到了非常高的水平。南宋时期,已经突破了历代奉行的"重农抑商"观念的束缚,确立了"农商并举"的国策,形成了通达的"中心城市—市镇集市—边境贸易—海外市场"的商业网络体系。"10—13世纪的商品经济,同农业、手工业一样,也发展到了一个新阶段!而且可以毫不夸张地说,此时我国商品经济的繁盛,无论就其规模还是水平而言,依然遥遥领先于当时世界上的任何一个国家或地区。"①"海上丝绸之路"在南宋全面形成,"万国衣冠,络绎不绝"的对外贸易盛况空前,造就了"世界伟大海洋贸易史上的第一个时期"②,不仅是唐代未见,后来的明清亦未能再现。

可以想见,中国文化重心的南移,内在地促进了南宋在经济等诸领域的爆发并走向鼎盛,而反过来,经济与社会等领域的高度发展,又会促进文化思想领域的革新。因此,以永嘉学派为代表的浙东事功学派虽根植于传统儒学,却展现了与传统儒学颇异其趣的理论特

①葛金芬:《中国经济通史》,长沙:湖南人民出版社,2002年,第465页。
②马润潮:《宋代的商业和城市》,台北:中国文化大学出版部,1985年,第23页。

质。一方面,浙东事功学派通过对传统儒学的重新诠释,更强调义利并举。另一方面,高度发达的经济社会,必然在学术中体现出对社会制度和政治管理方面重新建构的要求,以进一步为转化为现实的社会制度建制奠定理论基础。显然,永嘉学派的学理转向对于儒学的泛道德化问题有"改良"和制衡作用。

南宋发达的社会经济和开放的"世界市场",使得南宋商税加专卖收益已经超过了农业税的收入,从传统农业社会向商业社会转型的趋势已非常明显,因此,应该说,与农业社会相配套的儒家思想也正好是其学理转型的良好契机。当然,历史无法假设,从内在原因上来说,历史之所以是如此结果,是由儒家思想的内在逻辑和中国传统社会的惯有模式所决定的。因此,事功学派勇于跳出中国自古以来重德的固有思维模式,并且敏锐地感觉到传统社会需要改良和应该的发展方向,这无疑是非常可贵的。郭萍研究员认为:"史学、文学等领域的研究早已表明,中华帝国发展至两宋时期,生活风貌发生了明显的转变:一方面,中唐的战乱和佛老的盛行,对汉唐建立的纲常伦理造成了严重破坏,两宋统治者需要新的儒学理论为皇权统治提供支撑;另一方面,随着两宋社会经济的繁荣发展,以商贸为主的坊间市井生活兴起,潜移默化地生发出具有现代特质的市民生活观念,由此形成了一股瓦解传统纲常伦理的思想趋向。据此来看,这种生活风貌作为一切思想的大本大源,势必会造就两宋儒学兼具守成与开新的两面性,即:一方面,它在更深层面上维护着传统的皇权专制、纲常伦理,成为一种日趋滞固的'守成'儒学;但另一方面,它也潜藏着颠覆前现代价值观念的可能,孕育着某种现代意味的观念,成为一种趋向现代性的'开新'儒学。"①正如前文对浙东事功学派的梳理,我

①郭萍:《从两宋儒学的内在紧张看儒学的现代转向》,《周易研究》,2018 年第 6 期,第 82 页。

们可以看出浙东事功学派正是作为朱熹“正宗”理学的对立面而出现的学术派别，他们对于经制与事功之学的广泛研究，在促进着南宋商贸经济的发展和发达，并潜移默化地使中国的传统社会样态从农业社会向现代物质的市民生活样态转变，对于传统纲常伦理逐一地进行瓦解和重构。其观念有强烈的近代启蒙意蕴，进一步开启了现代性。显然，在这种对比中，朱熹所代表的理学派成了“守成”儒学，而事功学派则是“开新”儒学。

由上述可知，南宋时期在经济、科技和文化等诸领域已相当繁盛，以至于有学者认为南宋对中国后期发展具有引领意义，“中国近八百年来的文化，是以南宋为领导的模式，以江浙一带为重心”①，这一论断对南宋不无溢美之意，然而，可惜的是后来的历史却不是按照这一模式进行的。按说，经唐宋盛世，中国的“世界观”已经大大拓展了，但是明朝建立之后，却未能顺应这一趋势去发展，反倒有逆潮流而动之意。黄仁宇说：“明朝，居中国历史上一个即将转型的关键时代，先有朱棣派遣郑和下西洋，主动与海外诸邦交流沟通，后有西方传教士东来叩启闭关自守的大门；同时，明代又是一个极中央集权的朝代，中国历代各朝无出其右者，而明太祖建立的庞大农村集团，又导向往后主政者不得不一次次采取内向、紧缩的政策……”②诚如黄仁宇所说，本来，明朝是中国历史一个转型的关键时代，在明初，尚能主动与海外交流，可是后来一步步走向闭关锁国。黄仁宇指出了两个原因：其一，极度的集权，极度的集权必然导致极度的自私，极度自私则导向内向和紧缩；其二，就是明代“庞大农村集团”，以自给自足

①[美]刘子健：《略论南宋的重要性》，《南宋史研究论丛》，杭州：杭州出版社，2008 年，第 1 页。

②[美]黄仁宇：《中国大历史》，北京：生活 · 读书 · 新知三联书店，2007 年，第 129 页。

的农业经济为中心的社会，必定拒斥商业的发达和与海外过多的交往。后来，明朝竟一改前朝对外贸易的惯例，不惜采用了海禁等一些闭关锁国的策略，内在的原因不过是为了稳固自身的集权统治需要而已。明朝的“施政方针不着眼于提倡扶助先进的经济，以增益全国财富，而是保护落后的经济，以均衡的姿态维持王朝的安全。这种情形，在世界史中实属罕见”①。有学者认为，中国资本主义的萌芽出现在明朝，我们则认为，与极度“内向”的明朝相比，南宋倒似乎更具有一些“近代资本主义商业社会”的意蕴。

明代的基本国策如此确立，在经济策略上，不惜压制先进经济，保护落后经济，回归至抑商重农的传统老路上；在外交和外贸策略上，则不惜放弃已经成熟发达的海外贸易模式和由此带来的巨大收益，拒绝与海外文明交流以自保专制集团的既得利益。在对内的治理策略上，明朝严酷的专制必然带来任性的权力，注定了要对知识分子和士大夫阶层进行严酷的思想钳制和碾压，以保证王朝的安稳，明代党锢、文字冤狱等手段之极端与残暴史上罕见。明朝这种“内向而非竞争性”的王朝也注定了它拒绝更顺应时代转型的事功之学继续发展和传播下去，这种形势却为心学的兴盛提供了发展的空间。陆陇其曰：

> 自嘉、隆以来，秉国钧作民牧者，孰非浸淫于其教者乎？始也倡之于下，继也遂持之于上。始也为议论，为声气，继也遂为政事，为风俗。（《三鱼堂文集》二《学术辨》下）

可见心学在嘉、隆以来已是席卷朝野的显学了，上可决入政事，下则化入民俗。而在浙东事功学派看来，程朱理学就已“疏阔”了，按

①［美］黄仁宇：《万历十五年》，北京：中华书局，1982 年，第 2 页。

照这个逻辑,心学则更甚。因此,在明代,“无事袖手谈心性,临危一死报君王”(颜元语)的“儒者”较宋一朝更有过之而无不及也就不奇怪了。故此,本来与朱、陆之学分庭抗礼的事功之学,在元明之际却断裂了,也不是什么怪事了。然而,事功之学虽断裂而未绝其缕,其学说开启了明末清初刘宗周、黄宗羲、王夫之等一批思想家的治学路向,他们承续通经致用的理念,启蒙民智以期望改变传统君主专制王朝的命运。

综上所述,浙东事功学派历史贡献与意义在于:一、浙东事功学派主张“以利和义,不以义抑利”的主张,义利并举,注重实践,对于更为重视道德心性修养的“正统”理学而言,事功之学注重经制之学,是一个补充和矫正;二、浙东事功学派注重社会生活的具体建构与改良,对于国计民生等各个领域均有推进的作用,并且,浙东事功学派较之以前的经制之学更加具有创新性和开拓性,如财政、商贸、民本等方面的观念对传统儒家思想有明显的冲击与突破;三、浙东事功学派继承并发展了传统儒学中经世致用的一面,使得儒家的“内圣”与“外王”两翼得到一定的平衡。进一步言之,浙东事功学派“近世化”的启蒙意蕴,对后来儒学的创造性转化是一种开启。

浙东事功学派带来的启示在于:一、儒家心性之学的微妙与高蹈让人沉迷,使历代儒者极力“上达”而耻于言及制度创设之类的“下学”,有意无意放松了对制度的创设。但浙东事功学派对经制之学的研究与建构,无疑是一次积极的努力,对于儒学的转型也有独特的启示意义。似可以说,浙东事功学派的出现,本质上是儒学内部相异于经学的批判与思想启蒙运动,儒学的近代转型其实自南宋时期就已经开始了。二、也说明儒学执着于道德决定一切的理论建构,强调“一人正则家正,一人仁则民兴仁”的社会治理观,是有其局限性的,有泛道德化倾向。黄仁宇曾一针见血地指出:“中国二千年来,以道德代替法制，至明代而极，这就是一切问题的症结。”[①]其所谓“法制”乃是与人治相对而言的，是指一个制度体系[②]。南宋的事功学派开启的儒学与社会转型之路，至明代被无情地打断，历史的进程出现了反转，这更像是一种无奈的讽刺。

第三节　反理学思潮及对朱熹的批判

杨儒宾先生说：“理学所代表的儒学体系可能是国史上飞跃幅度最大的一种思想冒险，理学家对带有强烈文化风土、伦理导向的经典，作了极彻底的转化工作。这种转化固可视为潜存的义理之朗现，但就不同立场的儒者看来，此朗现其实是种粗暴的窃取。理学家既然是透过主体的批判与形上学的批判才建立起这种新儒学体系，反理学的儒者想回复原始儒家精神，他们也不得不重作主体与形上学的批判工作。”[③]显然，理学自兴起时也并非“一统天下”，即便后来朱子学几乎占据了绝对的主导地位，反对的声音依然存在着。由前文可知，南宋时期对理学的反思与批判就已经开始了，后世学者把这一思想运动称作“反理学思潮”。“反理学思潮几乎伴随理学兴起而来，陈亮、叶适都可归入此一圈子。但真正成气候的反理学思潮当从明中叶以后，尤其是自王廷相之后，才灿然蔚为大观。”[④]明末之时，士林学风已至“束书不观，游谈无根”（黄宗羲语）的空疏荒诞状况，

---

①［美］黄仁宇：《万历十五年》序，北京：中华书局，1982年，第4页。

②黄仁宇认为这种“法制”体系应该符合“数目字管理”的三大特征：经济组织上的分工合作，法律体系上的权利义务分配，道德观念上的产权明晰化。

③杨儒宾：《异议的意义——近世东亚的反理学思潮》，台北：台湾大学出版中心，2012年，第21页。

④杨儒宾：《异议的意义——近世东亚的反理学思潮》序，台北：台湾大学出版中心，2012年，第3—4页。

重心性轻事功的倾向日益严重，已成清谈的流弊，加之科举考试对此又无意间起到了推波助澜的作用。“明之季年，道学弥尊，科甲弥重，于是黠者坐讲心学，以攀援声气，朴者株守课册，以求功名。致读书之人，十无二三能解事者。”（《阅微草堂笔记·滦阳续录三》）学问与社会实际脱离的情况非常严重。由此，明清儒学家纷纷强调儒学乃是“实学”①，兴起了一股“力行致知”“经世致用”等重视实用和实践的新学风。代表人物有顾炎武、黄宗羲、王夫之、戴震、李颙、颜元、李塨、王源等等。他们着力于批评理学的心性学说，尤以朱熹为主。

在刘宗周那里，心体乃是一“独体”，而心体之外，别无性体，心体即性体。因此，在刘宗周看来，性者心之性，虽有形上形下之分，却是一体。“夫心囿于形者也，形而上者谓之道，形而下者谓之器也。上与下一体两分……此性之所以为上而心其形之者与！即形而观，无不上也，离心而观，上在何处？悬想而已。”（《明儒学案》卷六十二《蕺山学案》）在形而上的层面上，心性为一，但从形而上必依于形而下言之，是以心形其性，形下之心那里呈现的还是形上之性。由此，刘宗周批评朱熹“心统性情”之说，因朱熹视形而下之心为情而非性，故心与性为二。进一步，刘宗周认为，朱熹理气二元的理论架构是不可思议的，这将会导致其工夫的支离，刘宗周批评朱熹的心性论与工夫论曰：“须知性只是气质之性，而义理者，气质之本然，乃所以为性也。心只是人心，而道者，人之所当然，乃所以为心也。人心、道心，

---

①“实学”一词在唐代就已出现，宋明学者也多用以与佛学相区分，明清之际的启蒙思想家们也曾用以与理学相区分（详细梳理可参考姜广辉：《走出理学——清代思想发展的内在理路》第一章《“实学”考辨》，沈阳：辽宁教育出版社，1997 年）。现代学者为了给明清时期发生的相对于宋明理学的这段思潮以理论概括，以“实学”命名之。提出“实学”概念最主要的代表人物是葛荣晋先生，其代表性著作如《明清实学简论》（《社会科学战线》，1989 年第 1 期）、《中国实学导论》（载《中日实学史研究》）和《中国实学思潮史》等。

只是一心；气质、义理，只是一性。识得心一、性一，则工夫亦一。静存之外，更无动察；主敬之外，更无穷理。其究也，工夫与本体亦一。此慎独之说，而后之解者往往失之。”（《刘蕺山集》卷十一《中庸首章说》）在朱熹的心性论中，区分了气质之性与天地之性、人心与道心，而在工夫论上，则区分了静存与动察、主敬与穷理。在刘宗周看来，本体与工夫本是为一，这种区分似无必要，心性论合一与工夫论合一是互为前提的。心性论和工夫论的二分，必然导致心性论的空疏无根。

黄宗羲（1610—1695，字太冲，一字德冰，号南雷，别号梨洲老人、梨洲山人等，学者称梨洲先生）进一步发展了刘宗周之说，也反对程朱理学的“性二元论”的主张，认为气质与性、气质之性与义理之性是统一的。自张载区分“天地之性”与“气质之性”，程朱皆有继承与发挥。黄宗羲认为“心即气”和“气质即性”，曰：“人禀是气以生，心即气之灵处，所谓知气在上也。心体流行，其流行而有条理者，即性也……是即理也，理不可见，见之于气；性不可见，见之于心；心即气也。失其所养，则狂澜横流溢行而失其序矣。”（《孟子师说》卷二《浩然章》）即黄宗羲不承认形上之心，心只是纯粹经验现实的感性存在，这对于理学的心性观念是一大转变。“气质之外无性，气质即性也。第气质之本然是性，失其本然者非性……”（《明儒学案》卷二十九《北方王门学案》），同样道理，黄宗羲也认为不存在超越的性，性只是感性的现实的人性。进而黄宗羲对朱熹的性情二分说也提出了批评，朱熹释孟子的“四端说”曰：“四端便是情，是心之发见处。四者之萌皆出于心，而其所以然者，则是此性之理所在也。”（《朱子语类》卷五《性理二》）又说，“恻隐、羞恶、辞让、是非，情也；仁、义、礼、智，性也”（《四书章句集注·孟子集注》）。朱熹的“心统性情”说，以未发为性，已发为情，而心主之。在黄宗羲看来，朱熹这些心性理论都着意在区分和割裂性情，其曰：“喜怒哀乐，情也；中和，性也。”（《明儒学案》卷六十《耿庭怀先生橘》）即黄宗羲认为，喜怒哀乐是情的状态，但是它们“中和”的状态就是性，性与情本是一个，情不过是受外物影响的状态而已。黄宗羲又说道：“孟子指出恻隐、羞恶、辞让、是非，是即性也……情与性不可离……情者，一气之流行也，流行而必恻隐、羞恶、辞让、是非之善，无残忍刻薄之夹带，是性也。”（《明儒学案》卷四十二《甘泉六 · 文定王顺渠先生道》）黄宗羲显然一反朱熹之说，把“四端”确定为性而非情，因此，心之已发或一气流行之时，性随心而发，“无残忍刻薄之夹带”时就是性，反之则是情，如此，性情一体，互不分离。因“心体”不再是超越性的本体，它只是形下之心，故也无所谓“主”或“统”性情了。黄宗羲虽从程朱理学内部批驳其性理之学，但是又从中抽离出来指出理学的空疏流弊：“儒者之学，经纬天地，而后世乃以语录为究竟，仅附答问一二条于伊洛门下，便厕儒者之列，假其名以欺世。”（《南雷文定后集》卷三《赠编修弁玉吴君墓志铭》）黄宗羲对当时欺世盗名的假儒进行了强烈的抨击，强调学贵适用，学道与事功当合二为一。黄宗羲立足于宋明理学，对理学之反思与批判而终结其余绪，却又因其“超拔于程朱理学和阳明心学而摆脱了儒学形上学的困境并实现了儒学形上学的转型”①，故被称作“新时代的先驱”②。

顾炎武（1613—1682，本名绛，乳名藩汉，别名继坤、圭年，字忠清、宁人，世称亭林先生）叹曰：“窃叹夫百余年以来之为学者，往往言心言性，而茫乎不得其解也……置四海之困穷不言，而终日讲危微精一之说。”（《顾亭林诗文集 · 亭林文集》卷三《与友人论学书》）但与黄宗羲不同的是，顾炎武非常尊重朱熹，对朱子学很少批评，他所叹息“百余年以来之为学者”，是指朱熹后学或理学末流。

---

①程志华：《困境与转型——黄宗羲哲学文本的一种解读》，北京：人民出版社，2005 年，第 339 页。

②冯友兰：《中国哲学史新编》（下册），北京：人民出版社，1999 年，第 26 页。

清初儒者颜元(1635—1704,原字易直,后改浑然,号习斋)认为,理在事中,非理在心中,主张“习动”“实学”“习行”“致用”等。颜元与当时的儒者李塨观点相似,形成颜李学派,他们主张“体,即具用也;用,用其体也”(《恕谷后集》卷十三)的致用观点,认为“体”就是“礼乐兵农、水火工虞、天文地理”的学问本身,根本不需要到六经中找依据。张伯行评论颜元之学曰:“今北地颜习斋出,不程朱,不陆王,其学以事功为首,谓身心性命非所急……如此人者,不用则为陈同甫,用则必为王安石。”(《正谊堂文集》卷九《论学》)《四库全书》评论颜元曰:“其说于程朱陆王皆深有不满,盖元生于国初,目击明季诸儒,崇尚心学、放诞纵恣之失,故力矫其弊,务以实用为宗。”(《四库全书总目》卷九十七《子部七·儒家类存目三》)可以看出,颜元的理论主张近于浙东事功学派,尤其是陈亮的学说。

戴震(1724—1777,字东原,又字慎修,号杲溪)主张理只是气的构架,说甚至朱熹也被佛学污染了,因为朱熹把理视为超越气的一种神秘的实体。戴震乃一并反对朱、陆二家之说,即不承认性即理,亦不承认心即理,而谓理在事物,非在心。戴氏谓理在事物而心能知之。戴氏批评宋儒把心性之理气“二之”,指出理性就是血气心知之性。戴震“反理学的超越哲学,取而代之的是一种建立在血气心知上的道德哲学。此道德哲学强调的血气心知自有一种共感的作用,共感会带来絜矩的成效,汇通人我,视角轮转,由此‘自然’可至‘必然’。如果说程朱理学的道德理论最显著的特色乃是其性理观的话,戴震主张人的身体(血气心知)本身即可提供一种道德法则,这样的道德法则既有存在的情感性,又有感通的普遍性。他认为这种情理可免于道德的抽象化,不至于以理杀人”①。显然,戴震的理论主张

①杨儒宾:《异议的意义——近世东亚的反理学思潮》,台北:台湾大学出版中心,2012年,第27页。

颇似于西方近代的“拒斥形而上学”之意,他认为性理之学过于追求形上故高悬于人生之上,异化了人生或于人生无益,故应该回归人生的本身甚至是身体本身,有西方近代“人本主义”之意蕴。

杨儒宾先生总结南宋之后反理学思潮的特点,认为反理学思潮大概有如下的共同主张:“(一)人的本质是自然气化的,是强度的、差异化的,没有超越的心体、性体。(二)人的修养当是发展人的本质之性,此中包含知识与个性;而不是逆觉的返回超越的本性,也就是不再以“复性”说为然。(三)它们也主张所谓的天道就是自然运作的气化之总称,没有自然的气化以外的超越存有。所以人与天的合理关系,乃是依自然律行事的天人合一,没有悟道式的超越体证这回事。(四)它们大体也同意真正的道德是要在人伦关系中产生,道德即伦理,伦理即是相偶性的伦理,心性本身无道德可言。”①可以看出,反理学思潮对理学的批判还是很彻底的,尤其是理学中的核心问题——心性理论。在反理学的思想家那里,心性本身无道德可言。道德伦理只是“相偶性”的存在,只在人与人之间的交往过程中才能得以呈现,单纯靠自身内在心性的觉悟是不可能实现的。

当然,这些批判之中,其实也有不少并未真正理解朱熹的心性理论,如刘宗周和黄宗羲认定朱熹为理气二元和性二元论者,批评朱熹把本体与工夫打为两截等,基于前文的论述可知,这些问题还是有待讨论的。

---

①杨儒宾:《异议的意义——近世东亚的反理学思潮》,台北:台湾大学出版中心,2012年,第2—3页。

第十章　意义与局限

在宋明以来的传统社会中，朱熹心性论的建构已经足够庞大且不失张力与精细，对于社会现实和意识形态形成的影响之深远，亦有超越诸家学说之势。当然，朱熹心性论及其整个学说体系乃是其所处时代的精神表征。诚如严正先生说："任何一个哲学体系的创立无不是哲学家自我生命实现的结果，而一个哲学体系之所以能被纳入民族精神本体发展的长河中，无不是由于哲学家的生命呈现是通过对民族精神本体的自觉而实现的，因此其体系才能成为民族精神本体发展的一部分。"①但是，同时朱熹心性论因其强大的影响力，对于他所处时代及之后时代绵延不绝的内在影响，为传统社会形成"超稳定的体系"提供了重要理论支撑。另外，朱熹心性论在追求内在超越和双向开展的同时，又产生出了人格分裂和两极对立的状况。并且，心性论愈是微妙和高蹈，愈是容易产生泛道德化的问题，以及产生对制度建设忽视的问题。

第一节　意义与贡献

一、人性觉解与内在超越

人能够与天地相通，以此显示人的尊严与价值的本源意识，乃是

①严正：《儒学本体论研究》，天津：天津人民出版社，1997 年，第 34 页。

心性学说乃至儒学的主旨所在。儒家自信能够通过自身修养的实践完成这种贯通,突出人性觉解的能力和意识,提升社会共同体中个体之间相处和生存的质量,并加强人类社会传续的稳定性和久远性。故熊十力先生说心性之学是“实学”,是“道德的实学”,而非空泛浮华之论。其一,心性论不仅是理论又是实践;其二,心性论指导下的个体身心性命修养是实学而不是玄虚;其三,心性论与活生生的人的成长及具体历史的人的实践活动密切相关,甚至影响每个人乃至群体的人格品质①。相对于孔孟的原始儒学,朱子学有了另外一层意蕴,就是人的道德性除了具有被定义的价值意义之外,更是一种基于性理必然的理性。在孔孟那里,似乎有更多“劝善”的意味,为了让人“从善”不得不赋予更多的价值预设或道德判断;而在朱熹这里,人之“从善”更多是一种先天理性的必然要求和结果。

谢无量先生推崇朱子心性之学,他说:“盖朱熹言性,集前世言性者之大成,而为后世言性者所不能外。”②称赞朱熹的性理之论,前集众家之大成,后蕴历代学人之所言。唐君毅先生说:“宋明儒之言心性,则是继续汉唐之儒道佛之言人之情欲等,具种种使人下堕之机之后,而更言此心性中有能超化之,而提升人之精神,以上达之本原在”③,又说,“濂溪之言主静、知几,横渠之言变化气质,明道之言识仁定性,伊川之言居敬穷理,亦只及于工夫之当如此,而未尝言及其所以不当如彼,以及由工夫本身而致之病痛之问题,以求尽此中之曲折而论之也。唯朱子能求尽此中之工夫问题之曲折而论之,乃于其前之明道、伊川、龟山、上蔡、五峰、延平、并世之南轩、象山之言,凡只

①郭齐勇主编:《儒家文化研究》(第四辑:心性论研究专号)弁言,北京:生活·读书·新知三联书店,2012 年,第 1—2 页。

②谢无量:《朱子学派》,上海:中华书局,1916 年,第 91—92 页。

③唐君毅:《中国哲学原论·原教篇》,北京:中国社会科学出版社,2006 年,第 332 页。

说境界道体,而在学者工夫上,无下手处,或说工夫而言之有弊者,乃无不致疑;更尝反复自悔其前所言者,贻误学者而非是"①。即在唐先生看来,朱熹较之宋代前儒及当世儒学,于工夫落实处用力最深,尤其对于周敦颐、程颢、杨时、胡宏、张栻、陆九渊等人较注重境界道体之说,是一种矫正。朱熹之言性即理,乃承于程颐;言理即太极或太极即理者,则承于周敦颐;言心统性情者,则承于张载。但是,朱熹熔众家于一炉,又不同于各家,"朱子之思想之方式,既不同于周、张、邵之由外观宇宙以观人,亦不似明道之直下浑合内外以为一,复不似伊川之言性即理以穷理即尽性,而贯内外为一;而是重在于天道人道之上下内外之各方面,皆一一加以展开而说,此乃兼求尽量运用向内反省与向外观看之二态度,以言心性,而有之思想也"②。在境界道体的层面上,朱熹对宋儒多继承并融合之,而对于工夫落实与次第开展,以上诸儒皆不如朱熹。即便是已经非常注重工夫之践履的程颐,然亦有"未深察处"。唐先生说:"伊川虽别性理于气,兼知心与理之当一,于学者之不能'会之为一'者,更教以居敬穷理之工夫。然于此学者之所以不能会之为一,其故之在于气禀物欲之蔽者,伊川虽承横渠明道所已及者,而益言之,然尚未如朱子之更加以正视。伊川于学者之当如何先自宅其心,其工夫乃能无弊,亦有未深察处。"③唐先生在朱熹所用力处看得颇为深切,朱熹理论之时代意义亦在于此:综罗百家之长,熔一炉却又有所深入。

金春峰先生认为,朱熹为什么在心性论上一定要说"心统性情"?

①唐君毅:《中国哲学原论·原教篇》,北京:中国社会科学出版社,2006年,第322页。

②唐君毅:《中国哲学原论·原性篇》,北京:中国社会科学出版社,2005年,第343—344页。

③唐君毅:《中国哲学原论·原教篇》,北京:中国社会科学出版社,2006年,第322页。

要以“心”为中心，不离心而言天言性言情？盖讨论人性、张扬道德是宋明理学的主要目标，在南宋时期朱熹所处的时代，弘扬道德更是时代的需要，是救国救民之希望所在；而道德不管如何神圣和重要，都不能不落实于人的自觉实行；唯有把它讲成发自“内心”，人自己是道德的主体，才能真正使它具有力量，不至成为外加的强制和说教，如此也才能树立人的价值和尊严，并拥有了和佛禅对抗的力量；否则就不可能。这是学说的使命使然，也是南宋思想潮流与发展趋势使然，并不是偶然的①。心性论经宋儒的阐发之后，遂成为中国哲学的核心话题，也成了中国文化精神的命脉所在。杨儒宾先生说：“从李翱到朱子，儒者慢慢的建立起一种可以和佛老对抗的世界观，这个世界观包含儒家一向较薄弱的天道性命之体系，更确切的说，天道性命反而成了宋代以后儒学的主要内容。儒家和佛老竞争，它建立了一种足以抗衡的体系，儒者长期的抑郁得到了解放，儒家圣经中被认定蕴含足够安身立命的性命之学的讯息。”②虽然儒家心性论体系的建构对佛教借鉴颇多，但是，两家的终极旨趣还是不同的，佛教试图超越人性，追求涅槃成佛，重视“彼岸世界”；而儒家始终是关于人之本身与现实生活的学说，从人之生命根据如何，到人何以待人、性命如何安顿等，是一种以人为本位的生命与道德学说。

如果对儒家心性学的价值与意义做一整体性关照的话，《为中国文化敬告世界人士宣言》之观点可兹为圭臬，牟宗三先生等人给予中国文化中的心性论的地位很高，其重要价值大致有三点：

其一，心性之学是道德实践的基础。《宣言》说道：“中国由孔孟

①金春峰：《对朱熹哲学思想的重新认识——兼评冯友兰、牟宗三解释模式之扭曲》，《学术月刊》，2011年第6期，第35页。

②杨儒宾：《异议的意义——近世东亚的反理学思潮》，台北：台湾大学出版中心，2012年，第20页。

至宋明儒之心性之学，则是人之道德实践的基础，同时是随人之道德实践生活之深度，而加深此学之深度的。这不是先固定的安置一心理行为或灵魂实体作对象，在外加以研究思索，亦不是为说明知识如何可能，而有此心性之学。此心性之学中自包含一形上学。然此形上学乃近乎康德所谓道德的形上学，是为道德实践之基础，亦由道德实践而证实的形上学。而非一般先假定一究竟实在存于客观宇宙，而据经验理性去推证之形上学。”

其二，心性之学是“天人合一”“天人合德”思想的根据。《宣言》说：“此心此性，同时即通于天。于是能尽心知性则知天，人之存心养性亦即所以事天。而人性即天性，人德即天德，人之尽性成德之事，皆所以赞天地之化育。所以宋明儒由此而有性理即天理，人之本心即宇宙心，人之良知之灵明，即天地万物之灵明，人之良知良能，即乾知坤能等思想，亦即所谓天人合一思想。”

其三，“天人合一”精义是“内在超越”。《宣言》说：“今人如能了解此心性之学，乃中国文化之神髓所在，则决不容许任何人视中国文化为只重外在的现实的人与人之关系之调整，而无内在之精神生活及宗教性形上性的超越感情之说”，显然，儒家的心性之学重在人的内在觉解。“此心性之学乃通于人之生活之内与外及人与天之枢纽所在，亦即通贯社会之伦理礼法、内心修养、宗教精神，及形上学等而一之者”，“中国儒者所讲之德性……其本原乃在我们之心性，而此性同时是天理，此心亦通于天心。此心此性，天心天理，乃我们德性的生生之原，此德性既能润泽我们之身体，则此身体之存在，亦即为此心此性之所主宰，天理天心之所贯彻，因而被安顿调护，以真实存在于天地之间”①。余秉颐先生基于对《文化宣言》的解读进而指出：

①牟宗三等：《为中国文化敬告世界人士宣言》，张君劢：《新儒家思想史》，北京：中国人民大学出版社，2009 年，第 569—573 页。

“儒家心性之学则认为价值理想对于现实人生来说是既‘超越’又‘内在’的,人的心性与天道是统一的,形而下的世俗生活领域与形而上的价值世界是可以‘合一’的,因此人们完全可以在现实生活中实现崇高的价值理想。”①

在后殖民时代,中国积弱之势已久,海外新儒家深恐中国传统文化被世界冷落和遗忘,故而发出此《宣言》以昭示世人,并激发国人的文化自信心,但是其所阐发的义理与弘扬的精神却具有超越时代之上的永恒意义。

当然,也有学者对于朱熹心性论乃至其整个学说持批评的态度。认为朱熹的心性论既有博大与丰富的一面,也有杂糅和混乱的一面。朱熹几乎把早期儒家、佛老、北宋诸儒的心性理论完全吸纳过来,论题所及,几无遗漏。也故此,张岱年先生说:“朱熹的学说是中国哲学史上论证最细密、条理最清晰的哲学体系。”②朱熹试图用自己的理学思想进行一以贯之的重新诠释与建构,“必析之极其精而不乱,然后合之尽其大而无余”(《大学衍义补》卷一百六十《圣神功化之极》),从前文来看,这种重建基本是成功的。但是,更严格地从概念范畴的自洽性、历史与逻辑的统一性角度来说,这种“大包大揽”的做法,又会带来混杂的可能。每家或每派的理论必然是在各自历史场域和话语境域内的一种有限定性和自洽性的表达,一旦过分地抽离掉这种“不出场”的前提,就可能出现误读。朱熹之前的诸家心性论本来就是在相互对立角度上来展开立论的,可是一旦被熔为一炉之后,要么内部的抵牾尚在,要么被消解了各自的棱角,也就削弱了各自理论的个性。比如,朱熹一方面以程颐“性即理”之说为其理论的

①余秉颐:《儒家心性之学在中国文化中的价值——重读〈为中国文化敬告世界人士宣言〉一议》,《孔子研究》,2012年第6期,第64页。

②陈来:《朱熹哲学研究》张岱年序,北京:中国社会科学出版社,1993年,第1页。

根基,同时又引入周敦颐的太极学说丰富自己的理论。但是,需要注意的是,在《太极图说》中并无"理"的字眼,周敦颐太极生阴阳、五气顺布的理论中包含的是太极与气的关系。而朱熹视太极为"理",太极与气的关系就被转换成了理气关系。朱熹把"太极"与"理"交叠使用,容易让人难以弄清二者的关系和区别,尤其不易把握朱熹到底是以"理"为本体,还是以"太极"为本体。因此甚至有学者认为朱熹的学说并没有太多的进展,英国汉学家葛瑞汉说:"尽管朱熹润饰了他从先辈那里继承下来的体系,并通过澄清理与气的关系阐明了二元论,探讨了理与太极同一的含义,但他并没有增添任何属于自己的有意义的新东西。"①又如朱熹论气时,把阴阳术数理论也夹杂进来,"数只是算气之节候。大率只是一个气。阴阳播而为五行,五行中各有阴阳。甲乙木,丙丁火;春属木,夏属火。年月日时无有非五行之气,甲乙丙丁又属阴属阳,只是二五之气。人之生,适遇其气,有得清者,有得浊者,贵贱寿夭皆然,故有参错不齐如此"(《朱子语类》卷一《理气上》)。这无疑会增加宿命论的玄虚色彩,使得其义理体系更为博杂,亦与儒家的基本精神不尽相符。

成中英先生在评论朱熹之学的意义时,一方面认为,相应于康德,朱熹的重大贡献在于他在超融的理的思考活动中进行了一场"无声的革命",开辟了一个超融本体论的思考。但也认为朱熹有他的缺失,"他的缺失可分为两方面来说。一方面在知识系统的组合与分析与综合方面。朱熹未能把各类文本的义理贯通起来形成一个理路分明却又机体相关的大体系,彰显理一分殊的实际意涵,并表明为清晰的语言系统,以避免前后含混与歧义的发生……另一方面则在经验的反思方面。朱熹未能圆成其本体性的体验以贯通心性理气一体之

①[英]葛瑞汉著,程德祥等译:《中国的两位哲学家:二程兄弟的新儒学》,郑州:大象出版社,2000年,第32页。

道,并旁通于诸子百家之间……由于此,朱熹未能进行主体与客体,本与体,体与用的最后的统一思考,在道德哲学的工夫论上未能有效的面对同时代的陆象山与后来的王阳明的心学与良知学的批判与挑战"①。成先生认为朱熹的重大贡献在于开辟了一个"超融本体论"的思考路径,把知识论、形而上学、价值哲学、道德哲学等皆熔为一炉,"以见一体中之多元与多元中之一体"的理念,与笔者提出的"分殊体用"理论有内在的相似和相通之处。朱熹在各领域各立本体,由此而下贯,形成一个个相对独立的理论体系;但是,在各本体之间又是"超融"的,在互文互参中获得其独立性,又在"超融"的横向关联中成就其整体性。同时,成先生也指出朱熹存在的缺失:"未能把各类文本的义理贯通起来形成一个理路分明却又机体相关的大体系"而会有"含混与歧义的发生";另一方面"未能圆成其本体性的体验以贯通心性理气一体之道",故无法"旁通于诸子百家之间"。当然,这种指摘或挑剔,对于一个著述以亿万言计的巨儒来说,也确实有点严苛了。

二、心性学与"超稳定结构"

中国传统社会"家国同构"存在样态的基础是宗法制,在家族结构中,更强调家长的权威,而这种权威的合法性不但来自"先天"——嫡长制的传承;还来自"后天"——道德的修养。对于那些嫡长子来说,如果能够在后天道德上再有所修为,则毫无疑问地在家族中占据了无上的优势。进一步推论之,在家国同构的古代社会体制中,作为国家最高的统治者"天子",其治理天下的合法性和合理性也如出一辙。在不沿袭嫡长子继承制的时代里,"皇子"们的道德修为几乎成

①[美]成中英:《论重新诠释、理解与评价朱子——朱熹与中西哲学比较》,《中华文化论坛》,2006年第1期,第142页。

了衡量皇帝候选人最首要的一个标准（德才双重标准中，德居首位）。而一旦由“皇子”成为皇帝，道德修养更是成为皇帝粉饰自己的最重要的方式，同时，为了让天下民众忠诚于他们，则同时会把心性修养思想作为愚化民众的工具。因此，自秦汉以来（因秦重法家，主要是自汉以来），历代统治者无不对儒家心性道德学说青睐有加。

在宋代，应该说是儒家最好的时代，甚至是“儒家的统治时代”①，儒生们通过科举考试进入国家治理阶层，形成士大夫群体，与皇帝“分享”权力，共治天下。儒家的心性道德学说与治国平天下的政治学说结合在一起，形成了一套儒家完备的社会治理理论，这显然是南宋的皇帝们所需要的。朱熹逝后不久，宋理宗继位，这位因崇尚理学而被尊谥为“理宗”的皇帝敏锐地意识到，只有程朱理学，尤其朱子学才是巩固皇权最有力的理论武器。于是迅速为朱熹“平反”，诏令特赠朱熹为太师衔，册封为信国公，并从祀于孔庙，朱熹所注四书成为科举考试的官方指定书目。册封诏书云：“联每观朱熹《论语》《中庸》《大学》《孟子》注解，发挥圣贤之蕴，羽翼斯文，有补治道。”（《宋史全文》卷三十一《宋理宗一》）朱子学从曾经的“伪学”到官学，仅仅经过了二十四年，此后朱子学的地位更是扶摇直上。后来元仁宗钦定朱熹的《四书集注》为科举考试教材，明太祖奉朱熹为先祖，把四书五经列为官学，清代康熙皇帝更是极力推崇朱子学。理学与皇权一起成为了天理，朱子学被进一步官学化，并成了专制的利器。朱子学影响其后的社会七百余年并非偶然，南宋之后的统治者不断选择朱子学作为其管理天下的理论也有其必然性，因为，朱熹心性论与其礼学等理论体系“上下兼顾”的特性符合了统治阶层建立“超稳定结构”社会的理论需要。

①“儒家统治的时代”的说法参考：［德］迪特·库恩著，李文锋译：《儒家统治的时代：宋的转型》，北京：中信出版社，2016年。

美国学者孙隆基先生在其《中国文化的深层结构》一书中提出了一个“中国人良知系统”的概念,他说:“中国人认为:有否‘人性’,是以‘心’之有无作为检验标准的……中国人的‘心’包括感情、理智、意志与道德判断,而以‘感情’为挂帅的主导因素。像这样的‘心’,就必须由自己发射出去,在别人‘身’上完成。因此,中国人对‘人’的定义亦必然是‘二人’之间产生的‘仁’,而这个‘仁’也必然是中国式的‘天理’”,又说,“中国人虽然将‘心’抬到了首位,但是这个‘心’是用来制约的,同时也是被制约的对象,而不是让人热情奔放的。换而言之,中国文化将‘人’设计成为一个以‘心’为主导的动物,而又用别人的‘心’去制约他的‘心’……这种由‘心’去制约‘心’的安排,就是中国人‘良知系统’的特色”①。孙隆基指出,“良知系统”是一个文化的最为基本的结构,它也可称为“文化潜意识”,对社会有强大的、内在的主宰作用,甚至超越宗教、哲学与意识形态。由其影响而形成社会的“深层结构”,而这种“深层结构”会体现出极强的稳定性,尤其是在维护皇权专制方面,“在中国历史上,老百姓的铲平主义与统治者的专制主义是互相配合的,如果中国文化说得上是人类史上最牢固的保守主义,那么,中国老百姓与统治者的这种完美无间的配合可以说是人类史上最成功的阶级合作主义——其共同效果则为维系结构之不变”②。在宋代及以前的时代,门阀士族或士大夫阶层尚且能够凭借其相对独立的道德人格与皇权进行一定的抗衡,而在宋之后,中国的政治形态越发朝中央集权与君主专制方向发展,士大夫阶层逐渐失去其独立地位和抗衡作用。而“人君”与“教

①[美]孙隆基:《中国文化的深层结构》,桂林:广西师范大学出版社,2004年,第29、31—32页。

②[美]孙隆基:《中国文化的深层结构》,桂林:广西师范大学出版社,2004年,第9页。

皇”愈加合而为一，君主的行政权力越来越大的同时，教化的话语权也越来越大。通过科举制度等方式，君王把天下的士人收入彀中，“良知”逐渐被国有化了。因此，历来以儒家为官方意识形态的朝代，总是标榜和神化“德化”的功能和意义，强调以“礼乐”治国。儒家心性之学更多时候沦落为统治阶层愚化和统治人民的高明手段，通过这种不断强化“良知”的教化作用，由中国整个历史发展过程呈现出来的“深层结构”遂表现为一个“超稳定的体系”形态。朱子学在建构其后社会的“超稳定的体系”方面显然起到了支柱性的作用，在中国的思想史中，恐怕还很少有学说能够达到朱子学的这种作用和影响力。

第二节　双向开展与二极对立

如前文所述，朱熹心性论在形上与形下两个层面开展，试图贯通天理与人生。但是，在这种双向开展中，也有其问题。向下的贯通由于缺少对基本人性的了解和尊重，过分书斋式、学究式地向民众推行其理欲观，尤其在得到意识形态的“加持”之后对人的基本生活规约太甚，乃至于压制了人性，最终为民众所反感和排斥。

在《宋论》中，记载有朱熹曾试图推行“经界法”之事：“朱子知漳州，请行经界法，有诏从之。其为法也，均平详审，宜可以行之天下而皆准，而卒不能行。至贾似道乃窃其说以病民，宋繇是亡，而法终沮废。”（《宋论》卷十二《光宗》）所谓的“经界法”之事，是指朱熹有感于南宋乡村土地更多地被地主与权贵控制，土地不均的情况日益严重，主张清查与核实土地占有状况，并出台措施和相关法规，试图恢复井田制度下的传统理想社会模式。朱熹在漳州做知州时，上书光宗皇帝实行经界法，被下诏肯定。虽然此法经过朱熹的详细审察，力图得到公平的实施，结果在既得利益集团的百般阻挠之下还是失败了。后来到贾似道为相时,窃取朱熹之说而祸害百姓,最终导致了宋的灭亡,此法也被废止。王夫之评论曰:“然则言之善者,非行之善,固如斯乎!盖尝探其原而论之,天下之理,思而可得也;思而不得,学焉而愈可得也。而有非思与学之所能得者,则治地之政是已。”(《宋论》卷十二《光宗》)理论设计得虽然完美,但是实行起来却未必如此。其实,之前朱熹在浙江任职的时候,就曾试图推行此事,遭到陈亮的反对,陈亮在信中告诉朱熹,时光不可能倒流回上古,尤其是在当下的时代环境下,更应该承认私家的财富和利益,建议政府不要太严苛地控制乡村的富户大家。如果想改变当地的习俗,不应局限于经典的原则和树立道德榜样的教条,而应该实事求是地采取行动,否则根本不可能成功①。由此可以看出,天下之理通过思与学的努力可以得到,但是,在具体施政时却不是单纯依靠思与学可以解决。纵是朱熹比心学派更重视天理向社会现实的灌注,依旧有其难以完美落实的困境。因此,理学更多还是在道德与心理层次上进行的建构,对于与具体实践的结合还需要慎之又慎。

故此,这种在理论上试图双向开展而在实践上却脱离的情况,可能最明显地反映在朱熹“存天理,灭人欲”之说上。《朱子语类》曰:

> 舜功问:“人多要去人欲,不若于天理上理会。理会得天理,人欲自退。”曰:“尧舜说不如此。天理人欲是交界处,不是两个。人心不成都流,只是占得多;道心不成十全,亦是占得多。须是在天理则存天理,在人欲则去人欲。尝爱五峰云‘天理人欲,同行而异情’,此语甚好。”(《朱子语类》卷七十八《尚书一》)

①参考:[美]田浩:《朱熹的思维世界》(增订版),南京:江苏人民出版社,第172—173页。

显然,朱熹提出天理与人欲之争的本义就是存善去恶。本体之心,是天理的显现,谓之道心;人心可善可不善,流于不善,即是人欲。从心性论角度来说,就是要使人心服从道心,存天理而灭人欲。朱熹理论的本意,对于人的基本欲望并无绝对禁止之义,此处所灭的人欲当是不合理的欲望。但是,理学家的刻板和后来政治强制最终导致了这一主张几成为一历史定案。蒙培元先生说:“应当指出的是,中国古代的心性论,特别是儒家心性论,虽然重视提倡理性精神,但这是以封建伦理为本位的片面的道德理性。一方面它限制了认知理性的正常发展,另方面也束缚、压抑了情感和意志的充分发展。道德理性被绝对化、本体化、普遍化的结果,变成了僵死的教条;而生理、心理的基本需要却受到严重窒息。因此,很难说这种理性是完全的正常发展了的人性,毋宁说是被理想化了的不健全的人性。”①理学的天理人欲之说一旦绝对化、教条化和意识形态化,又必然会走向束缚、压抑情感和意志的方向,盛唐和北宋时期形成的开放、自由的社会风度渐次收紧起来,而且,这种理学道德观的影响极其深远,乃至于一直波及近现代社会。

在朱熹终其一生寄予重望反复叮咛要“正心诚意”的南宋皇帝那里,这种天理与人欲的撕裂表现得更为严重。淳熙十五年(1188),朱熹再上封事,强调作为人君需要注意的六件事:

> 且独以天下之大本与今日之急务深为陛下言之。盖天下之大本者,陛下之心也。今日之急务,则辅翼太子、选任大臣、振举纲纪、变化风俗、爱养民力、修明军政六者是也……凡此六事,皆不可缓。而其本在于陛下之一心。一心正则六事无不正,一有人心私欲以介乎其间,则虽欲惫精劳力以求正夫六事者,亦将徒

①蒙培元:《中国心性论》,台北:台湾学生书局,1990年,第10—11页。

为文具,而天下之事愈至于不可为矣。故所谓天下之大本者,又急务之最急而尤不可以少缓者,惟陛下深留意而亟图之。(《朱文公文集》卷十一《戊申封事》)

朱熹把借君行道作为终身志业,但是整体上来说并不成功。“历事四朝,仕于外者仅九考,立于朝者四十日”(《勉斋先生黄文肃公文集》卷三十六《朱先生行状》),虽历事四朝,但是真正任用朱熹并采纳其思想的南宋皇帝几乎没有一个,更多是对士人的利用和假意敬重而已。因此,朱熹之学究竟在当时能够贯穿入那个时代有几分是让人怀疑的。

之前的宋徽宗对民众下诏禁止“淫哇之声”,可是淫词艳调却源源不断地输送到宫中供其享用,其中竟有“奶儿甘甜,腰儿细,脚儿去紧,那些更休要问”(《解佩令·脸儿端正》)之类的淫俗之词。宋孝宗本是一个专断孤行的君主,内心分明厌恶道学正心诚意之类的修身之说,认为道学清谈误国,但是却标榜以“孝”治天下,并一再召见道学魁首朱熹,作《三教同源论》,鼓吹以儒治国,以佛修心,以道养身,道学气十足①。因此,不能不让人怀疑更多时候他们是在玩弄双重标准,朱熹反复进行的“正心诚意”的道德劝谏,以及以理克欲之说皆成了耳边风。美国学者刘子健先生在其《中国转向内在》一书中着重展现与分析了南宋时期作为“道德保守主义者”的儒家其理想被现实权力政治碾压为齑粉的过程,从 1139 年与金人和平谈判开始,到 1162 年高宗退位,这一阶段出于内外双重压力,皇帝更倾向于乾纲独断。一方面,从一些“不够听话”的大将手中夺回兵权(如以“莫须有”罪名处死岳飞),另一方面,对从道德立场不断劝谏和批评皇帝的儒者或士大夫进行严厉的打击和压制。自此之后,宋代“士大夫共治

①束景南:《朱子大传:“性”的救赎之路》(增订版),上海:复旦大学出版社,2016 年,第 17 页。

天下”的政治模式已经名存实亡，由专制走向了独裁。刘子健先生甚至认为中国历史与文化由此发生了永久性的转变，开始走向内在，“在错综复杂的整个转变过程中，思想文化的多元性几乎从未得到生存和发展的机会。生命力在消退，首先是从政治领域，然而是从思想文化领域，接下来，这种受压抑之后的谨小慎微的情绪向精英文化的其他领域弥散开去。知识分子首先发生变化，其他士大夫先是观望，而后跟进。整个统治阶级也随着精英的转向而转向，其影响逐渐波及到整个社会。中国传统文化的模式由此发生了永久性的转变”①。故此，这也决定了朱熹等道学家们的必然命运，虽然宋高宗之后的宋孝宗、宋理宗等皇帝对知识分子展现出了一些“善意”，但是已然没有太多“共治天下”的空间与可能了。朱熹等人的道德说教更多地成为南宋皇帝们的点缀与标榜，以及对下统治和愚民的理论需要。

即便是在道学内部，道学试图利用心性之学完成双向开展，以达到上下贯通，然而，道学士子们却又表现出二重灵魂和人格的扭曲与分裂。束景南先生说：“道学的心学心态与性学心态在文化心理结构上却又形成了一种奇妙的对立互补，它们其实都属于以儒家伦理理性为价值尺度的文化范型所孕育出来的同一文化心态的两极表现而已。它们都是一种唯道德主义（或道德至上）的人本哲学，在标榜同样的‘尊德性’的旗帜下，提出不同的‘道问学’的途径。相信通过张扬道德和修养自我，可以自救救世，善性复萌，异化复归。”②但是，另外一方面，“道学士子们既无法在实际上践履自己所理想建构起来的存天理灭人欲的人本思想体系，他们越是要人复归善性，善性反越离

①[美]刘子健著，赵冬梅译：《中国转向内在——两宋之际的文化内向》，南京：江苏人民出版社，2012年，第18页。

②束景南：《朱子大传：“性”的救赎之路》（增订版），上海：复旦大学出版社，2016年，第12页。

越远；越是要复归天道，却越觉得天道缥缈不可即，因而他们的内心便不能不始终处在二重灵魂、二重自我的扭曲、分裂、交战的痛苦挣扎中，道学的文化心理结构也就表现出二极对立的根本特征”①。这种二重性表现为真道学与伪道学之争，道学派以自己的学术与修养为真，攻击他派为伪。而反道学派则攻击道学士子是“伪学”“伪徒”。“褒衣博带，幅巾大袖，保养得睟面盎背，修养得心气平和，开口圣人道统，闭口孔孟大法，有时正襟危坐，谈性说命；有时昂首阔步……”②，对于道学士子们，他们口中的道德性命，却更多成为谋取名声的工具，故必然会游走和挣扎于真道学与伪道学之间。尤其是当朱子学被列为官学之后，这种二重人格的分裂表现得更加严重。士人学子们要通过修习理学为进身之阶，因此那些秉性笃钝之人，只会谨守理学教条，显得迂腐而不切实用；那些秉性圆滑之人，为了博得功名利禄，则表面上口口声声心性道德，背地里却钻营投机，无所不用其极。

朱熹的心性论一方面集传统心性论之大成，尤其是融合佛老思想之后，进一步精微和深入，但是，朱熹的心性论或理学的心性论在工夫的精深和纯粹程度上可能还是无法和佛道相匹敌，“从比较文化学讲，精神磨炼最深刻、最完全的是印度哲学。印度哲学后来发展成佛教，佛教在精神磨炼的很多精深方面，儒家是不能和它相提并论的。道家在这方面也有不是一般儒者能够理解的深度，如‘坐忘’，这也是经过非常细致的、纯粹的精神磨炼才能契及的境界，很多儒者没

①束景南：《朱子大传：“性”的救赎之路》（增订版），上海：复旦大学出版社，2016年，第15页。

②束景南：《朱子大传：“性”的救赎之路》（增订版），上海：复旦大学出版社，2016年，第2页。

有办法达到那么高的水平”①。因此,朱熹及宋儒的心性论还主要是在道德与境界意义的贯通与证成,而在中国历史远古时期那种以身心与上天的沟通而至于天人合一意义上的心性工夫论,显然是朱熹等宋儒皆不及佛道二家——虽然朱熹还尝试对此领域有所兼顾。当然,这可能也是由儒家理论的基本价值取向决定的,儒家强调其心性修身学说要与日常人伦生活结合在一起,也注定了其心性修养是立足于普适性而非过分精深化和神秘化。

另一方面,理学及朱熹学渐次偏离前儒“从容中道”的风度与张力,竟表现出生硬和教条来。尤其当朱熹以道学家自命,宣传圣贤的道统,死守经典的教条,积极为封建专制服务时,有时显得迂腐甚至残酷。朱熹心性工夫的双向展开较之陆九渊具体与落实,但是,朱熹在其严谨的治学态度下,有时又会显得苛责于人。张栻曾经详论朱熹曰:“又虑元晦学行为人尊敬,眼前多出己下,平时只是箴规他人,见他人不是处多,己是处多;他人亦惮元晦,纵有所疑,不敢以请。谀言多而拂论少,所偏不加省察,则异日流弊,恐不可免。”(《宋元学案》卷四十九《晦翁学案下》)吕祖谦亦责朱熹曰:“但详观来谕,激扬振厉,颇乏广大温润气象。若立敌较胜负者,颇似未弘。”(《吕东莱文集》卷三《与朱侍讲书》)当然,理学在之前就已经表现出了以理来禁锢人的迹象,程颐曰:“饿死事小,失节事大。”②小程子治学谨严,

①杜维明:《“克己复礼为仁”与儒家的修身哲学》,王正主编:《儒家工夫论》,北京:华文出版社,2018年,第5页。

②或问:“孀妇于理似不可娶,如何?”伊川先生(程颐)曰:“然。凡娶,以配身也,若娶失节者以配身,是己失节也。”又问:“或有孤孀贫穷无托者,可再嫁否?”曰:“只是后世怕寒饿死,故有是说。然饿死事极小,失节事极大。”(《二程遗书》卷二十二下《伊川先生语八下》)“昔伊川先生尝论此事,以为饿死事小,失节事大,自世俗观之,诚为迂阔。然自知经识理之君子观之,当有以知其不可易也。”(《朱文公文集》卷二十六《与陈师中书》)

为人也极苛责，朱熹亦颇有小程子之风。程朱可能只是怕天理被沾染了，故严守伦常的下线，却不知以他们为主干的理学在后世竟成了意识形态建构主要的理论凭依。后来，明末清初的后理学批判，尤其是戴震斥理学“以理杀人”，“天理”二字竟成了手执权柄者污名化的工具。

因此，朱熹心性论双向开展的同时也在导致一种双向的失落，当儒家心性论无法在每个人身上得以全面的实现，就很可能陷入一种伪善的虚妄之中，上不达天理，下失落于人心。当然，这种窘境并非朱熹可以解决的，甚至儒学时至今日也没有解决，这其中有儒学自身理论局限的因素，也有传统社会长期以来运转模式固化的因素。

第三节　心性之学的“高蹈”与制度之学的缺失

另外，儒家对人性善（向善）的预设和主要靠主观工夫的路径存在着很大的不确定性，尤其如果作为一个广泛的模式推广于社会实践时，则需要一套外在制度的约束。儒家自己设计出来的约束制度就是礼制，礼制曾经一度起到了作用（如三代文明时期），但是之后的作用就逐渐弱化了①。当然，社会的“法制”是另外一个有效的保障，可惜的是，在中国古代社会中，这种“法制”只是为了维护王权专制而设计的法律制度，并不是现代意义上维护个体基本权利的法制。由

①尤其是宋明理学对荀子的否定，进一步弱化了礼制的作用。“宋明儒者却从自身的儒学体系出发，一致否定荀子的正统地位，其理由是，孟子的性善论才是正统，而荀子的性恶论和儒法合流的思想是不纯粹的。但这种理解乃是站在宋明儒严守孔孟道统的立场所发的议论，而在荀子时代，性恶论乃是当时流行看法，而且并不与孟子的性善论相矛盾。”（严正：《儒学本体论研究》，天津：天津人民出版社，1997 年，第 153 页）

于缺少“天下为公”的维度,历代的统治阶层在更多的时候反倒会绑架儒家的心性修养理论,使其为自己稳固专制所用。

吕思勉先生在论及汉代“儒术之兴”时说道:“中国自汉以后,儒术盛行,其事实始于武帝,此人人能言之。然武帝非真知儒术之人也。武帝之侈宫室,乐巡游,事四夷,无一不与儒家之道相背。其封禅及起明堂,则惑于神仙家言耳,非行儒家之学也。然儒术卒以武帝之提倡而盛行,何哉?则所谓风气既成,受其鼓动而不自知也。”①依吕先生之说,似乎武帝提倡儒术乃是“被动”且“不自知”。此论我们不能苟同,汉代儒术之兴固然有其学术内部的原因,但是在传统社会的王权专制中,皇帝对于作为意识形态的思想的采用有决定性的作用。汉武帝并非是“不自知”的,他恰恰深刻地明白儒术对于稳固其统治的意义。吕先生所说武帝之言行无不与儒家之道相背,恰恰表明了统治者的自私本质,意识形态只是适用于被统治者,是愚民的工具,而统治者本身自然不包括在其中,这正反面证明了武帝是何等地“自知”!

相对于吕思勉先生的“不究竟”,美国学者列文森则把皇帝与儒家的“合作”关系批判得更彻底:“不像那些无脸面的芸芸众生,皇帝仍然具有道德完美的可能性,所以儒家成了皇帝的依附者。当一个王朝还能正常运作时,他们便为王朝的君主们披上一件道德的外衣,但这将掩盖统治的真实基础。当儒家虚伪地甚至是奴才似的将道德献给皇帝时,他们似乎真正成了他的工具。然而正是这一君主需要,并只能由儒家制定的道德,是儒家自主性的标志——说得难听一点,是君主和儒家相互依赖的标志。”②列文森说得确实有点“难听”了,

①吕思勉:《秦汉史》,北京:北京理工大学出版社,第 94 页。

②[美]列文森著,郑大华、任菁译:《儒教中国及其现代命运》,北京;中国社会科学出版社,2000 年,第 201 页。

但是作为一个旁观者,他却非常准确和“无情”地指出了中国古代社会王权统治的本质,也指出了儒家在这一个个皇权专制的王朝中所充当的角色,及儒家道德学说所发挥的功能。对于一生都在苦苦劝谏皇帝“正心诚意”的朱熹来说,他可能永远都无法明白,其实儒家的道德心性学说永远不会成为君王诚心实意采用的修己的圭臬,而是君主觉得此思想有助于其政治的统治时才会“恩典”之成为“国家意志”或意识形态,是用给他的“子民”的思想工具,“君主把理学作为一种出自权威思想家的政治上的有用赠物加以欣赏——所以有用,是由于思想上的正统观念将养成思想的顺从,而思想上的顺从必将产生政治上的顺从”①。从朱熹一生所建构的理论,及其严格律己的日常表现来看,他是真正地深信自己的这一套“正心诚意”之说对君王有用,对天下也有用的。然而,可惜又可怜的是,他不断进行上疏劝谏的那些南宋皇帝们的头脑似乎都很清醒,一边表现出“虚心”接受劝谏甚至“学习”的姿态,却一边并不真正全幅地推行朱熹的思想——大概他们也害怕这个较真的“朱夫子”会要求他们自己率先严格遵照这一套正心正己的学说去做事。而他们之后的皇帝们倒彻底没了这个顾虑,深切地认为朱熹的学说是给他们治理江山的“好帮手”,因此,不遗余力地推行了起来。因此,理学本欲为君王戴上限制的枷锁,反为民众之桎梏;心学本为解放民众的心智,却成了权贵放纵之借口。即不论是理学与心学均无法完成对民众的“救赎”,这种双重的失落无疑是有悖于儒学的初衷,却又是在传统专制社会之下无法摆脱的困境,此为儒家之无奈与悲哀之处。

美国学者狄百瑞也关注到了儒家在社会治理层面遇到的困境,他说:“从一开始,儒学的困境就来自于奠定了仁治理想的传统神话,

①[美]列文森著,郑大华、任菁译:《儒教中国及其现代命运》,北京;中国社会科学出版社,2000年,第206页。

以及儒学后来取得过的短暂和表面的成功。这种世俗的成功恰恰显示出帝国统治的失控。因此，儒学的困境变成了一个永久的挑战，进退维谷的窘境让儒学在历史的长河中饱受煎熬。"①儒家取得的"短暂和表面的成功"恰恰显示了帝国统治的失控，这一看法深刻而思辨，正如老子所说的"大道废，有仁义"，如果社会是以一种良好的秩序在运行，又何必要用仁义之类的道德进行"教化"与"训导"呢？依仗道德学说恰恰表明秩序的失衡和管理的无效，若儒家的出场可以帮助统治者挽回颓势和扶正秩序，则统治者会给儒家以无上的"恩典"；但是，倘若儒家的出场是无效的，则会被统治者无情地抛弃。显然，对于决意要通过"正心诚意"进而"治国平天下"的儒家来说，他们唯一可以让君王们看到他们有利用价值的地方就在于：他们建构出了"高人一等"的道德观念，并占据了道德的制高点。"鉴于君子作为统治精英一员发挥出的传统职能，我们不难理解为何《论语》从一开始就反映出君子优先考虑的治理、领导和为公众服务等问题。治理的关键，即维护和平和秩序（齐）的关键，在于让人信赖的领导。而领导的关键则在于展现出使百姓受益的美德（德）"②。然而，悖论与尴尬之处就在于：君子为天下人谋福利的美德来自儒家设定的一系列的心性修养理论，但是一旦成为君子，必"学而优则仕"（有点恶俗的表达就是"货于帝王家"），或者是被动地被专制绑架，其美德却成了代替帝王愚民的工具。美国学者刘子健先生说："国家权力始终处于传统中国舞台的中心……作为意识形态中的官方正统，新儒家（宋儒）不管怎么发展，都无法重塑或改变这个政治—文化的混合体，

①［美］狄百瑞著，黄水婴译：《儒家的困境》，北京：北京大学出版社，2009年，第1页。

②［美］狄百瑞著，黄水婴译：《儒家的困境》，北京：北京大学出版社，2009年，第30页。

或者将权力的亚文化转变成为伦理道德的亚文化。”①因此，此亦是整个儒家的悲哀与无奈。心性道德之学本来是为了高扬人性，帮助人自我肯定，但是，发展到后来异化为奴役人的工具，不得不说这是一种讽刺。日本学者福泽谕吉指出，国家的进步不能依靠私德，因为道德不可测量，不可控制。他认为，德行不过是被动的私德，而“用被动的私德促进世界的文明，造福于世人，这只能是偶然的美事而已”，法律“是世界上最完善的东西”，并主张“通过法制以实现大德的事业”②。而以道德代替法律，正是东方社会根深蒂固的顽疾。

这种悖论与尴尬深深地根植于中国的文化之中（尤其儒家），因此朱熹也无法摆脱这一“宿命”。束景南先生认为，朱熹虽然穷其一生都在尽力建构一个“性”的救赎的“人学”体系，而且，在一定意义上，他的理论建构是成功的；但是，朱熹也同时承袭了传统文化的全部内在矛盾。孔子及其儒家建立的仁学，先天地包含了两个深刻的内在矛盾：“它强调了人的群体价值，而忽视了人的个性价值，这决定了儒家文化难以包孕有‘民主’精神；它强调了人的伦理价值，而忽视了人的认知价值，这又决定了儒家文化先天缺少‘科学’精神。”③朱熹发展孔子之学而建立起的人本主义的文化体系，也就注定同时承袭了这两个先天缺陷，他的泛道德主义的人本主义体系便不得不建筑在这五块文化沙滩上：一、以修养为体位，而不以认知为本位。在朱熹那里，道德至上的倾向，易导致泛道德化，潜藏着以德代知的巨大危险。二、以社会为本位，而不以个人为本位。朱熹要求的人性复

①[美]刘子健著，赵冬梅译：《中国转向内在——两宋之际的文化内向》，南京：江苏人民出版社，2012年，第153页。

②[日]福泽谕吉：《文明论概略》，北京：商务印书馆，1959年，第83、102、120页。

③束景南：《朱子大传："性"的救赎之路》（增订版），上海：复旦大学出版社，2016年，第852页。

归是一种以心性修养为主的纯道德工夫追求，以人心、人性问题的解决作为整个社会问题解决的前提，必然会导致个人服从社会乃至压制个性的状况。三、以政治为本位，而不以经济为本位。在朱熹眼中，道德即政治，挽救国弱民穷的根本途径，不是发展物质经济生产，而是正君王之心。四、以价值为本位，而不以真理为本位。在中国传统文化价值观中，向来就是价值高于真理。儒家的“经”之所以伟大，就在于它对（道德）价值的高扬，“经”代替了真理，成了真理，朱熹一生努力，显然进一步发展和加强了这种重实用的价值本位观念。五、以天人关系为本位，而不以主客关系为本位。天人关系是中国传统文化关注的最高问题，强调的是人对于天道一种有机整体的把握，以直觉体悟与意象思维为特点，而以主客关系为本位，注重的是辩证理性、逻辑推衍等。显然，朱熹的理学理论体系是以天人关系为本位建构起来的，是对传统思维模式的加强，而不是改进和创新[①]。其实，在束先生看来，“陆九渊的心学是修‘心’的哲学，朱熹的性学是修‘性’的哲学，他们都在走着儒家同一的心性之学之路”[②]，不论是陆九渊的“心学”还是朱熹的“性学”，“它们都是一种封闭向内的自我追求，在道德自律的强化下走向了人的主体性的丧失”[③]。道理其实也很简单，看起来颇为相异且争执不休的朱陆之学，其本质上是一样的，都是强调道德自律的“性理”之学，它们似乎一边努力唤醒和“救赎”人的主体性，但是很不幸的是却又一边有意无意地把被道德“训化”的个体赶入了专制集体的牢笼里。蒙培元先

①束景南：《朱子大传：“性”的救赎之路》（增订版），上海：复旦大学出版社，2016年，第851—853页。

②束景南：《朱子大传：“性”的救赎之路》（增订版），上海：复旦大学出版社，2016年，第13页。

③束景南：《朱子大传：“性”的救赎之路》（增订版），上海：复旦大学出版社，2016年，第12—13页。

生也指出:“这种自主自律的思想,虽然包含着个性发展的思想萌芽(特别在王阳明后学中,表现得比较突出),但它并不是真正提倡个性或个体人格的独立发展,它仍然被笼罩在伦理主义的帷幕之中。因为它所说的主体,是被固定在一定的社会伦理关系中的社会主体,其主体意识,只能是社会的群体意识或整体意识。其主体作用,即在于完成伦理型的道德人格以维护社会的整体和谐。这种思想,一方面强调人的社会责任感,提倡人的主动精神;另方面,又把人束缚在不变的社会等级关系之内,限制了个体的独立性和创造性的发展。”①其实,在朱熹的心性理论中,这种伦理和阶级固化的意识和作用更加显著,朱熹作为传统政治结构的忠诚维护者,在此方面更加用力。

成中英先生也关注到了儒家的这种悖论,他说:“儒学关注人与社会的善的实现是自孔子以来儒家的核心课题。问题是人与社会的善如何实现,而在实现或追求实现的过程中儒学不被异化或工具化。历史的讽刺乃是:儒学在历史上往往是被异化和被工具化了,往往用来作为维护封建专制与既得利益的统治意识形态。这是不幸的。儒学也于是丧失了其原初的意向。”②儒家的本意并不在于要成为维护专制尤其是维护既得利益阶层的工具,它只是立足于对人的救赎,然而,可惜的是,在他们一代又一代的不断努力下,似乎都是在不断地重复着同样的故事。对于这种近乎悲剧性的“轮回”,其根本原因在于“中国社会在深处并没有伦理道德的问题,却尽有守法与不守法、有法与没有法的问题”③。成先生此语可谓是一针见血,直指儒学无法完成其初衷的症结所在。成先生所谓的“法”,也并非单纯指法律

①蒙培元:《中国心性论》,台北:台湾学生书局,1990年,第12—13页。

②[美]成中英:《儒学与现代性的整合:探源与重建》,《合外内之道——儒家哲学论》,北京:中国社会科学出版社,2001年,第58页。

③[美]成中英:《儒学与现代性的整合:探源与重建》,《合外内之道——儒家哲学论》,北京:中国社会科学出版社,2001年,第71页。

制度,而是一系列建立在法制之上的社会制度和机制。罗传芳研究员也指出:"……这种企图用天道收摄人道的思路后来一直延续下去,直到理学的'天理/人欲'预设(不过更精致了),其特征都不是靠刚性的、可操作的、有效的、良性循环的制度方式来对治权力、落实儒家的仁政理想,而只是存在于理论构建中,结果被历史一再证明效果是极其有限的,仍是一代代破坏性的王朝循环史,一切推翻重来。"① 因此,过分依赖人性觉悟和道德修养的作用,可能会掩盖掉规则与制度建设缺失的问题。本来,重视道德是人类进化为高级群居性动物的必然要求,东西方的文明莫不如此,"但是东西方不同的是,后者在道德之外同时还发展出实践理性和工具理性,致力于在制度上建立一套制约权力的体系,如英国 13 世纪就有了《大宪章》,但是儒家却一直执着于道德,强调从个人修身、伦理和教化上治理社会,具有泛道德化的倾向"②。儒家以其强大的道德学说著称,其强大之处主要体现在建构社会的"超稳定的体系"方面,然而,此强大的同时却又造就了脆弱,每个王朝无不是借之以强大而更加稳定,但是,随之而来便是由于没有具有实践理性和工具理性的制度体系作为人性的底线而逐渐走向衰落,直至轰然崩塌,天下大乱,生灵涂炭,然后再进入新王朝的重建与循环,一直未能在政治变革上完成"王在法下"的蜕变。中国历史上每个王朝"熵增"的阈值在三百年左右,铁一般的历史规律在提示着我们不能再"自信"和迷恋于儒家的道德心性学说,必然要对其进行现代转换才能为当下所用。

---

①罗传芳:《道德的现代视域与"五常"新解》,《衡水学院学报》,2018 年第 5 期,第 19 页。

②罗传芳:《道德的现代视域与"五常"新解》,《衡水学院学报》,2018 年第 5 期,第 20 页。

结　语:展望与希望:儒家心性论的现代转换

朱熹心性论对于社会秩序的建构方面,从其能够成为社会的意识形态并绵延七百余年之久来看,可以说基本是成功的。它可能是传统社会中最好的道德修养方案之一,这也符合历史与逻辑的统一。金春峰先生说:"朱熹的时代中国政治上是皇权专制制度,西方亦是中世纪,近代民主制度没有出现,要求朱熹的思想反专制、讲民主,提倡个性自由,是不符合历史主义原则的。作为该时代的知识分子、思想家、哲学家,人们只能要求他们反映那一时代的优秀的与民族的精神。对朱熹哲学亦是如此。"①对于朱熹所处的时代来说,朱熹的学说立足于其所处的时代并解决了那个时代的问题,因此其学说就是那个时代精神精华的表征,这一点确实是不可以站在现代的立场上进行挑剔的。当然,朱熹学说中"普适性"的元素在现代社会中依然会有其效力,杜维明先生说:"修身不是一个理论的建构,修身的实践不是由认识论来导引的。简单来说,它是通过一种道德的自觉来实现,这种类型的工作绝对是每个人自己做的;而且是完全普适化的,没有精英主义,每一个人都应该去做。"②只要人类作为一种

①金春峰:《朱熹哲学思想》自序,台北:东大图书股份有限公司,1998 年,第 9 页。

②杜维明:《"克己复礼为仁"与儒家的修身哲学》,王正主编:《儒家工夫论》,北京:华文出版社,2018 年,第 2 页。

具有高等智慧的群居性生物存在着,就必然需要探寻行为的边界,也就注定了儒家修身学说有其永恒的意义。印度哲学家巴拉曼理雅(R. Balasubramanian)曾提出儒家的人文主义是一种精神性的人文主义(spiritual humanism),颇切中以心性修养为核心的儒家学说的特点。

显然,朱熹的道德心性学说及至整个儒学的心性学说,需要抽取其学说的普遍性价值为现代社会所用。当然,这就需要首先面对一个不可规避的问题:它如何能在一个多元化的现代社会超越不同文化的差异,而证成其以心性论为基础的道德普遍主义(moral universalism)的立场?① 朱熹以及儒家传统的心性论是一种在相对封闭的家国结构下的道德修养理论,其主要目的之一是为了维护这个封闭系统的有效运转。当历史进入近代以来,这种相对封闭的系统逐渐被打破了,以传统宗法制为根基建构的儒家心性论,在宗法制已经瓦解,生活境遇与样态逐渐开放而文化日趋多元的情况下,面临着重大的挑战。尤其,历史已经挺进到当下,这种理论更加需要放置在当代视域下进行审视和考量。心性之学的有效性必须考虑到社会共同体所处的时代环境,在工业化社会文明带来的生产与生活方式巨大变革的冲击之下,儒家的心性之学如何应对实用主义与人权主义等方面的挑战,是当下儒家面对的最为重要的课题。当然,这种挑战也意味着其中蕴含着巨大的机遇,一个民族的文化基因有其强大的传承性,因此,在新的时代背景下,又注定了这种学说必然要进行现代转换,消除其历史局限的一面,剥离与开显出其普遍性的一面,继续为人类的生存和发展提供智慧。

儒家的心性及修身学说,其本来目的是进一步齐家、治国、平天下,由自身出发,由近及远,建立一个伦常明晰的社会生活体系。然

①此问题的提出详见:李明辉:《康德伦理学与孟子道德思考之重建》,台北:台湾研究院中国文化研究所,1994年初版,第2页。

而,其中的问题在于,过分强调个人心性的修养和在群体中的尊卑有序,对于现代公民社会的建立却可能是一种阻碍。因此,一方面,儒家心性论现代转换的一个重要标志就是对个体主体地位的肯定,个体主体性无疑是现代性的根本特质,这一点恰恰是儒家心性论最为缺乏的。蒙培元先生指出了中国心性论的两大局限性:“一是缺乏真正个体的主体性;即缺乏个体的自我实现和自我发展。它要么是以伦理主义为基础的社会主体性,要么是以追求个人精神自由为特征的自我解脱论。二是缺乏真正的认识的主体性和意志的主体性。在中国心性论史上,占主导地位的是道德主体论,而不是理智论或意志论。即使是重视心智作用的理智派,也没有走上思辨理性或实证理性,而是以人为对象的‘内圣外王’之学。至于意志自由的思想,在中国古代心性论中就更加缺乏了。”①因此,蒙先生认为“人的地位和价值被空前地拉高了,但正因为它把人性仅仅归结为道德本性,因而从更全面的观点看,人的地位却又被降低了”②。那么,传统的心性道德学说如何转换和重建?现代西方文明对个体的尊重、权利意识和平等意识等需要加以借鉴,进行现代转换,需参考世界优秀文明的理念。

英国哲学家休谟在其《人性论》一书中认为社会正义建立的两大基石是利益与道德。休谟说:“利益所以成为这个基础,是因为人们看到,如果不以某些规则约束自己,就不可能在社会中生活;道德所以成为这个基础,则是因为当人们一旦看出这种利益以后,他们一看到有助于社会的安宁的那些行动,就感到快乐,一看到有害于社会安宁的那些行动,就感到不快。”③即在休谟看来,社会的正义首先建立

①蒙培元:《中国心性论》,台北:台湾学生书局,1990年,第14页。

②蒙培元:《理学范畴系统》,北京:人民出版社,1989年,第178页。

③[英]休谟著,关文运译:《人性论》,北京:商务印书馆,1980年,第574页。

在利益之上，他甚至说“自私是人类建立正义的原始动机”①，因为，自私与利益才是促进达到“人类协议”的原始动机，“人类协议”是在每个人的个人利益基础上达成的公共契约，并依此契约而确立起来的社会秩序。人们在体会到这种良好社会秩序给自己带来的好处之后（如财产的保持），就会进一步用道德去维护。显然，休谟的思路和儒家不太相同，他是首先基于自然人性，进而借助于道德，道德并不是首选，因为他认为道德是未必可靠的，甚至道德对于正义规则的建立还可能是有害的。高全喜先生在《休谟的政治哲学》一书中评论休谟及其英国哲学时说：“十七八世纪英国的政治哲学却通过斯密和休谟的理论开辟出了一个通过人性而进入公共政治领域的路径，并具体地表现在他们的政治德性论、正义规则论和政治经济学上面。我们看到，在英国思想中不但建立起了从人性到规则与制度这样一条由内圣到外王的路径，而且在现实的实践中已经得到了实现和完成，英国的市民社会及其政治和法律制度正是这种英国式的内圣外王之政治学的体现。从休谟的政治哲学以及英美的社会实践回头再重新审视我们中国的政治传统，研究中国式内圣与外王路径的严重分裂，就会发现很多富有启发性的东西。”②虽然中国的儒家思想一直强调“内圣”与“外王”两翼并重，但是，儒家历史展示出来的更多还是以“内圣”为主，荀子强调人之自然属性而重礼制与法度为后世儒家（尤以宋明理学）所不喜，浙东事功学派的崛起亦为以朱熹为代表的“正统”儒家学派所指摘和批评，甚至在近代中国存亡之际依旧在争论西方民主与科学是否符合“中体”，半推半就地不肯完全接纳民主与科学为“外王”之学。

德国哲学家康德说：“道德法则是神圣的（不可侵犯的）。人虽

①［英］休谟著，关文运译：《人性论》，北京：商务印书馆，1980 年，第 570 页。

②高全喜：《休谟的政治哲学》，北京：北京大学出版社，2004 年，第 4—5 页。

然够不神圣了,但在他的人格之中的人性对他来说却必须是神圣的。在整个创造中,人所想要并能够有所支配的一切都可以仅仅作为手段来使用;惟有人亦即每一个理性造物是目的自身。因为人凭借其自由的自律而是那本身神圣的道德法则的主体。"①如果按照康德的道德理论进行对应,朱熹的"理"对应的就是康德的"道德法则",而康德所说的"必须是神圣"的人性对应朱熹的"天地之性",二者在理论的终极追求上是一致的:人不仅应当是道德法则的主体,不可以被用作手段,人作为理性存在者才是目的自身。同时,朱熹与康德一样,把进行道德法则的实践作为人的义务。因为,这种实践不是出自不情愿的强迫,而是对道德法则的自觉服从。但是,在康德哲学中,道德内涵有德性和权利两方面内容,而在朱熹和儒家这里,显然基本只有德性一维。儒家心性论旨在建构道德主体,但是对于权利主体几乎没有任何建构,甚至还有意地消解权利主体的维度以维护其整体性(家国)利益。显然,在现代社会中,必须是道德主体与权利主体并建才可以成就一个美好的社会,因此权利主体的重建是朱熹和儒家学说进行现代转换的一个重要课题。另外,康德还反对柏拉图提出的"哲学家王"的理想政治学说,康德说:"我固然能设想一个道德的政治家(亦即一个将治国底原则看成能与道德并存的人),但无法设想一个政治的道德家(他编造出一套有助于政治家底利益的道德)。"②因为,"政治固然不应违反道德,甚至必须以道德原则为基础,但它并非道德之直接延伸,而是要符合权力运作的逻辑"③。在康德看来,即便是"哲学家王"也并不可靠,"君王从事哲学思考,或

①[德]康德著,李秋零译:《实践理性批判》,北京:中国人民大学出版社,第82页。
②[德]康德著,李明辉译注:《康德历史哲学论文集》,台北:联经出版事业公司,2002年,第114页。
③李明辉:《儒家视野下的政治思想》,北京:北京大学出版社,2005年,第42页。

者哲学家成为君王，这是不可遇，亦不可求的；因为权力之占有必然会腐蚀理性之自由判断”①。在这一点上来看，康德显然比朱熹理性得多，朱熹一生都在执着于“借君行道”的梦想。而康德则看出了这一点：道德是政治的基础，但是政治却不能完全依赖于道德，权力必然会腐蚀理性之自由判断，道德自然就不会有其无限的稳定性。

在海外新儒家那里，显然开始注重对于西方尤其是康德思想的吸纳，《为中国文化敬告世界人士宣言》中说道：“人若真成树立其道德的主体，则彼纵能以德化万民，亦将以此德化万民之事之本身，公诸天下，成为万民之互相德化。同时亦必将其所居之政治上之位，先公诸天下，为人人所可居之公位。然而肯定政治上之位，皆为人人所可居之公位，同时即肯定人人有平等之政治权利，肯定人人皆平等的为一政治的主体。”②新儒家不只言“道德的主体”，还强调“政治的主体”，这显示了海外新儒家在近现代世界文明背景下的转化和推进。牟宗三先生一方面对中国文化体认深刻，同时又深受康德思想之影响，故注重“政治与教化之限度以及政治与道德之分际”。牟先生认为：“政治是政治，教化是教化，政治自成一独立领域，自不可涉教化。此是第一步限定。复次，在就个体而顺成上，只需说自由、平等、人权、权利诸外延的形式概念即已足，不必就‘生活之全’上说及‘教化的意义’。此是第二步限定。”③因此，“不能在政治上责望人民作圣人”。牟先生把个人的道德实践和政治或社会的道德实践清楚地区分开来，他指出：个人的道德实践是一个“无限的前程”，其深度和广度俱无止境，是否践履之以及追求之深浅，皆由个人主观选择之；而

①［德］康德著，李明辉译注：《康德历史哲学论文集》，台北：联经出版事业公司，2002 年，第 205 页。

②牟宗三等：《为中国文化敬告世界人士宣言》，张君劢：《新儒家思想史》，北京：中国人民大学出版社，2009 年，第 582—583 页。

③牟宗三：《政道与治道》，桂林：广西师范大学出版社，2006 年，第 106 页。

政治教化的道德与社会教化的道德,乃只是维持一般的人道生活上的规律。此只能对之做外的维持,故既不能内在地深求,亦不能精微地苛求;进一步,牟先生认为,即便通过个人的道德实践成就了自己的伟大人格,但不论如何在政治上发挥,也不能超过政治世界的最高律则,而且必须以其伟大人格来成就这些限制,此即是"圣王",反之,即是独裁者①。由此可知海外新儒家基本已经从传统的原教旨主义中脱离了出来,对儒家的道德心性学说与政治进行了明确的分际,显然具有新时代眼光的海外新儒家已经明确地意识到"老内圣开不出新外王"了②。

德国哲学家黑格尔在其《历史哲学》一书中,认为传统中国尚属于"历史的幼年时期",采用的是神权专制政体,皇帝就是"大家长",法律与道德不分,"在中国人心目中,他们的道德法律简直是自然法律",唯一的意志就是皇帝的意志。黑格尔说:"中国纯粹建筑在这一种道德的结合上,国家的特性便是客观的'家庭孝敬'。中国人把自己看作是属于他们家庭的,而同时又是国家的儿女。在家庭之内,他们不是人格,因为他们在里面生活的那个团结的单位,乃是血统关系和天然义务。在国家之内,他们一样缺少独立的人格;因为国家内大家长的关系最为显著,皇帝犹如严父,为政府的基础,治理国家的一切部门。"③黑格尔认为,在这种家长制度的国家里,臣民如同未成年的孩子,对内顺从宗族长者,对外在官府面前逆来顺受,相应地必然要放弃他们的反省精神和独立人格,个体的精神无法独立,更谈不上

---

①参照牟宗三:《政道与治道》,桂林:广西师范大学出版社,2006年,第108—109页。

②参照朱学勤:《老内圣开不出新外王——从〈政道与治道〉评新儒家之政治哲学》,《探索与争鸣》,1991年第6期,第40—50页。

③[德]黑格尔著,王造时译:《历史哲学》,上海:上海书店出版社,1999年,第127页。

自由。黑格尔指出,“既然道德的法律是被当做立法的条例,而法律本身又具有一种伦理的形态,所以内在性的范围就不能在中国得到成熟”①,显然,将称之为内在性的一切(道德)都集中在封建社会最高统治者身上,有太大的不确定性,如果皇帝不能是“彻底地道德的、辛勤的、既不失掉他的威仪而又充满了精力的”,那么,民众的遭遇很可能是冰火两重天般的飘忽无常。黑格尔对传统中国的批评虽有严苛之处,但是无疑是深刻和犀利的,他以一位哲学家的睿智——虽然他从来都没有到过中国——准确地捕捉到了传统中国的“命门”,他所提出的问题需要中国学人深思。在《停滞的帝国》一书中,阿兰·佩雷菲特描述了1793年英国乔治·马戛尔尼使团面见乾隆皇帝的经过,可以印证黑格尔的批评。当时关于这些外国使节是否要行三拜九叩的礼仪问题,双方发生了激烈的外交争执②。可以看出,以心性道德规范为基础建立的专制统治是何等地自负和固执。

其实,儒家道德学说在现代转换和运用中已经有了一些成功的范例,如在日、韩、新加坡、马来西亚等“亚汉文化区”,这一点体现得很清楚。罗传芳研究员在其《儒家传统与新加坡发展模式》一文中以新加坡为例分析了儒家传统在东亚经济崛起之中起到的作用,并指出:“儒学在新加坡经济发展中确实发挥了巨大而深远的影响,这种影响就像在日本、韩国等国家和地区一样,给这里的现代化打上了鲜明的民族文化的印记,使它与以往任何形式的现代化区别开来。但是这种作用不是绝对的、无条件的,它必须在资本主义全球化背景下,在旧制度彻底解体、儒学自身发生转化和更新的前提下,才能融

①[德]黑格尔著,王造时译:《历史哲学》,上海:上海书店出版社,1999年,第119—120页。

②参照[法]阿兰·佩雷菲特著,王国卿等译:《停滞的帝国——两个世界的碰撞》,北京:生活·读书·新知三联书店,1995年第2版,第224—258页。

入现代生活并发挥正面效应。”①从一些“亚汉文化”区的成功实践经验来看,当现代社会秩序建立起来之后,儒家的道德学说可以发挥其效用。但是,这种效用是有条件的,其前提条件就是封建制度的彻底解体和儒学自身的转化。显然,如果封建制度没有彻底解体,儒学提供的效用还将是继续为维护封建制度服务;而儒学自身转化之后,才可能适应现代生活的方式、习惯和节奏等,像以往那样较为单纯地追求内心的澄静和道德人格的高远,显然已经不太合乎时宜了。

当然,另一方面,也不是要完全否弃儒家心性论,在牟宗三先生设想的“良知的自我坎陷”学说中,“内圣”同时又是通往“外王”的基础。殷海光先生的弟子张灏先生说:“‘内圣外王’这个观念蕴涵着一种‘人格主义’。这种‘人格主义’一方面强调人的社会性……另一方面,儒家的‘内圣’思想是具有超越意识,儒家相信人的本性是来自天赋,因此,在这基础上,个性永远得保存其独立自主,而不为群性所淹没。这种‘人格主义’,综合群性与个性,而超乎其上,消弭了西方现代文化中个人主义与集体主义的对立,可以针砭二者偏颇弊病,为现代社会思想提供一个新的视角。”②儒家心性论的“内圣”的超越意识恰恰又会给现代工业社会中“群性”淹没的问题提供一个解决之道,这一点是西方文化特质中所缺乏的。另外,儒家心性论对于解决现代社会中人与自然的关系日益紧张的问题也将发挥作用,对于现代科技过分追求客观物质享受引发的人的精神空虚、焦虑等问题,又有可能提供一些更为有效的对治方案。

---

①罗传芳:《儒家传统与新加坡发展模式》,《哲学研究》,2002年第6期,第55页。

②张灏:《超越意识与幽暗意识》,《幽暗意识与民主传统》,台北:联经出版事业公司,1989年,第33—34页。

参考文献

一、古典原著

《新编诸子集成》,北京:中华书局,1954 年。
[宋]朱熹撰,[宋]黎靖德编,王星贤点校:《朱子语类》,北京:中华书局,1986 年。
[宋]朱熹撰,朱杰人等编:《朱子全书》,上海:上海古籍出版社;合肥:安徽教育出版社,2002 年。
[宋]朱熹:《四书章句集注》,北京:中华书局,1983 年。
[宋]朱熹:《四书或问》,影印文渊阁《四库全书》,北京:北京出版社,2012 年。
[唐]韩愈著,刘真伦、岳珍校注:《韩愈文集汇校笺注》,北京:中华书局,2010 年。
[唐]李翱著,郝润华点校:《李翱集》,兰州:甘肃人民出版社,1992 年。
[宋]周敦颐著,陈克明点校:《周敦颐集》,北京:中华书局,2009 年。
[宋]张载撰,章锡琛点校:《张载集》,北京:中华书局,1978 年。
[宋]程颢、程颐撰,王孝鱼点校:《二程集》,北京:中华书局,2004 年。
[宋]李觏撰,王国轩点校:《李觏集》,北京,中华书局,1981 年。
[宋]欧阳修著,李逸安点校:《欧阳修全集》,北京:中华书局,2001 年。
[宋]邵雍著,郭彧整理:《邵雍集》,北京:中华书局,2010 年。
[宋]张栻撰,邓洪波校点:《张栻集》,长沙:岳麓书社,2017 年。

[宋]杨时撰,林海权校理:《杨时集》,北京:中华书局,2018年。

[宋]胡宏撰,吴仁华点校:《胡宏集》,北京:中华书局,1987年。

[宋]陆九渊撰,钟哲点校:《陆九渊集》,北京:中华书局,1980年。

[宋]吕祖谦撰,吕祖俭辑:《东莱吕太史文集》,北京:北京图书馆出版社,2004年。

[宋]吕祖谦:《东莱先生左氏博议》,《丛书集成初编》,上海:商务印书馆,1937年。

[宋]陈亮著,邓广铭点校:《陈亮集》(增订本),北京:中华书局,1987年。

[宋]陈亮:《龙川文集》,《丛书集成初编》,上海:商务印书馆,1936年。

[宋]叶适撰,刘公纯等点校:《叶适集》,北京:中华书局,1961年。

[宋]叶适:《习学记言序目》,北京:中华书局,1977年。

[元]脱脱等:《宋史》,北京:中华书局,1977年。

[明]吕柟:《朱子抄释》,影印文渊阁《四库全书》,北京:北京出版社,2012年。

[明]王守仁撰,吴光等编校:《王阳明全集》,上海:上海古籍出版社,1992年。

[明]王守仁:《朱子晚年定论》,清咸丰四年(1854)刻本。

[明]罗钦顺撰,阎韬点校:《困知记》,北京:中华书局,1990年。

[明]王廷相撰,王孝鱼点校:《王廷相集》,北京:中华书局,1989年。

[明]刘宗周撰,吴光主编:《刘宗周全集》,杭州:浙江古籍出版社,2007年。

[清]黄宗羲原著,[清]全祖望补修,陈金生、梁运华点校:《宋元学案》,北京:中华书局,1986年。

[清]黄宗羲撰,沈芝盈点校:《明儒学案》,北京:中华书局,1985年。

[清]王夫之撰,船山全书编辑委员会编校:《船山全书》,长沙:岳麓书社,1996年。

[清]王夫之撰,舒士彦点校:《宋论》,北京:中华书局,2003 年。

[清]王夫之:《张子正蒙注》,北京:中华书局,1975 年。

[清]李颙撰,陈俊民点校:《二曲集》,北京:中华书局,1996 年。

[清]王懋竑撰,何忠礼点校:《朱熹年谱》,北京:中华书局,1998 年。

[清]李绂著,段景莲点校:《朱子晚年全论》,北京:中华书局,2000 年。

二、现代专著

(一)心性论相关著作

牟宗三:《心体与性体》(三册),上海:上海古籍出版社,1999 年。

牟宗三:《从陆象山到刘蕺山》,上海:上海古籍出版社,2001 年。

牟宗三:《宋明儒学的问题与发展》,上海:华东师范大学出版社,2004 年。

钱穆:《朱子新学案》,成都:巴蜀书社,1986 年。

钱穆:《朱子学提纲》,北京:生活·读书·新知三联书店,2005 年第 2 版。

唐君毅:《中国哲学原论·原性篇》,北京:中国社会科学出版社,2005 年。

刘述先:《朱子哲学思想的发展与完成》,台北:三民书局,1982 年。

蔡仁厚撰述:《宋明理学——心体与性体义旨述引》(北宋篇),台北:台湾学生书局,1979 年。

蔡仁厚撰述:《宋明理学——心体与性体义旨述引》(南宋篇),台北:台湾学生书局,1983 年再版。

李泽厚:《实用理性与乐感文化》,北京:生活·读书·新知三联书店,2005 年。

蒙培元:《理学范畴系统》,北京:人民出版社,1989 年。

蒙培元:《中国心性论》,台北:台湾学生书局,1990 年。

蒙培元:《中国哲学主体思维》,北京:人民出版社,1993 年。

蒙培元:《情感与理性》,北京:中国社会科学出版社,2002 年。
向世陵:《理气性心之间——宋明理学的分系与四系》,长沙:湖南大学出版社,2006 年。
蔡方鹿:《宋明理学心性论》(修订版),成都:巴蜀书社,2009 年。
李明辉:《四端与七情:关于道德情感的比较哲学探讨》,上海:华东师范大学出版社,2008 年。
李景林:《教养的本原:哲学突破期的儒家心性论》,北京:北京师范大学出版社,2009 年。
张怀承等:《心》,北京:中国人民大学出版社,1993 年。
岑贤安等:《性》,北京:中国人民大学出版社,1996 年。
杨维中:《中国佛教心性论研究》,北京:宗教文化出版社,2007 年。
罗安宪:《虚静与逍遥——道家心性论研究》,北京:人民出版社,2005 年。
罗安宪:《儒道心性论的追究》,北京:人民出版社,2018 年。
欧阳祯人:《先秦儒家性情思想研究》,武汉:武汉大学出版社,2005 年。
汤一介:《儒释道与内在超越问题》,南昌:江西人民出版社,1991 年。
赵法生:《儒家超越思想的起源》,北京:中国社会科学出版社,2019 年。
耿静波:《北宋五子心性论与佛教心性论关系研究》,北京:中国社会科学出版社,2016 年。
王巧生:《二程弟子心性论研究》,武汉:湖北人民出版社,2016 年。
李洪卫:《王阳明身心哲学研究——基于身心整体的生命养成》,上海:上海三联书店,2021 年。
段吉福:《从儒学心性论到道德形上学的嬗变——以唐君毅为中心》,上海:上海古籍出版社,2014 年。
俞昌达:《心性之学述要——探索儒道佛学问的实质》,杭州:浙江大学出版社,2013 年。

(二)朱子思想相关著作

谢无量:《朱子学派》,上海:中华书局,1916 年。

[美]陈荣捷:《宋明理学之概念与历史》,台北:"中央研究院"中国文哲所,1996 年。

[美]陈荣捷:《朱子新探索》,上海:华东师范大学出版社,2007 年。

[美]陈荣捷:《朱学论集》,上海:华东师范大学出版社,2007 年。

束景南:《朱熹年谱长编》,上海:华东师范大学出版社,2001 年。

束景南:《朱熹研究》,北京:人民出版社,2008 年。

束景南:《朱子大传:"性"的救赎之路》(增订版),上海:复旦大学出版社,2016 年。

束景南:《阳明大传:"心"的救赎之路》(三册),上海:复旦大学出版社,2020 年。

陈来:《朱子哲学研究》,上海:华东师范大学出版社,2000 年。

陈来:《朱熹书信编年考证》(增订本),北京:生活·读书·新知三联书店,2007 年。

顾宏义:《朱熹师友门人往还书札汇编》(六册),上海:上海古籍出版社,2017 年。

高令印、高秀华:《朱子事迹考》,北京:商务印书馆,2016 年。

杨天石:《朱熹:孔子之后第一儒》,北京:东方出版社,2019 年。

[美]余英时:《朱熹的历史世界:宋代士大夫政治文化的研究》(两册),北京:生活·读书·新知三联书店,2004 年。

金春峰:《朱熹哲学思想》(增订版),台北:东大图书股份有限公司,1998 年。

[美]田浩:《朱熹的思维世界》(增订版),南京:江苏人民出版社,2009 年。

[日]吾妻重二著,傅锡洪等译:《朱子学的新研究——近世士大夫思想的展开》,北京:商务印书馆,2017 年。

[日]垣内景子:《朱熹思想的结构的研究》,东京:汲古书院,2006 年。
[日]岛田虔次著,蒋国保译:《朱子学与阳明学》,西安:陕西师范大学出版社,1986 年。
[英]卜道成著,谢晓东译:《朱熹和他的前辈们:朱熹与宋代新儒学导论》,厦门:厦门大学出版社,2010 年。
张立文:《朱熹评传》,南京:南京大学出版社,1998 年。
吴震:《朱子思想再读》,北京:生活·读书·新知三联书店,2018 年。
江求流:《朱子哲学的结构与义理》,北京:中国社会科学出版社,2020 年。
彭永捷:《朱陆之辨——朱熹陆九渊哲学比较研究》,北京:人民出版社,2002 年。
高全喜:《理心之间:朱熹和陆九渊的理学》,北京:生活·读书·新知三联书店,2008 年。
丁为祥:《学术性格与思想谱系——朱子的哲学视野及其历史影响的发生学考察》,北京:人民出版社,2012 年。
林维杰:《朱熹与经典诠释》,上海:华东师范大学出版社,2012 年。
赵金刚:《朱熹的历史观——天理视域下的历史世界》,北京:生活·读书·新知三联书店,2018 年。
王大德:《朱陆异同新论——以"心与理、心与物"为向度之新综析》,台北:文史哲出版社,2009 年。
乐爱国:《朱子格物致知论研究》,长沙:岳麓书社,2010 年。
殷慧:《礼理双彰:朱熹礼学思想探微》,北京:中华书局,2019 年。
解光宇:《朱子与徽学》,长沙:岳麓书社,2010 年。
邓庆平:《朱子门人与朱子学》,北京:中国社会科学出版社,2017 年。
周茶仙、胡荣明:《宋元明江西朱子后学群体研究》,南昌:江西人民出版社,2013 年。
王玉强:《近世日本朱子学的确立》,北京:社会科学文献出版社,

2017 年。
朱谦之:《日本的朱子学》,北京:人民出版社,2000 年。
彭卫民:《朱熹〈家礼〉思想的朝鲜化》,成都:巴蜀书社,2019 年。
张品端:《朱子学在海外的传播与影响》,北京:中国社会科学出版社,2019 年。

(三)哲学史等相关著作

钱穆:《宋明理学概述》,北京:九州出版社,2010 年。
吕思勉:《理学纲要》,南京:江苏文艺出版社,2008 年。
冯友兰:《三松堂全集》(第 2 版),郑州:河南人民出版社,2001 年。
冯友兰:《中国哲学史》(两册),上海:华东师范大学出版社,2000 年。
冯友兰:《中国哲学史新编》(三册),北京:人民出版社,1999 年。
张君劢:《新儒家思想史》,北京:中国人民大学出版社,2009 年。
唐君毅:《中国哲学原论 · 导论篇》,北京:中国社会科学出版社,2005 年。
唐君毅:《中国哲学原论 · 原教篇》,北京:中国社会科学出版社,2006 年。
唐君毅:《中国哲学原论 · 原道篇》(两册),北京:中国社会科学出版社,2006 年。
张岱年:《中国哲学大纲》,北京:中国社会科学出版社,1982 年。
侯外庐等:《宋明理学史》(两册),北京:人民出版社,1984 年。
张立文:《宋明理学研究》,北京:人民出版社,2002 年。
漆侠:《宋学的发展和演变》,石家庄:河北人民出版社,2002 年。
陈来:《宋明理学》(第二版),上海:华东师范大学出版社,2004 年。
蔡仁厚:《宋明理学 · 北宋篇》,长春:吉林出版集团有限责任公司,2009 年。
蔡仁厚:《宋明理学 · 南宋篇》,长春:吉林出版集团有限责任公司,

2009年。

杜保瑞:《北宋儒学》,台北:台湾商务印书馆,2005年。

杜保瑞:《南宋儒学》,台北:台湾商务印书馆,2010年。

劳思光:《新编中国哲学史》(三卷),桂林:广西师范大学出版社,2005年。

罗光:《中国哲学思想史·先秦篇》,台北:台湾学生书局,1982年。

罗光:《中国哲学思想史·宋代篇》(两册),台北:台湾学生书局,1984年。

刘文英主编:《中国哲学史》(两册),天津:南开大学出版社,2002年。

严正:《五经哲学及其文化学的阐释》,济南:齐鲁书社,2001年。

严正:《儒学本体论研究》,天津:天津人民出版社,1997年。

章权才:《宋明经学史》,广州:广东人民出版社,1999年。

陈畅:《理学道统的思想世界》,上海:上海书店出版社,2017年。

钟彩钧:《明代程朱理学的演变》,台北:"中央研究院"中国文哲研究所,2018年。

李娟:《宋代程朱理学官学地位研究》,长春:东北师范大学出版社,2015年。

张学智:《明代哲学史》(修订版),北京:中国人民大学出版社,2012年。

杨儒宾:《异议的意义——近世东亚的反理学思潮》,台北:台湾大学出版中心,2012年。

熊十力:《体用论》,北京:中国人民大学出版社,2006年。

徐复观:《中国人性论史》,上海:华东师范大学出版社,2005年。

[日]荒木见悟著,杜勤、舒志田译:《佛教与儒教》,郑州:中州古籍出版社,2001年。

[美]成中英:《合外内之道——儒家哲学论》,北京:中国社会科学出版社,2001年。

[美]成中英主编:《本体与诠释》,北京:生活·读书·新知三联书店,2000年。
[美]成中英主编:《本体诠释学》(第二辑),北京:北京大学出版社,2002年。
[美]成中英主编:《本体与诠释:中西比较》(第三辑),上海:上海社会科学院出版社,2003年。
赖贤宗:《儒家诠释学》,北京:北京大学出版社,2010年。
姜广辉:《走出理学——清代思想发展的内在理路》,沈阳:辽宁教育出版社,1997年。
杨泽波:《孟子性善论研究》,北京:中国社会科学出版社,1995年。
李景林:《教化的哲学——儒家思想的一种新诠释》,哈尔滨:黑龙江人民出版社,2006年。
林安梧:《王船山人性史哲学之研究》,台北:东大图书股份有限公司,1987年。
朱汉民:《湖湘学派史论》,长沙:湖南大学出版社,2004年。
朱汉民、肖永明:《宋代〈四书〉学与理学》,北京:中华书局,2009年。
董平:《天台宗研究》,上海:上海古籍出版社,2002年。
董平:《浙江思想学术史——从王充到王国维》,北京:中国社会科学出版社,2005年。
董平:《王阳明的生活世界》,北京:中国人民大学出版社,2009年。
何俊:《南宋儒学建构》,上海:上海人民出版社,2013年。
郑宗义:《明清儒学转型探析——从刘蕺山到戴东原》(增订版),香港:香港中文大学出版社,2009年。
郑宗义:《儒学、哲学与现代世界》,石家庄:河北人民出版社,2010年。
杜保瑞,《功夫理论与境界哲学》,北京:华文出版社,1999年。
余治平:《哲学的锁钥——源于本体论的形上之思》,成都:四川人民出版社,2002年。

余治平:《忠恕而仁:儒家尽己推己、将心比心的态度、观念与实践》,上海:上海人民出版社,2012 年。
杨少涵:《中庸原论——儒家情感形上学之创发与潜变》,北京:社会科学文献出版社,2015 年。
冷天吉:《知识与道德——对儒家格物致知思想的考察》,北京:中国社会科学出版社,2009 年。
杨柱才:《道学宗主——周敦颐哲学思想研究》,北京:人民出版社,2004 年。
王绪琴:《气本与理本——张载与程颐易学本体论的建构及其问题》,北京:中国社会科学出版社,2017 年。
王绪琴:《周易重读新解》,北京:中国社会科学出版社,2021 年。
李明友:《一本万殊——黄宗羲的哲学与哲学史观》,北京:人民出版社,1994 年。
张琴:《胡宏"知言"哲学研究》,杭州:浙江大学出版社,2018 年。
蒋伟胜:《叶适的习学之道》,北京:中国社会科学出版社,2009 年。
[美]杜维明,段德智译,林同奇校:《〈中庸〉洞见》(中英文对照本),北京:人民出版社,2008 年。
杨儒宾:《儒家身体观》(修订版),台北:"中央研究院"中国文哲所筹备处,2003 年。
杨儒宾:《东亚的静坐传统》,台北:台湾大学出版中心,2013 年。
李明辉:《当代儒学的自我转化》,北京:中国社会科学出版社,2001 年。
李明辉:《儒家视野下的政治思想》,北京:北京大学出版社,2005 年。
李明辉:《儒家与康德》(增订版),新北:联经出版事业公司,2018 年。
张灏:《幽暗意识与民主传统》,北京:新星出版社,2006 年。
衷鑫恣:《敌道学史——从北宋到二十世纪》,台北:万卷楼,2019 年。
李华瑞:《王安石变法研究史》,北京:人民出版社,2004 年。

[美]黄仁宇:《万历十五年》,北京:中华书局,1982年。

[美]黄仁宇:《中国大历史》,北京:生活·读书·新知三联书店,2007年。

[美]余英时:《宋明理学与政治文化》,长春:吉林出版集团有限责任公司,2008年。

[日]土田健次郎著,朱刚译:《道学之形成》,上海:上海古籍出版社,2010年。

[美]狄百瑞著,黄水婴译:《儒家的困境》,北京:北京大学出版社,2009年。

[美]列文森著,郑大华、任菁译:《儒教中国及其现代命运》,北京:中国社会科学出版社,2000年。

[德]黑格尔著,王造时译:《历史哲学》,上海:上海书店出版社,1999年。

[法]阿兰·佩雷菲特著,王国卿等译:《停滞的帝国——两个世界的碰撞》,北京:生活·读书·新知三联书店,1995年第2版。

[英]葛瑞汉著,程德祥等译:《中国的两位哲学家:二程兄弟的新儒学》,郑州:大象出版社,2000年。

[美]安靖如著,吴万伟译:《圣境:宋明理学的当代意义》,北京:中国社会科学出版社,2017年。

康中乾:《有无之辨——魏晋玄学本体思想再解读》,北京:人民出版社,2003年。

林科棠编译:《宋儒与佛教》,上海:商务印书馆,1930年。

熊十力:《新唯识论》(壬辰删定本),北京:中国人民大学出版社,2006年。

方立天:《魏晋南北朝佛教》,北京:中国人民大学出版社,2006年。

方立天:《隋唐佛教》,北京:中国人民大学出版社,2006年。

赖永海:《中国佛教与哲学》,北京:宗教文化出版社,2004年。

[美]孙隆基:《中国文化的深层结构》,桂林:广西师范大学出版社,

2004 年。

[美]刘子健著,赵冬梅译:《中国转向内在——两宋之际的文化内向》,南京:江苏人民出版社,2012 年。

邓嗣禹:《中国考试制度史》,长春:吉林出版集团有限责任公司,2011 年。

高全喜:《休谟的政治哲学》,北京:北京大学出版社,2004 年。

李洪卫:《良知与正义:正义的儒学道德基础初探》,上海:上海三联书店,2014 年。

丁四新:《郭店楚墓竹简思想研究》,北京:东方出版社,2000 年。

郭沂:《郭店竹简与先秦学术思想》,上海:上海教育出版社,2001 年。

庞朴:《帛书五行篇研究》,济南:齐鲁书社,1988 年。

魏启鹏:《马王堆汉墓〈德行〉校释》,成都:巴蜀书社,1991 年。

(四)论文集等

顾宏义等编:《历代"朱陆异同"文类汇编》(五册),上海:上海古籍出版社,2018 年。

吴震主编:《宋代新儒学的精神世界——以朱子学为中心》,上海:华东师范大学出版社,2009 年。

陈来、朱杰人主编:《人文与价值——朱子学国际学术研讨会暨朱子诞辰 880 周年纪念会论文集》,上海:华东师范大学出版社,2011 年。

乐爱国等:《20 世纪朱子学研究精华集成——从学术思想史的视角》,北京:经济科学出版社,2017 年。

朱人求、乐爱国编:《近世东亚朱子学》,北京:商务印书馆,2016 年。

[德]康德著,李明辉译注:《康德历史哲学论文集》,台北:联经出版事业公司,2002 年。

郭齐勇主编:《儒家文化研究》(第四辑:心性论研究专号),北京:生活·读书·新知三联书店,2012 年。

刘笑敢主编:《中国哲学与文化》(第三辑:经典诠释之定向),桂林:广西师范大学出版社,2008 年。

郑宗义主编:《中国哲学与文化》(第十四辑:朱熹哲学),桂林:漓江出版社,2017 年。

董平编:《宋明儒学与浙东学术——董平学术论集》,贵阳:孔学堂书局,2015 年。

王正主编:《儒家工夫论》,北京:华文出版社,2018 年。

苗润田主编:《20 世纪儒学研究大系 · 儒学与实学》,北京:中华书局,2003 年。

张品端编:《会通朱王:朱熹与王阳明比较研究》,厦门:厦门大学出版社,2018 年。

曾春海等编:《朱王对比专题》,《哲学与文化》,2014 年第 5 期。

三、学术论文

冯友兰:《宋明道学中理学心学二派之不同》,《清华学报》,1932 年第 1 期。

成中英:《朱熹论“人心”与“道心”——从心的主体化与主宰性到道德心的实践》,《陕西师范大学学报》(哲学社会科学版),2017 年第 6 期。

蒙培元:《朱熹关于世界的统一性与多样性——“理一分殊说”》,《北京大学学报》(社会科学版),2008 年第 3 期。

蒙培元:《朱熹心说再辨析》,《杭州师范大学学报》(社会科学版),2008 年第 6 期。

刘述先:《朱子与儒家的精神传统》,《湖南大学学报》(社会科学版),2011 年第 1 期。

李存山:《从性善论到泛性善论》,刘笑敢主编:《中国哲学与文化》(第三辑:经典诠释之定向),桂林:广西师范大学出版社,2008 年。

杨祖汉:《唐君毅先生对朱子哲学的诠释》,刘笑敢主编:《中国哲学与文化》(第七辑:明清儒学研究),桂林:广西师范大学出版社,2010 年。

林维杰:《当代新儒家的“朱陆异同”论及其诠释学意涵》,刘笑敢主编:《中国哲学与文化》(第十一辑:人文与宗教:儒学的现代发展),桂林:漓江出版社,2014 年。

陈来:《朱子哲学的“心统性情”说》,《浙江学刊》,1986 年第 6 期。

陈来:《朱子思想中的四德论》,《哲学研究》,2011 年第 1 期。

郭齐勇:《牟宗三先生以“自律道德”的理论诠释儒学之蠡测》,《哲学研究》,2005 年第 12 期。

吴震:《试析朱熹哲学中“心”“性”“理”的关系》,《中州学刊》,1986 年第 4 期。

吴震:《朱子“心论”试析》,见郭齐勇编:《儒家文化研究》(第四辑:心性论研究专号),北京:生活·读书·新知三联书店,2012 年。

向世陵:《“性之本体是如何”——朱熹性论的考究》,《孔子研究》,2011 年第 3 期。

向世陵:《论朱熹的“心之本体”与未发已发说》,《湖南大学学报》(社会科学版),2012 年第 1 期。

向世陵:《仁心、觉心与本心——朱熹心论三议》,《湖南大学学报》(社会科学版),2012 年第 6 期。

向世陵:《宋代理学的“性即理”与“心即理”》,《哲学研究》,2014 年第 1 期。

李明辉:《朱子对“道心”“人心”的诠释》,《湖南大学学报》(社会科学版),2008 年第 1 期。

林安梧:《从“天生人成”到“化性起伪”》,《鹅湖月刊》,1978 年 5 月。

林安梧:《人性“善向”论与人性“向善”论——关于先秦儒家人性论的论辩》,《鹅湖月刊》,1993 年 8 月。

林安梧:《儒学的转折:从王阳明的〈朱子晚年定论〉说起》,吴光主编:《阳明学综论》,中国人民大学出版社,2009 年。

林安梧:《朱子哲学当代诠释方法论之反思——从“继别为宗”到“横摄归纵”》,《河北学刊》,2009 年第 5 期。

林安梧:《关于朱子“格物致知”及其相关问题之讨论:“继别为宗”或“横摄归纵”》,陈来、朱杰人主编:《人文与价值——朱子学国际学术研讨会暨朱子诞辰 880 周年纪念会论文集》,上海:华东师范大学出版社,2011 年。

杨儒宾:《“性命”怎么和“天道”相贯通的——理学家对孟子核心概念的改造》,《杭州师范大学学报》(社会科学版),2010 年第 1 期。

金春峰:《朱熹思想之与陆象山》,《中州学刊》,1997 年第 1 期。

金春峰:《对朱熹哲学思想的重新认识——兼评冯友兰、牟宗三解释模式之扭曲》,《学术月刊》,2011 年第 6 期。

金春峰:《朱陆“心学”及其异同的几点观察》,《周易研究》,2020 年第 1 期。

杨泽波:《横摄系统与超越存有——从朱子看牟宗三的超越存有论及其缺陷》,《学术月刊》,2005 年第 2 期。

陈代湘:《评牟宗三对胡宏和朱熹工夫论的阐析》,《南开学报》(哲学社会科学版),2002 年第 3 期。

陈代湘:《现代新儒家的朱子学研究概述》,《哲学动态》,2002 年第 7 期。

陈代湘:《朱熹与张栻的学术交往及相互影响》,《东南学术》,2008 年第 6 期。

罗安宪:《儒学心性论的历史进程》,《中国哲学史》,2000 年第 2 期。

丁为祥:《从〈性自命出〉看儒家性善论的形成理路》,《孔子研究》,2001 年第 3 期。

梁涛:《王安石政治哲学发微》,《北京师范大学学报》(社会科学版),

2016 年第 3 期。

梁涛:《以〈大学〉理解儒学的意义及其局限——兼论统合孟荀》,《深圳社会科学》,2019 年第 6 期。

郑宗义:《本体分析与德性工夫——论宋明理学研究的两条进路》,林维杰、黄雅娴主编:《跨文化哲学中的当代儒学:工夫、方法与政治》,台北:"中央研究院"中国文化研究所,2016 年。

张汝伦:《关于格物致知的若干问题——以朱熹的阐释为中心》,吴震主编:《宋代新儒学的精神世界——以朱子学为中心》,华东师范大学出版社,2009 年。

方旭东:《尽心与知性——朱子对〈孟子〉"尽心知性"的诠释问题》,《西北大学学报》(社会科学版),2012 年第 6 期。

刘宗贤:《从朱熹到王阳明:"性理"与"心性"的理论转换》,《东方论坛》,2001 年第 1 期。

刘立夫:《朱熹的儒佛之辨》,《哲学研究》,2008 年第 11 期。

沈顺福:《朱熹心灵哲学初探》,《江西社会科学》,2009 年第 4 期。

孙利:《朱熹心性学研究概述》,《中华文化论坛》,2003 年第 1 期。

黎昕、赵妍妍:《当代海外的朱子学研究及其方法》,《哲学研究》,2012 第 5 期。

张锦枝:《论朱子思想中人"心"之定位》,《中国哲学史》,2019 年第 3 期。

[日]土田健次郎:《朱子学对日本的贡献》,陈来、朱杰人主编:《人文与价值——朱子学国际学术研讨会暨朱子诞辰 880 周年纪念会论文集》,上海:华东师范大学出版,2011 年。

[日]佐藤炼太郎、关雅泉:《儒学对日本文化的影响——以江户时代为中心》,《河南理工大学学报》(社会科学版),2013 年第 4 期。

[日]井泽耕一:《从南宋到明代初期的朱子学"官学化"——从科举、孔庙祭祀制度改革的视点》,陈来、朱杰人主编:《人文与价值——

朱子学国际学术研讨会暨朱子诞辰880周年纪念会论文集》,上海:华东师范大学出版社,2011年。

刘强:《朱子论学的心学工夫论——兼及"朱陆异同"之会通》,《朱子学刊》2018年第一辑,合肥:黄山书店,2019年。

张卫红:《朱子的心性论与工夫进路之关系》,《哲学研究》,2020年第7期。

陈乔见:《王阳明批评朱子"外心以求理"的得与失》,《浙江社会科学》,2020年第8期。

张新国:《身体、心灵与自然的融通——王阳明心学主体性的结构》,《哲学研究》,2020年第2期。

张新国:《陆九渊心学的体用论》,《中国哲学史》,2020年第3期。

方立天:《儒、佛以心性论为中心的互动互补》,《中国哲学史》,2000年第2期。

杨维中:《中国佛教心性论的形而上特征》,《哲学分析》,2019年第3期。

罗传芳:《儒家传统与新加坡发展模式》,《哲学研究》,2002年第6期。

罗传芳:《道德的现代视域与"五常"新解》,《衡水学院学报》,2018年第5期。

王绪琴:《格物致知论的源流及其近代转型》,《自然辩证法通讯》,2012年第1期。

朱红、王绪琴:《法儒道三家人生哲学比较》,《兰州学刊》,2012年第12期。

王绪琴、朱红:《〈中庸〉与走出"自以为是"》,《哲学研究》,2016年第3期。

王绪琴:《儒家经世致用的历史考察及现代意义》,《自然辩证法研究》,2017年第6期。

朱红、王绪琴:《永嘉学派的学理转向及其意义》,《哲学动态》,2020年第1期。

王绪琴:《传统文化视野下的丧葬礼制》,《光明日报》(国学版),2020年4月11日。

王绪琴:《重塑阳明的“心态世界”——评束景南先生新作〈阳明大传:“心”的救赎之路〉》,《浙江社会科学》,2020年第6期。

后　记

在本书完成之际，写作的心路历程和众多师长的指导与帮助且容我一一道来。

首先，要感谢我的博士后合作导师、浙江大学古籍所束景南教授，我在浙江大学从事博士后研究期间（2012—2016）与束先生的不断交流中，逐渐产生此选题并确立基本框架。此选题之后获得了2013年度的国家博士后基金项目的立项和资助，束先生继续给予指导，并不断深化对一些问题的认识。在此期间，亦有幸多次旁听了浙江大学哲学系董平教授的多门课程，不断请教问答之间，董教授颇善于启发开智，使我又对这个选题进行了进一步的丰富和深化。

在博士后基金项目初步研究成果之上，我进一步思考和拓展了这一选题，申请并获得了2014年度国家社科基金项目的立项和资助。在这个过程中，要特别感谢成中英教授，那几年和成先生联系较为紧密，甚至一度几乎成行赴夏威夷大学师从成先生访学。关于本选题和成先生有过一些交流，成先生不但对本选题的理论构架提出了一些建议，还很爽快地答应作为课题组成员进一步指导我的研究工作。

但是，在获得国家社科基金项目立项之后，我的观念又发生了一些变化和动摇，一度陷入迷茫和困顿之中，竟迟迟无法落笔，甚至开始深深地怀疑自己研究此选题的问题意识和最终价值究竟何在。

后来，我有幸受到中国社会科学院哲学所罗传芳研究员的启蒙与教诲，开始重新审视中国文化传统之于当代的意义。尤其是逐渐从传统哲学的原教旨主义中摆脱出来，而不再是单纯仰视与赞美传统，开始试图思考中国文化在不同的历史际遇中所面临的问题。其中的核心是儒家的泛道德问题（尤以心性论为主）对于社会秩序的维系，尤其是在长时间段的跨度下，显然儒家给出的仅靠主体心性的道德修养方法是远远不够的。因此，制度和体制的保障就显得非常必要，这其实是一个近代启蒙的问题，但是在我们研究传统儒学时却又容易忽略或忘记掉这个意识，也很容易地迷恋并沉沦于传统儒学的思想智慧之中。在思考的过程中，我还受到了余英时教授和秦晖教授著作中一些思想的影响，在写作中加入了一定的思想史维度，任何思想的诞生必然是在历史中产生，而未来也必然在历史逻辑的影响下向前推进。

2019 年秋，我在中国社会科学院访学期间，陈霞研究员、赵法生研究员和中国人民大学梁涛教授等前辈学者对于本课题一些领域的思考都曾给予了指导与启发。尤其梁涛教授力主朱子学的纲领全在《大学》，以及他的“新四书学”的思想，对于我进一步拓展和充实本课题以重要的助益。

另外，在写作过程中，还有幸先后和台湾清华大学杨儒宾、台湾“中研院”李明辉、香港中文大学郑宗义等教授交流关于海外新儒家尤其是牟宗三先生在朱子学上的立场等问题，帮我解除了不少的疑惑，使得我对海外新儒家的学理主张与论证逻辑有了更为清晰的认识。

在写作过程中，尤其成稿之际，南开大学哲学院严正教授审阅了初稿，对于一些理论立场和论述的严谨性等问题一一给予指导，对于他一如既往的关爱和教导，我倍怀感恩之情。

本书定稿之际，束景南先生认真地审阅了全部书稿，提出了一些改进的建议，并为本书撰写了序言，在序言中，束先生的溢美之言使我颇受鼓舞，但自知所做的还远远不足。

对以上诸位前辈学者致以诚挚的谢意！

在本书的出版过程中，中华书局有限公司的罗华彤先生给予了大力支持，高天女士作为本书的责任编辑，对本书的行文、规范等给予了耐心细致的指导，并致谢忱。

对一如既往支持我学术研究的爱人朱红女士致以无限的感激！

2022 年 3 月记于钱塘江畔